Hallo Schweiz!
Ein Handbuch
für Einwanderer

Von der Jobsuche über
die Einreise bis zur
Niederlassung: Eine
Gebrauchsanweisung
für die Schweiz

K-Tipp RATGEBER

© Konsumenteninfo AG, Zürich
Alle Rechte vorbehalten

1. Auflage, September 2010

Autoren: Corinne Dubacher, Beatrice Guarisco,
Fredy Hämmerli, Dajan Roman
Redaktion/Produktion: Barbara Jud
Layout: Beat Fessler
Korrektorat: Esther Mattille
Druck: dfmedia, 9230 Flawil

Bestelladresse:
K-Tipp-Ratgeber
Postfach 431
8024 Zürich
ratgeber@ktipp.ch
www.ktipp.ch

ISBN 978-3-906774-43-5

Vorwort

Willkommen in der Schweiz!

Der Heimat den Rücken kehren, um in der Fremde sein Glück zu finden: Immer mehr Menschen wagen diesen Schritt. Wunschziel ist für viele Auswanderer die Schweiz. Manchen erscheint das kleine Land im Herzen Europas geradezu als Paradies – mit gutbezahlten Jobs, tiefen Steuern, schönen Landschaften und Städten mit hoher Lebensqualität.

Allerdings: Idealistische Vorstellungen oder der Wunsch, mehr zu verdienen sind keine ausreichende Basis, um sich in der Schweiz niederzulassen. Das Einkommen ist zwar hoch – die Lebenskosten aber auch. Deshalb sollte man sich rechtzeitig informieren und sein Vorhaben realistisch angehen. Im Vorfeld gibt es zahlreiche Fragen zu klären und Formalitäten zu erledigen. Das erspart Enttäuschungen, unnötige Kosten, Zeit und Ärger.

Dieser Ratgeber zeigt auf, wie Sie bürokratische Hürden meistern und sich auf den Neuanfang in der Schweiz optimal vorbereiten. Er enthält zahlreiche praktische Tipps zu wichtigen Fragen des Alltags: Wie kommt mein Umzugsgut über die Grenze? Wo finde ich einen Job? Wie erhalte ich eine Arbeitsbewilligung? Welche Papiere benötige ich bei der Einreise und bei der Anmeldung? Wie finde ich eine Wohnung? Wo lebt es sich am günstigsten? Kann meine Familie auch in die Schweiz kommen? Wie beantrage ich einen Führerschein? Wie ist das mit der Krankenversicherung? Was ist, wenn ich arbeitslos werde? Und wie wird man eigentlich Schweizer?

Die Antworten finden Sie in diesem Buch.

Zürich, September 2010
Verlag und Autoren

Inhalt

1 Land und Leute
- 8 Zuwanderung in die Schweiz
- 9 Die vier Landessprachen
- 9 Lebensqualität: Drei Städte in den Top Ten
- 10 Schweizerdeutsch – ein sprachlicher Sonderfall
- 11 Der Staat: Bund, Kantone, Gemeinden
- 12 Die Landesregierung: Der Bundesrat
- 13 Das Parlament: National- und Ständerat
- 14 Oberste Rechtsinstanz: Das Bundesgericht
- 14 Feiertage in der Schweiz
- 15 Mitbestimmung: Die Bürger regieren mit
- 16 Bahnreisen: So kommen Sie günstig zum Zug
- 16 Das Halbtax-Abo: Reisen zum halben Preis
- 18 Strassenverkehr: Die wichtigsten Regeln auf Schweizer Strassen
- 20 Fahrzeugzulassung, Führerschein und Nummernschild
- 21 Car-Sharing: Sparmodell für Wenigfahrer
- 22 Einkaufen im Hochpreisland Schweiz
- 24 Einkaufen im Ausland: So profitieren Sie von Preisvorteilen
- 24 Checkliste: So fordern Sie die Mehrwertsteuer zurück

2 Einreise und Aufenthaltserlaubnis
- 26 Umzug in die Schweiz: Gute Planung erleichtert vieles
- 27 Zollvorschriften: So kommt der Hausrat über die Grenze
- 28 Einfuhr von Lebensmitteln und Alkohol
- 28 Einfuhr von Devisen
- 28 Einreise mit Haustieren
- 29 Einreise mit Hund oder Katze: Tollwutimpfung obligatorisch
- 29 Einfuhr von Pflanzen
- 30 Einreise mit dem eigenen Fahrzeug
- 30 Tipps: Das ist bei der Zollabfertigung zu beachten
- 31 Aufenthaltserlaubnis: Vorteile für EU-Bürger
- 33 Als Rentner in die Schweiz: Geld machts möglich
- 34 Der Familiennachzug: Angehörige dürfen mit
- 34 Einbürgerung: Der lange Weg zum Schweizer Pass

3 Wohnen
- 38 Die Wohnungssuche
- 40 Wo lebt es sich am günstigsten?
- 40 Wohnungsbesichtigung und Bewerbung
- 41 Der Mietvertrag: Die wichtigsten Punkte
- 43 So beantragen Sie eine Mietzinssenkung
- 44 Vor dem Einzug: Alle Mängel auflisten
- 44 Selber renovieren: Erst den Vermieter fragen
- 45 Reparaturen: Wer ist zuständig?
- 46 Kündigung: Das sind die wichtigsten Regeln
- 47 Beim Auszug: Das ist zu beachten
- 49 Wohneigentum: Offener Markt für EU-Bürger

51	Strom, Gas, Wasser vom lokalen Werk
51	Telefon: So kommen Sie zu Ihrem Anschluss
53	Mobiltelefonie: Wirrwarr bei den Preisplänen
54	Wichtige Telefonnummern in der Schweiz
55	Radio und TV: Empfang ist gebührenpflichtig
55	Internetzugang: Preise und Leistung variieren
57	Abfallentsorgung: Müll trennen lohnt sich

4 Arbeiten in der Schweiz

60	Zugang zum Arbeitsmarkt: Vorteile für EU-Bürger
60	Grenzgänger: Das müssen sie beachten
62	Stellensuche: So finden Sie einen Job
64	Erfolgreich bewerben: Darauf kommt es an
68	Bewerbung per E-Mail: Das ist zu beachten
70	Anerkennung von Berufsdiplomen
71	Der Lohn ist Verhandlungssache
73	Arbeitsvertrag: Die wichtigsten Punkte
76	Lohn bei Krankheit und Unfall
77	Mutterschaftsschutz im Arbeitsgesetz
78	Kündigung: Das sind die Modalitäten
79	Selbständige Tätigkeit
80	Berufspraktikum als Stagiaire
81	Studieren an einer Schweizer Hochschule

5 Familie und Schule

82	Kindergeld: Zuschüsse für Familien
83	Kinderbetreuung: Tagesplätze sind rar
84	Vorschulerziehung: Der Kindergarten
85	Das Schweizer Schulsystem
88	Heirat in der Schweiz und im Ausland
89	Der Familienname nach der Heirat
90	Heirat und Aufenthaltsbewilligung
90	Güterstände in der Ehe: Wem gehört was?
91	Das Scheidungsverfahren
91	Gleichgeschlechtliche Paare: Die eingetragene Partnerschaft

6 Sozialwerke und private Versicherungen

94	Altersvorsorge: Das Konzept der drei Säulen
95	1. Säule: Die Alters- und Hinterlassenenversicherung AHV
96	Überblick Schweizer Sozialversicherungen
99	AHV im Ausland beziehen
100	Hinterlassenenrenten der AHV: Renten für Witwen, Witwer und Waisen
101	Hilflosenentschädigung der AHV
101	2. Säule: Die berufliche Vorsorge
104	3. Säule: Die private Vorsorge
106	Die Invalidenversicherung

108	Ergänzungsleistungen der AHV und IV
108	Sozialhilfe: Der letzte Rettungsanker
110	Die Mutterschaftsversicherung
111	Die Arbeitslosenversicherung ALV
112	Private Versicherungen: Das ist beim Abschluss zu beachten
115	Die Privathaftpflicht-Versicherung
116	Velovignette: Haftpflichtversicherung für Radfahrer
116	Die Hausratversicherung
119	Die Motorfahrzeugversicherung
121	Die Gebäudeversicherung
121	Die Gebäudewasser-Versicherung
121	Versicherungen für das Haus im Bau
122	Haftpflichtversicherung für Eigentümer
123	Sachversicherungen für Wohnungs- und Hausbesitzer

7 Kranken- und Unfallversicherung

124	Die obligatorische Grundversicherung
126	Der Leistungskatalog: Das zahlt die obligatorische Grundversicherung
128	Behandlung nur im Inland – ausser im Notfall
130	Kassenbeiträge an Brillengläser und Kontaktlinsen
131	Den Zahnarzt muss man meist selber zahlen
132	Die Kostenbeteiligung der Versicherten: Franchise und Selbstbehalt
132	Arztrechnungen: So läuft es mit der Rückerstattung
133	Krankenkassenprämien: So viel kostet die obligatorische Grundversicherung
135	Sparmöglichkeiten bei der Krankenkasse
135	Die Prämienverbilligung
136	Sparen mit der Wahlfranchise
137	Sparen mit dem Hausarzt- und HMO-Modell
138	Das Sparmodell Telemedizin
138	So wechseln Sie zu einer günstigeren Kasse
139	Musterbrief: Anmeldung bei der Krankenkasse
140	Freiwillige Zusatzversicherungen
142	Unfallversicherung: Sache des Arbeitgebers
142	Unfallversicherung sistieren: So gehts
143	Unfall und Notfall: Sanitäts-Notruf 144

8 Finanzen

144	So kommen Sie zu einem Schweizer Bankkonto
146	Löhne und Kaufkraft: Die Schweiz ist top
147	Sichere Guthaben: Die Bankenaufsicht wacht
147	Hypotheken: Regeln für die Kreditvergabe
150	Konsumkredite: Leben auf Pump ist teuer
151	Zahlungsfristen sind einzuhalten
152	Betreibung: Das sind die Spielregeln
153	Tipps für den Umgang mit Inkassobüros

9 Steuern
- 156 Das Schweizer Steuersystem
- 158 Quellensteuer für Ausländer
- 160 Steuern auf Einkommen
- 161 Steuerabzüge für Angestellte
- 164 Steuern für Selbständigerwerbende
- 165 Vermögenssteuern
- 166 Erbschafts- und Schenkungssteuern
- 166 Steuern auf Wohneigentum
- 168 Abzüge für Gebäudeunterhalt und Hypothek
- 169 Besteuerung von Unternehmen
- 170 Die Mehrwertsteuer

10 Adressen, Stichwortregister
- 172 Migrations- und Arbeitsmarktbehörden
- 177 Staatliche Dienststellen und Behörden
- 178 Weiterführende Literatur
- 180 Stichwortregister

Land und Leute
Willkommen in der Schweiz!

Die Schweiz ist seit Jahrzehnten ein Einwandererland. Zu Recht: Das kleine Alpenland im Herzen Europas hat weitaus mehr zu bieten als Schokolade, Käse, Berge und Uhren.

Für das Auswandern in die Schweiz gibt es gute Argumente: reizvolle Landschaften, gut bezahlte Jobs, niedrige Steuern und Städte mit hoher Lebensqualität. Ein Berg oder See ist immer in der Nähe, und die kurzen Distanzen machen es möglich, Stadt- und Landleben komfortabel miteinander zu verbinden.

Für Zuwanderer ebenfalls attraktiv ist die sprachliche und kulturelle Vielfalt des Landes. Menschen unterschiedlichster Herkunft leben und arbeiten in der Schweiz. Man spricht Deutsch, Französisch und Italienisch, in internationalen Konzernen meist auch Englisch. Für Neuzuzüger aus dem Ausland sind die sprachlichen Barrieren daher niedrig.

Hinzu kommt: Seit die bilateralen Abkommen zwischen der Schweiz und der EU in Kraft sind, können Bürger der 17 «alten» EU-Staaten und der Efta ungehindert in die Schweiz einreisen und hier arbeiten (siehe Seite 31 ff.).

All diese Vorzüge haben in den letzten Jahren zu einer hohen Zuwanderungsrate geführt. Von den rund 7,8 Millionen Einwohnern der Schweiz besitzt jeder Fünfte keinen Schweizer Pass.

Jeder dreissigste «Schweizer» ist ein Deutscher

Stark zugenommen hat insbesondere die Zahl deutscher Zuwanderer. In den letzten zehn Jahren hat sich ihre Zahl fast verdoppelt. Aktuell leben und arbeiten rund 250 000 Einwanderer aus dem nördlichen Nachbarland in der Schweiz. Damit sind die Deutschen – hinter den Italienern – die zweitgrösste Ausländergruppe.

Diese «deutsche Welle» löst in der Schweiz nicht nur helle Begeisterung aus, teils wird gar von einer «Germanisierung» der Schweiz gewarnt. Immer häufiger besetzen die überwiegend hoch qualifizierten deutschen Zuwanderer Schlüsselstellen an Universitäten, im Gesundheitswesen und in der Wirtschaft. Auf dem Arbeitsmarkt bedrängen sie Schweizer, denen durch Zuwanderung bisher kaum Konkurrenz erwuchs. Das verunsichert und schürt Ressentiments.

TIPPS

Die Schweiz im Netz

Eine Fülle von Infos über die Schweiz finden Sie auf folgenden Websites:
- **www.admin.ch** – Offizielle Website der Bundesbehörden
- **www.swissworld.org** – Offizielles Schweizer Informationsportal
- **www.ch.ch** – Schweizer Portal von Bund, Kantonen und Gemeinden
- **www.myswitzerland.com** Portal von Schweiz Tourismus
- **www.swissinfo.ch** – Schweizer Nachrichten
- **www.didsch.ch** – Magazin für Deutsche in der Schweiz

Allerdings: Die Zuwanderung aus Deutschland ist ein Thema, das vor allem in den Medien hohe Wellen wirft. Im Alltag gestaltet sich das Zusammenleben von Schweizern und Deutschen reibungsloser, als gesagt und geschrieben wird.

Viersprachige Schweiz: Die Landessprachen

Die Schweizer Sprachvielfalt ist ein einzigartiges Phänomen. Auf dem kleinen Territorium von 41 300 Quadratkilometern werden offiziell vier Sprachen gesprochen: Deutsch, Französisch, Italienisch und Rätoromanisch. Kaum ein Schweizer beherrscht alle vier Sprachen. Doch jedes Schulkind lernt bereits in jungen Jahren mindestens eine zweite Landessprache und Englisch.

Zur Sprachenvielfalt in der Schweiz tragen auch die vielen zugewanderten Ausländer bei. Mittlerweile sprechen 9 Prozent der Einwohner andere Sprachen als die offiziellen vier Landessprachen. Je nach Wohnort sind Neuzuzüger mit einer oder zwei lokalen Sprachen konfrontiert.

■ **Deutsch:** Die Mehrheit der Bevölkerung lebt im deutschsprachigen Teil der Schweiz. Dabei wird Hochdeutsch praktisch ausschliesslich im schriftlichen Verkehr verwendet. Im Alltag sprechen die Schweizer einen der vielen schweizerdeutschen Dialekte (siehe Seite 10).

IN DIESEM KAPITEL

- 8 Zuwanderung in die Schweiz
- 9 Die vier Landessprachen
- 10 Schweizerdeutsch – ein Sonderfall
- 11 Der Staat: Bund, Kantone, Gemeinden
- 12 Die Landesregierung: Der Bundesrat
- 13 Das Parlament: National- und Ständerat
- 14 Oberste Rechtsinstanz: Das Bundesgericht
- 14 Feiertage in der Schweiz
- 15 Mitbestimmung: Die Bürger regieren mit
- 16 Bahnreisen: So kommen Sie günstig zum Zug
- 18 Strassenverkehr: Die wichtigsten Regeln auf Schweizer Strassen
- 20 Schweizer Führerschein und Nummernschild
- 22 Einkaufen im Hochpreisland Schweiz
- 24 Einkaufen im Ausland: So profitieren Sie von Preisvorteilen

---

Lebensqualität: Drei Schweizer Städte in den Top Ten

Zürich, Genf und Bern zählen weltweit zu den Städten mit der höchsten Lebensqualität. Die englische Beratungsfirma Mercer bewertet jedes Jahr die Lebensqualität in 221 Städten der Welt. Sieben Mal in Folge ging Zürich als Siegerin der Studie hervor. 2009 und 2010 liegt Zürich auf Platz 2, gefolgt von Genf auf Platz 3. Besser als in Zürich und Genf lebt es sich nur in Wien. Auf Platz 9 ist mit Bern eine weitere Schweizer Stadt unter den besten zehn.

Für den Städtevergleich werden 39 Kriterien unter die Lupe genommen: unter anderem die politische und wirtschaftliche Situation, Gesundheitsversorgung, persönliche Sicherheit, Wohnsituation, Schulen, Unterhaltungsangebot, Einkaufsmöglichkeiten, Verkehrsangebote und ökologische Aspekte.

- **Französisch:** Rund 20 Prozent der Bevölkerung sind französischsprachig. Französisch wird im Westen des Landes gesprochen, man bezeichnet diesen Landesteil deshalb auch als Suisse romande, Romandie oder Welschland.

In den Kantonen Genf, Jura, Neuenburg und Waadt wird fast ausschliesslich Französisch gesprochen. Drei Kantone sind zweisprachig: In Teilen von Bern, Freiburg und im Wallis spricht man Deutsch und Französisch.

- **Italienisch:** Im Kanton Tessin und in vier Tälern des Kantons Graubünden spricht man Italienisch.
- **Rätoromanisch:** Die rätoromanische Sprache ist ein Überbleibsel aus der Zeit der römischen Herrschaft in den Tälern der Rhaetia (heute Kanton Graubünden). In den abgeschiedenen Bergtälern haben sich fünf verschiedene rätoromanische Idiome entwickelt, die noch heute gesprochen werden. Seit 1982 gibt es eine überregionale Sprache, das Rumantsch Grischun.

Die Bevölkerung im Kanton Graubünden spricht neben Rätoromanisch auch Italienisch und Deutsch. Das Rätoromanische wird trotz gezielter Förderung mehr und mehr von der deutschen Sprache verdrängt.

Schweizerdeutsch – ein sprachlicher Sonderfall

Eine weitere sprachliche Besonderheit ist die Umgangssprache der Schweizer – das «Schweizerdeutsch». Ausländische Gäste sind oft irritiert, wenn sie Schweizer untereinander reden hören. Selbst wer die deutsche Sprache beherrscht, wird manchmal seine liebe Mühe haben, die Eidgenossen zu verstehen.

Hochdeutsch existiert im Schweizer Alltag praktisch nur als geschriebene Sprache, deshalb wird es häufig auch als «Schriftdeutsch» bezeichnet.

Das gesprochene Schweizerdeutsch ist keine eigene Sprache mit einheitlichen Regeln, sondern ein Sammelsurium lokaler Dialekte, die sich teilweise sehr stark voneinander unterscheiden. Ein Basler spricht ganz anders als ein Berner, und ein Berner aus dem Mittelland wieder anders als ein Berneroberländer. Das macht die Verständigung nicht immer einfach. Selbst Schweizer haben

---

STICHWORT

«Röstigraben»

Als «Röstigraben» bezeichnen Schweizer die Sprachgrenze zwischen der Deutschschweiz und der französischsprachigen Romandie. Der scherzhafte Ausdruck leitet sich ab vom Saanegraben, dem engen Flusstal der Saane, die im Kanton Freiburg zum Teil die Sprachgrenze bildet. Die Rösti (eine Art Bratkartoffeln) war ursprünglich das typische Bauernfrühstück der westlichen Deutschschweiz, heute ist sie ein im ganzen Land beliebtes Nationalgericht.

Der Begriff Röstigraben bezieht sich auf den Unterschied der Mentalitäten von Deutsch- und Westschweizern, was sich häufig auch in unterschiedlichen politischen Haltungen bei nationalen Volksabstimmungen zeigt.

In der Romandie wird der Röstigraben manchmal auch als «Rideau de röschti» («Röstivorhang») bezeichnet, was als kritisch-polemische Anspielung auf den Eisernen Vorhang interpretiert werden kann.

Schweizerdeutsch für Anfänger

Billett = Ticket
Chrampf = harte Arbeit
Depot = Pfand bei Mehrwegflaschen
Estrich = Dachboden
Gipfeli = Croissant/Hörnchen
Grüezi = höfliche Begrüssungsformel
Harass = Getränkekiste
Hoi = Hallo
Kessel = Eimer
Laufe = gehen
Mödeli Anke = ein Stück Butter
Peperoni = Gemüsepaprika
Pfanne = Kochtopf
Puff = Durcheinander
Schmöcke = riechen, schmecken
Springe = laufen
Ständerlampe = Stehlampe
Stange = Bier vom Fass
Tram = Strassenbahn
Trottoir = Gehsteig, Bürgersteig
Tuusche = tauschen (nicht duschen)
Wüsche = fegen, wischen
Zeltli = Bonbon
Zmorge = Frühstück

Wie redet ein Walliser? Wie ein Obwaldner oder Urner? Das hören Sie unter www.dialekt.ch. Die nach Regionen geordnete Liste mit Ton- und Textbespielen zu den Deutschschweizer Dialekten ermöglicht es, die Dialektvielfalt der Deutschschweiz zu erkunden.

Wer Schweizerdeutsch von Grund auf lernen möchte, dem ist ein Kurs in einer Sprachschule zu empfehlen. Entsprechende Angebote gibt es bei folgenden Schulen:

- Migros Klubschule:
  www.klubschule.ch
- Deutschschule Alemania:
  www.alemania-deutschschule.ch
- Bénédict-Schulen:
  www.benedict.ch

manchmal Mühe, ihre Landsleute zu verstehen.

Das ist aber kein Grund zur Sorge. Wenn Sie im Gespräch mit einem Schweizer wieder einmal «nur Bahnhof» verstehen, bitten Sie ihn einfach, Hochdeutsch zu sprechen. Allerdings tun sich viele Schweizer etwas schwer damit und reden nur widerwillig Deutsch. Und wenn sie es tun, werden sie sich gegenüber einem Deutschen immer etwas gehemmt fühlen, weil sich das helvetisch gefärbte Deutsch stets etwas holprig und unbeholfen anhört.

Aber: Wenn Sie länger im Land sind, dürfte die Verständigung kein allzu grosses Problem mehr sein. Durch gutes Zuhören werden Sie bald einmal hinter die Eigenheiten der schweizerdeutschen Sprache kommen und die landestypischen Ausdrücke verstehen (siehe Kasten oben).

Aufbau des Staates: So wird die Schweiz regiert

Die Schweiz ist erst seit 1848 ein Bundesstaat mit einer modernen Verfassung. Vor dieser Zeit bestand das Land aus einem lockeren Bündnis unabhängiger Kantone, die sich untereinander nicht immer nur wohlgesinnt waren.

So herrschte im Jahr 1847 in der Schweiz ein Bürgerkrieg, bei dem konservativ-katholische und liberale, mehrheitlich reformierte

Kantone einander bis aufs Blut bekämpften. Als Ergebnis dieser militärischen Auseinandersetzungen wurde durch die Bundesverfassung vom 12. September 1848 die Schweiz vom Staatenbund zum Bundesstaat geeint.

Der staatliche Aufbau gliedert sich in die drei politischen Ebenen Bund, Kantone und Gemeinden.

- **Bund:** Bund ist die schweizerische Bezeichnung für den Staat. Im Bund existieren getrennt voneinander drei verschiedene Gewalten: die Landesregierung (Exekutive), das Parlament (Legislative) und das Bundesgericht (Judikative).
- **Kantone:** Die Schweiz besteht aus 26 Kantonen – häufig auch Stände genannt. Die Kantone geniessen in vielen Bereichen weitgehende Autonomie (siehe Kasten «Föderalismus» rechts).
- **Gemeinden:** Die politischen Gemeinden bilden die unterste Ebene der staatlichen Ordnung. Neben den Aufgaben, die ihnen vom Bund und ihrem Kanton zugewiesen sind, nehmen die Gemeinden in verschiedenen Bereichen auch eigene Befugnisse wahr.

Die Landesregierung: Der Bundesrat

Der Bundesrat ist die oberste leitende Behörde der Schweiz – die eigentliche Regierung. Er besteht aus sieben Mitgliedern, die je einem Departement (Ministerium) der Bundesverwaltung vorstehen. Die Bundesräte werden von den beiden Kammern des Parlaments für eine vierjährige Amtszeit gewählt. Jedes Jahr wählt das Parlament ein Mitglied des Bundesrates zum Bundespräsidenten. Dieser leitet die Sitzungen des Bundesrates und nimmt repräsentative Aufgaben im In- und Ausland wahr. Er hat aber keine weiterreichenden Befugnisse als die übrigen Mitglieder des Bundesrats, er ist lediglich «Erster unter Gleichen». Die Funktion eines Regierungschefs oder Staatspräsidenten kennt die Schweiz nicht.

Der Bundesrat ist eine Kollegialbehörde, in der alle Mitglieder die gleichen Rechte und Pflichten haben. Gemäss Verfassung entscheidet der Bundesrat immer als Kollegium. In den amtlichen Mitteilungen heisst es dann: «Der Bundesrat hat entschieden.» Gemeint ist damit nicht der Entscheid eines einzelnen Mitglieds, sondern aller sieben Bundesräte.

STICHWORT

CH: Confoederatio Helvetica

Der offizielle lateinische Name der Schweiz lautet «Confoederatio Helvetica». Daraus ergibt sich ein CH als Kurzbezeichnung für die Schweiz.

«Confoederatio» heisst Bündnis, «Helvetica» bezieht sich auf den keltischen Stamm der Helvetier, der zur Zeit der römischen Eroberung im Gebiet der heutigen Schweiz sesshaft war.

Der offizielle Name «Confoederatio Helvetica» wurde nach der Schaffung des Bundesstaates 1848 eingeführt. Auf Briefmarken und Münzen wird bis heute «Helvetia» als Landesbezeichnung verwendet, weil damit keine der vier Amtssprachen (Deutsch, Französisch, Italienisch, Rätoromanisch) der Schweiz bevorzugt wird. Das Bild einer stehenden Frau auf den Münzen zu 50 Rappen, 1 und 2 Franken stellt die Helvetia als Person dar.

Land und Leute

STICHWORT

Föderalismus

Seit der Staatsgründung gehört der Föderalismus – zusammen mit der direkten Demokratie – zu den Grundprinzipien des schweizerischen Bundesstaates. Föderalismus bedeutet in diesem Fall: Die Kantone und die Gemeinden geniessen ein hohes Mass an Eigenständigkeit. Nur jene Aufgaben, die Gemeinden und Kantone nicht selbst erledigen können, werden an die nächsthöhere Ebene delegiert. Sache des Bundes sind etwa die Aussen-, Sicherheits- und Verteidigungspolitik sowie das gesamte Geld- und Zollwesen.

Der föderalistische Staatsaufbau der Schweiz ist allgegenwärtig. So hat jeder der 26 Kantone eine eigene Verfassung, ein eigenes Parlament (oft Grosser Rat, Landrat oder Kantonsrat genannt), eine eigene Regierung (Regierungsrat) und eigene Gerichte. Die Kantone sind unter anderem allein zuständig für Kultur, Schulen, Steuern (ausser direkte Bundessteuer), das Sozial- und das Gesundheitswesen.

Eine Folge davon ist, dass vieles in jedem Kanton anders geregelt ist. Und die Kantone wachen eifersüchtig darüber, dass ihre Freiheiten so wenig wie möglich beschnitten werden. In solchen Fällen spricht man gerne – etwas weniger wohlwollend – vom «Kantönligeist».

Bei der Zusammensetzung des Bundesrats spielt die sogenannte Konkordanz eine wichtige Rolle. Damit wird angestrebt, dass in der Regierung alle wichtigen Parteien gemäss ihren Stimmanteilen sowie die Sprachregionen und Kantone möglichst fair und ausgewogen vertreten sind. Die aktuelle Zusammensetzung des Bundesrats: **www.admin.ch/br**.

Das Parlament:
National- und Ständerat

Das Schweizer Parlament beseht aus zwei Kammern: dem Nationalrat und dem Ständerat. Beide Gremien bilden zusammen die vereinigte Bundesverammlung. Alle Parlamentarier werden vom Volk gewählt.

■ **Der Nationalrat** zählt 200 Mitglieder. Die einzelnen Kantone sind darin unterschiedlich stark vertreten, massgebend für die Zahl der Sitze ist die Einwohnerzahl. So stellt beispielsweise Zürich als bevölkerungsreichster Kanton 34 Nationalräte, Uri und Glarus hingegen verfügen nur über je einen Sitz.

■ **Der Ständerat** setzt sich aus 46 Vertretern zusammen. Jeder Kanton hat Anspruch auf zwei Sitze mit Ausnahme der sechs «Halbkantone» Ob- und Nidwalden, Basel-Stadt und -Landschaft sowie Appenzell Innerrhoden und Appenzell Ausserrhoden), die nur über je einen Sitz verfügen.

Nationalrat und Ständerat tagen in der Regel getrennt. Sie sind gleichberechtigt, und neue Gesetze müssen von beiden Kammern angenommen werden. Unter dem Vorbehalt der Volksabstimmungen (siehe Seite 15) ist das Parlament die gesetzgebende Gewalt im Staat. National- und Ständerat wählen zusammen den Bundesrat, den Bundeskanzler, die Bundesrichter und im Kriegsfall den General.

Zusammensetzung des Parlaments: www.parlament.ch.

Oberste Rechtsinstanz: Das Bundesgericht

Das Bundesgericht mit Kammern in Lausanne und Luzern ist das oberste Gericht der Schweiz. Die Entscheide des Bundesgerichts gelten als Leitlinie für die Rechtssprechung in der Schweiz. Seine Entscheide können in der Schweiz nicht mehr angefochten werden. Als letztes Rechtsmittel bleibt der Weg an den Europäischen Gerichtshof für Menschenrechte in Strassburg. Er ist aber nur bei allfälligen Verletzungen der Europäischen Menschenrechtskonvention zuständig.

Nebst dem Bundesgericht gibt es noch zwei eidgenössische Gerichte: das Bundesstrafgericht in Bellinzona und das Bundesverwaltungsgericht in Bern (ab 2012 in St. Gallen). Die Urteile können teilweise an das Bundesgericht weitergezogen werden.

Feiertage in der Schweiz

Nationalfeiertag ist der 1. August. Das Datum geht auf einen Nationalmythos zurück: den Rütlischwur. Gemäss dieser Geschichte schlossen Vertreter der Kantone Uri, Schwyz und Unterwalden auf der Rütliwiese hoch über dem Vierwaldstättersee per Eid einen Bund gegen die «bösen Vögte» der Habsburger. Das Verteidigungsabkommen wurde Anfang August 1291 im Bundesbrief festgehalten.

Der 1. August ist in der ganzen Schweiz ein arbeitsfreier Feiertag. Häuser und Strasse sind beflaggt und in den Gemeinden finden patriotische Feiern statt. Gebete für Volk und Vaterland, das Singen der Nationalhymne (Schweizerpsalm), Glockenläuten und Feuerwerk gehören meistens dazu. Auf vielen Berggipfeln und Anhöhen werden bei Einbruch der Dunkelheit Höhenfeuer entzündet.

Seit einigen Jahren ist es Tradition, dass einzelne Bauernbetriebe am 1. August die Bevölkerung zu einem Brunch auf dem Bauernhof einladen (Infos unter www.brunch.ch). Dabei wird aufgetischt, was der Betrieb hergibt: frisches Brot, Milch, Butter, Käse, Eier, Obst, Müesli, Speck, Schinken und Würste.)

Nebst dem Nationalfeiertag sind Neujahr, Auffahrt (39 Tage nach Ostern) und der erste Weihnachtsfeiertag in der gesamten Schweiz offizielle Feiertage. In weiten Teilen des Landes werden auch Karfreitag, Ostermontag, Pfingstmontag und der Stephanstag (26. Dezember) begangen.

Etliche Feiertage gibt es nur in den katholischen Kantonen: Fronleichnam (60 Tage nach Ostern), Mariä Himmelfahrt (15. August), Allerheiligen (1. November) und Maria Empfängnis (8. Dezember).

Obwohl der Tag der Arbeit (1. Mai) kein offizieller Feiertag ist, wird in vielen Betrieben nur bis Mittag gearbeitet. In einigen Kantonen ruht die Arbeit ganztägig.

Neben den nationalen oder allgemeinen Feiertagen gibt es in der Schweiz noch eine Vielzahl regionaler und lokaler Feiertage, etwa das Knabenschiessen in Zürich (zweites Wochenende im September) oder die Tage um die Fasnacht.

Im Internet finden Sie alle Feiertage nach Kantonen und Gemeinden aufgelistet unter www.feiertagskalender.ch.

Mitbestimmungsrechte: Die Bürger regieren mit

Die höchste politische Instanz der Schweiz ist das Volk – oft auch als «der Souverän» bezeichnet. In kaum einem anderen Land der Welt haben die Bürger ein so grosses Mitspracherecht wie in der Schweiz. Mehrmals pro Jahr kann das Volk über politische Sachfragen abstimmen und aktiv Verfassung und Gesetze mitgestalten. Und das auf jeder Ebene: in der Gemeinde, im Kanton und beim Bund.

In politischen Angelegenheiten haben Schweizer Bürger folgende Mitbestimmungsrechte:

- **Wahlrecht:** Ab 18 Jahren haben alle Schweizerinnen und Schweizer (auch im Ausland wohnhafte) das aktive und passive Wahlrecht. Das heisst: Sie können wählen und sich auch selber in ein Amt wählen lassen.
- **Stimmrecht:** Personen, die wählen dürfen, haben auch das Stimmrecht. Sie können über kommunale, kantonale oder nationale Vorlagen befinden. Das geschieht meist mittels geheimer Abstimmungen an der Urne. In den Kantonen Glarus und Appenzell Innerrhoden sowie manchen Gemeinden finden auch noch Versammlungen statt.
- **Petitionsrecht:** Alle urteilsfähigen Personen (auch Ausländer, Minderjährige oder juristische Personen) dürfen schriftlich formulierte Bitten, Vorschläge, Kritiken und Beschwerden an die Behörden richten. Diese müssen die Petitionen zur Kenntnis nehmen. In der Praxis wird jede Petition behandelt und beantwortet, was jedoch nicht vorgeschrieben ist.
- **Initiativrecht:** 100 000 Bürgerinnen und Bürger können mit ihrer Unterschrift eine Änderung der Bundesverfassung verlangen. Das gesamte Schweizer Stimmvolk kann dann an der Urne zur entsprechenden Vorlage Stellung nehmen.

Zuhanden der Stimmberechtigten empfiehlt das Parlament, die Initiative anzunehmen oder abzulehnen. Oft unterbreitet das Parlament dem Volk einen etwas «gemässigteren» Gegenvorschlag. Die Abstimmenden können dann sowohl der Initiative als auch dem Gegenvorschlag zustimmen. Sie müssen aber angeben, welcher Vorlage sie den Vorzug geben, falls beide angenommen werden.

- **Referendumsrecht:** Das Volk kann Parlamentsentscheide im Nachhinein in einer Volksabstimmung umstossen oder bestätigen. Bei Änderungen der Verfassung

---

STICHWORT

Ausländerstimmrecht

Ausländer dürfen auf Bundesebene nicht abstimmen und wählen. Die Kantone können aber selbst entscheiden, ob sie Ausländern für Kantons- und/oder Gemeindeangelegenheiten das Stimm- und Wahlrecht einräumen wollen. Oft überlassen die Kantone auch den Gemeinden den Entscheid, ob Ausländer bei kommunalen Angelegenheiten mitbestimmen dürfen. Vielfach erhalten Ausländer zwar das aktive, nicht aber das passive Wahlrecht. In mehreren Westschweizer Kantonen dürfen Ausländer auf kantonaler und kommunaler Ebene abstimmen und wählen.

und Beitritten zu internationalen Organisationen hat das Volk in jedem Fall das letzte Wort. Darüber muss zwingend abgestimmt werden (obligatorisches Referendum).

In anderen Fällen können 50 000 Personen mit ihrer Unterschrift verlangen, dass ein Entscheid des Parlaments dem Volk nachträglich zur Abstimmung unterbreitet wird (fakultatives Referendum).

Initiative und Referendum kennt die Schweiz nicht nur auf Bundesebene. Auch in Kantonen und Gemeinden können die stimmberechtigten Bürger mit diesen Mitteln direkten Einfluss auf die Regierungstätigkeit nehmen.

Bahnreisen: So kommen Sie günstiger zum Zug

Das gut ausgebaute Netz an öffentlichen Verkehrsmitteln ist ein Markenzeichen der Schweiz. Zug, Tram, Bus und Schiff fahren regelmässig und pünktlich. Und weil die Fahrpläne aufeinander abgestimmt sind, müssen Reisende in der Regel nur wenige Minuten warten, wenn sie auf ein anderes Transportmittel umsteigen.

Die Schweizer sind gern und häufig mit der Bahn unterwegs. Jeder Schweizer legt pro Jahr durchschnittlich 2103 Kilometer mit dem Zug zurück. Seit Ende 2004 verzeichneten die Schweizerischen Bundesbahnen (SBB) einen Kundenzuwachs von 30 Prozent. Heute befördern die SBB rund 900 000 Passagiere täglich. Damit stösst das Unternehmen SBB an seine Kapazitätsgrenzen. Zu Hauptverkehrszeiten am frühen Morgen und nach Feierabend sind die Züge meist überfüllt und freie Sitzplätze rar. Wer aus purem Vergnügen eine Bahnreise unternehmen will, ist deshalb gut beraten, die Pendler-Zeiten zu meiden. Reisegruppen sollten ihre Plätze bei den SBB stets reservieren.

Spezialangebote der Bahn: Von Vergünstigungen profitieren

Wer für Bahnreisen in der Schweiz den vollen Preis bezahlt, muss einiges hinblättern: Die Retourfahrt Zürich–Genf oder Basel–Lugano kostet in der 2. Klasse um die 160 Franken und Bern–St. Moritz sogar mehr als 200 Franken. Kein Wunder, dass über zwei Millionen Schweizer und Schweizerinnen ein Halbtax-Abonnement haben, um von einer 50-Prozent-Vergünstigung zu profitieren (siehe Kasten oben). Doch es gibt auch Vergünstigungen, die weniger bekannt sind – aber ebenso lohnend. (Alle Preise Stand 2010.)

■ **Junior-Karte**

Grundsätzlich zahlen Kinder von 6 bis 16 Jahren im Zug den halben Preis. Für sie lohnt sich deshalb der Kauf einer Junior-Karte. Diese kostet pro Kind 20 Franken für ein Jahr, ab dem dritten Kind ist sie gratis. Sie berechtigt zu Gratisfahrten, und zwar überall da, wo auch das Halbtax-Abo gültig ist (siehe Kasten Seite 17).

Bedingung: Ein Elternteil muss dabei sein. Sonst gilt die Junior-Karte nicht. Gratis fahren Kinder

TIPP

Das Halbtax-Abo: Reisen zum halben Preis

Das Halbtax-Abonnement ist das Erfolgsprodukt der SBB: Rund 2,2 Millionen Schweizer reisen damit zum halben Preis durchs ganze Land. Das «Halbtax», wie das Abo in der Schweiz genannt wird, gilt nicht nur auf dem Schienennetz der SBB, sondern auch bei vielen Schweizer Bergbahnen, Schifffahrtsgesellschaften und öffentlichen Nahverkehrsmitteln wie Tram und Bus.

Besitzer eines Halbtax-Abos können zudem von diversen Zusatzprodukten wie Tageskarten, Monatskarten und Kinder-Tageskarten profitieren (siehe unten). Damit wird das Halbtax tageweise zum Generalabonnement. Das Halbtax-Abo kostet 150 Franken für ein Jahr (Stand 2010). Günstiger wird der Preis, wenn man das Halbtax-Abo gleich für zwei oder drei Jahre ausstellen lässt.

Freie Fahrt mit Bahn, Bus und Schiff haben Besitzer eines Generalabonnements (GA). Das GA gibts in diversen Versionen: für Erwachsene, Kinder, Junioren, Studenten, Senioren, für die ganze Familie und sogar für den Hund. Je nach Abo variieren die Preise.

Eine erwachsene Person zahlt für ein GA in der 2. Klasse 3100 Franken pro Jahr, in der 1. Klasse 4850 Franken (Stand 2010).

Auf den Fahrplanwechsel im Dezember 2010 haben die SBB eine Preiserhöhung für Abos angekündigt.

mit der Karte übrigens auch auf den Netzen etlicher städtischer Verkehrsbetriebe. Wichtig: Die Junior-Karte berechtigt auch zum Gratis-Velotransport und zur Halbpreis-Velomiete am Bahnhof.

▪ Kinder-Tageskarte

Wenn der Patenonkel mit seinem Patenkind oder die Grossmutter mit ihren Enkeln unterwegs ist, gilt die Junior-Karte nicht. In vielen Fällen lohnt sich dann die Kinder-Tageskarte. Sie kostet in der 2. Klasse 15 Franken. Deren Kauf ist schon für Retourfahrten auf Strecken wie Zürich–Schaffhausen oder Bern–Neuenburg günstiger als das Normalbillett.

Bedingungen: Der begleitende Erwachsene besitzt ein Halbtax-Abo samt gültigem Billett oder ein Generalabo (GA). Und pro erwachsene Person dürfen höchstens vier Kinder mitreisen.

▪ Tages- und Monatskarten zum Halbtax-Abo

Mit einer SBB-Tageskarte wird das Halbtax-Abo für einen Tag zum Generalabonnement. Das kostet in der 2. Klasse 64 Franken. Die Tageskarten sind nur in Kombination mit dem Halbtax-Abo gültig. Man kann sie an einem beliebigen Tag verwenden. Im Sechserpack zahlt man nur den Preis für fünf Tageskarten. Rund 10 Franken günstiger ist die 9-Uhr-Tageskarte. Sie gilt an Werktagen erst ab 9 Uhr.

Wenn Sie während eines ganzen Monats die öffentlichen Verkehrsmittel intensiv nutzen wollen, könnte sich der Kauf einer Monatskarte zum Halbtax lohnen. Preis: 350 Franken (2. Klasse).

- **Gemeinde-Tageskarte**

Viele Gemeinden verkaufen ihren Einwohnern vordatierte Tageskarten für 30 bis 40 Franken. Diese Karten sind auch ohne Halbtax-Abo gültig, allerdings nur am aufgedruckten Datum. Erkundigen Sie sich bei Ihrer Gemeindeverwaltung, ob es Tageskarten gibt. Meistens muss man frühzeitig reservieren, da die Zahl der Karten pro Tag beschränkt ist. Viele Gemeinden bieten im Internet unter www.tageskarte-gemeinde.ch eine praktische Online-Reservation an. In der Regel muss man die reservierten Karten anschliessend persönlich am Schalter abholen und bezahlen.

- **City-Ticket für Städtereisende**

Wer einen Ausflug in eine Stadt macht und dort auch die öffentlichen Nahverkehrsmittel benützen möchte, kauft am besten ein sogenanntes City-Ticket. Für einen geringen Aufpreis berechtigt es am Zielort zu beliebigen Fahrten mit Tram oder Bus. City-Tickets sind für insgesamt 24 Schweizer Städte erhältlich.

Strassenverkehr: Die wichtigsten Regeln

Die Schweiz ist bekannt für hohe Ordnungsbussen im Strassenverkehr. Selbst für «kleine Verkehrssünden» wie Falschparken sind schnell einmal 40 bis 100 Franken fällig. Schwere Verkehrsdelikte ziehen ein Strafverfahren nach sich. Das kann mit einer hohen Geldstrafe oder gar einer Freiheitsstrafe enden.

Damit ist die Sache aber noch nicht vom Tisch. Zusätzlich drohen administrative Massnahmen wie Führerscheinentzug, Verwarnung, psychologische Abklärungen, Verkehrsunterricht etc. Ausserdem hat der fehlbare Lenker zusätzlich die Verfahrenskosten zu berappen. Ein Punktesystem für Verkehrssünder wie in Deutschland gibt es in der Schweiz nicht.

Mit dem Auto unterwegs: So umfahren Sie die Bussenfalle

Wer auf Schweizer Strassen unterwegs ist, sollte die geltenden Gesetze kennen – und sich daran halten. Einige wichtige Vorschriften:

- **Tempolimiten:** Auf Autobahnen beträgt die Höchstgeschwindigkeit 120 km/h, auf Autostrassen 100 km/h, auf Landstrassen ausserhalb von Ortschaften 80 km/h, innerhalb von Ortschaften fast überall 50 km/h. In städtischen Wohngebieten gibt es vielerorts Tempo-30-Zonen.

Temposünder müssen mit einer Ordnungsbusse rechnen (siehe Kasten Seite 19). In schweren Fällen droht ein Strafverfahren.

TIPP

Infos für Bahnreisende

Die schweizerischen Bundesbahnen SBB unterhalten im Internet ein umfassendes Portal mit Tipps und Infos rund ums Reisen mit der Bahn.

Hier finden Sie detaillierte Angaben über Tickets und Abos, Spezialangebote, Ausflugs-Tipps, den Fahrplan und vieles mehr.

Die Website ist auch ein Online-Schalter: Sie können Bahnbillette online kaufen und ausdrucken oder aufs Handy laden. www.sbb.ch

Land und Leute

■ **Verbotene Radarwarngeräte:** Geräte im Fahrzeug, die vor polizeilichen Geschwindigkeitskontrollen warnen, sind in der Schweiz verboten. Dazu gehören auch GPS-Navigationsgeräte, die mit einer Radar-Warnfunktion ausgerüstet sind. Wer ein solches Gerät im Fahrzeug mitführt, macht sich strafbar. Die Polizei und Zollbehörden beschlagnahmen das Gerät und erstatten Anzeige.

■ **Autobahnvignette:** Das Benutzen der Autobahnen ist in der Schweiz gebührenpflichtig. Mit dem Kauf einer Autobahnvignette für 40 Franken wird die Abgabe für ein Jahr pauschal entrichtet. Die Vignette ist für Motorräder, Autos und Anhänger bis zu einem Gesamtgewicht von je 3,5 Tonnen obligatorisch.

Die selbstklebende Vignette für das laufende Jahr muss jeweils spätestens am 1. Februar ordnungsgemäss am Fahrzeug angebracht sein (bei Autos direkt auf der Innenseite der Frontscheibe). Vignetten, die nur lose mit Klebstreifen, Folien oder anderen Hilfsmitteln befestigt sind, werden nicht toleriert.

Wer auf einer gebührenpflichtigen Strasse ohne gültige Vignette erwischt wird, der zahlt 100 Franken Busse (200 Franken ab 2011) und muss die Vignette vor Ort kaufen.

■ **Alkohol:** Für Fahrzeuglenker gilt ein Grenzwert von 0,5 Promille Blutalkohol. Wer mit mehr Alkohol im Blut am Steuer sitzt, gilt als fahrunfähig und muss mit einer Busse rechnen.

Ab 0,8 Promille drohen eine Geldstrafe oder eine Freiheitsstrafe bis zu drei Jahren. Zudem verfügt das Strassenverkehrsamt

---

Ordnungsbussen für Temposünder

Überschreiten der Höchstgeschwindigkeit innerorts:	
um 1–5 km/h	Fr. 40.–
um 6–10 km/h	Fr. 120.–
um 11–15 km/h	Fr. 250.–
ausserorts und auf Autostrassen:	
um 1–5 km/h	Fr. 40.–
um 6–10 km/h	Fr. 100.–
um 11–15 km/h	Fr. 160.–
um 16–20 km/h	Fr 240.–
auf Autobahnen:	
um 1–5 km/h	Fr. 20.–
um 6–10 km/h	Fr. 60.–
um 11–15 km/h	Fr. 120.–
um 16–20 km/h	Fr. 180.–
um 21–25 km/h	Fr. 260.–

Gegen Fahrzeuglenker, die noch schneller unterwegs sind, wird ein Strafverfahren eröffnet. Sie können mit einer Freiheitsstrafe bis zu drei Jahren oder einer Geldstrafe belegt werden. Bei der Geldstrafe muss das Gericht die finanzielle Situation des Rasers berücksichtigen. Für gutsituierte Personen kann das sehr teuer werden.

So hat das St. Galler Kantonsgericht im Januar 2010 einen Multimillionär zu einer Geldstrafe von fast 300 000 Franken verdonnert. Der mehrfach vorbestrafte Raser war mit seinem Ferrari innerorts mit knapp 100 km/h und ausserorts im Tempo-80-Bereich mit 137 km/h unterwegs.

> **TIPP**
>
> **Strassenzustand**
>
> Unter der **Telefonnummer 163** erhalten Sie rund um die Uhr Auskunft über die Verkehrssituation auf Autobahnen, Tunnelzufahrten und Pässen sowie über Zugverspätungen von mehr als 20 Minuten. Die Meldungen werden alle drei Minuten aktualisiert. Der Dienst kostet 50 Rappen pro Anruf und Minute.
>
> Aktuelle Verkehrsinfos gibts auch im Teletext von SF 1 auf Seite 490, im Internet unter **www.teletext.ch**.

einen Führerscheinentzug von mindestens drei Monaten.

- **Handy:** Das Telefonieren während des Autofahrens ist nur via Freisprechanlage erlaubt. Wer am Steuer mit dem Handy am Ohr erwischt wird, zahlt 100 Franken.
- **Sicherheitsgurten:** Grundsätzlich müssen sich alle Autoinsassen anschnallen – auch auf dem Rücksitz.
- **Kinder im Auto:** Kinder unter zwölf Jahren, die kleiner sind als 150 Zentimeter, müssen in einem geprüften Kindersitz oder einem speziellen Sitzpolster sitzen. Die Sitzvorrichtungen müssen die Sicherheitsstandards des Uno-Abkommens in der Version 03 oder höher erfüllen (UN-ECE, Nr. 44). Die Angabe dazu steht auf der Etikette des Kindersitzes.

Kinder, die grösser als 150 Zentimeter oder älter als 12 Jahre sind, können sich wie Erwachsene mit den normalen Gurten sichern.

- **Helmtragepflicht.** Ein Helm ist obligatorisch für alle Motorradfahrer (auch für Mofas, Trikes und Quads).
- **Fussgänger:** Auf Zebrastreifen haben Fussgänger grundsätzlich Vortritt gegenüber dem rollenden Verkehr, sie dürfen die Strasse aber nicht überraschend betreten. Fahrzeuglenker müssen jedem Fussgänger den Vortritt gewähren, der sich bereits auf dem Streifen befindet oder davor wartet und ersichtlich die Fahrbahn überqueren will.

Direkte Links zu den Verkehrsregeln, Verkehrssignalen und zu den Ordnungsbussen finden Sie unter **www.bussenkatalog.ch** und unter **www.linker.ch** → Diverses → Auto/Moto.

Schweizer Führerschein und Nummernschild

Nach der Einreise in die Schweiz dürfen ausländische Fahrzeuglenker zwölf Monate mit ihrem «alten» Führerschein unterwegs sein. Nach Ablauf dieser Frist muss der ausländische Führerschein in einen schweizerischen Fahrausweis umgetauscht werden. Dafür zuständig ist das Strassenverkehrsamt im Wohnkanton (Adressen unter **www.asa.ch**). Der Schweizer Fahrausweis kostet rund 100 Franken.

Für den neuen Ausweis werden folgende Unterlagen benötigt:
- Gesuch um Ausstellung eines Schweizer Fahrausweises (erhältlich beim Strassenverkehrsamt),
- ausländischer Führerschein (Original),

- eine Kopie der Aufenthaltsbewilligung (Ausländerausweis),
- ein aktuelles Passfoto (farbig),
- Nachweis eines erfolgreichen Sehtests.

Der Sehtest kann bei einem Augenoptiker durchgeführt werden und kostet ca. 30 Franken. Ist der Test erfolgreich, erhält man eine Bestätigung.

Berufschauffeure müssen sich einer ärztlichen Untersuchung unterziehen.

Für Inhaber von Fahrausweisen aus den EU- und Efta-Staaten ist der Umtausch des Führerscheins eine rein administrative Angelegenheit. Sie sind von einer Kontrollfahrt, die üblicherweise verlangt wird, befreit (Ausnahme: Berufschauffeure).
Nach dem Umtausch wird der «alte» Führerschein eingezogen und an die Ausstellungsbehörde zurückgesandt.

Ohne weitere Auflagen kann auch ein Führerschein aus Andorra, Australien, Israel, Japan, Kanada, Kroatien, Marokko, Neuseeland, San Marino, Südafrika, Südkorea, Taiwan, Tunesien und USA gegen einen schweizerischen Ausweis eingetauscht werden.

Zulassung und Kontrollschilder beantragen

Bei einem Umzug in die Schweiz können Ausländer ihr Fahrzeug zollfrei einführen (siehe Seite 30 f). Nach der Einreise müssen Sie das Auto zur technischen Überprüfung anmelden und die Zulassung beantragen. Das Fahrzeug muss den gesetzlichen Vorschriften entsprechen und verkehrssicher sein, zudem muss eine Motorfahrzeug-Haftpflichtversicherung bestehen (siehe Seite 119 ff.).

In der Schweiz wohnhafte Ausländer haben ein Jahr Zeit, um ihr Fahrzeug anzumelden. Sie erhalten dann einen neuen Fahrzeugausweis und Schweizer Kontrollschilder. Dafür zuständig ist das kantonale Strassenverkehrsamt (**www.asa.ch**).

In der Regel sind dafür folgende Unterlagen einzureichen:
- Nachweis einer Motorfahrzeug-Haftpflichtversicherung,
- Prüfbericht (Formular 13.20 A) vom Zollamt abgestempelt,
- Ausländische Zulassungspapiere (Fahrzeugbrief, Fahrzeugschein) im Original mit Datum der 1. Inverkehrsetzung,
- Abgas-Wartungsdokument,
- Aufenthaltsbewilligung oder Ausländerausweis.

TIPP

Car-Sharing: Sparmodell für Wenigfahrer

Wer ab und zu ein Auto braucht, aber kein eigenes Fahrzeug besitzt, der kann der Car-Sharing-Genossenschaft Mobility beitreten. Die private Organisation stellt an über 1000 Standorten in der ganzen Schweiz insgesamt 2300 Fahrzeuge zur Verfügung. Vom Cabrio bis zum Kleintransporter ist alles dabei. Mitglieder können die Autos bei Bedarf rund um die Uhr online reservieren und an einem der Standorte abholen (Selbstbedienung).

Die anfallenden Kosten setzen sich aus einem Jahresabonnement oder Genossenschaftsbeitrag sowie Stunden- und Kilometertarifen zusammen. Für Besitzer von Bahn-Abos gibt es Preisermässigung. Weitere Infos unter **www.mobilty.ch**.

Land und Leute

Für immatrikulierte Motorfahrzeuge ist eine Steuer zu entrichten. Die Berechnung der Steuer ist von Kanton zu Kanton unterschiedlich. Einige berechnen sie nach dem Gewicht des Fahrzeugs, andere nach dem Hubraum und wieder andere beziehen sich bei der Berechnung auf die Zulassungsdauer.

Einkaufen im Hochpreisland Schweiz

Spätestens beim ersten Grosseinkauf werden Zuzüger aus dem Ausland feststellen: Das Leben im Hochpreisland Schweiz ist teuer, ja sehr teuer. Und dies gilt längst nicht nur für Luxusprodukte.

Lebensmittel und alkoholfreie Getränke kosten im Durchschnitt rund 30 Prozent mehr als in EU-Ländern. Höchstpreise zahlen die Schweizer unter anderem beim Fleisch, nämlich über 40 Prozent mehr als in den umliegenden Ländern. Ebenfalls fast 40 Prozent mehr als im Ausland kosten Medikamente, Essen in Restaurants und Hotelübernachtungen.

Als Ausreden für die hohen Preise müssen meistens die Qualität, die hohen Lohnkosten und die Sicherung von Arbeitsplätzen herhalten. Schuld an den hohen Preisen in der Schweiz sind jedoch vor allem Importbeschränkungen, unerlaubte Preisabsprachen – aber auch die Bereitschaft der Schweizer Konsumenten, klaglos viel zu bezahlen und die Preise nicht zu hinterfragen.

Coop und Migros: Dominierend im Schweizer Markt

Den hohen Kosten für Lebensmittel und Alltagsgüter kann man ein Schnippchen schlagen: Man kauft beim Grossverteiler oder Discounter, berücksichtigt Sonderangebote und vergleicht Preise.

TIPP

Tipps und Infos für Verbraucher

In der Schweiz gibt es verschiedene Organisationen, die sich für die Belange der Konsumenten einsetzen. Sie bieten telefonische Beratung und veröffentlichen in regelmässigen Abständen Publikationen mit Tipps für Verbraucher.

Die Zeitschriften K-Tipp und Saldo bieten unabhängige Informationen und Dienstleistungen für Konsumenten. Inhaltliche Schwerpunkte sind Produkte-Tests, Preisvergleiche, Verbraucherinfos und juristische Beratung. Abonnenten profitieren zudem von einer kostenlosen Rechtsauskunft durch erfahrene Juristinnen und Juristen.

- **K-Tipp-Hotline** für Fragen rund um den Konsumentenalltag:
  044 266 17 17
  Montag bis Freitag von 8.30 bis 12 Uhr und 13.30 bis 17 Uhr
  E-Mail: info@ktipp.ch
- **Rechtsberatung:** 044 253 83 83
  Montag bis Freitag von 9 bis 13 Uhr
  E-Mail: beratung@ktipp.ch
- **News/Archiv/Meinungen:**
  www.ktipp.ch

Migros und Coop sind die zwei wichtigsten Schweizer Grossverteiler. Das Preisniveau ist ähnlich, Unterschiede gibt es vor allem im Sortiment.

Coop führt seit jeher Markenprodukte, während Migros bis vor wenigen Jahren ausschliesslich auf Eigenmarken setzte. Neuerdings wird jedoch auch das Migros-Sortiment laufend mit bekannten Markenprodukten erweitert. Beide Grossverteiler bieten zudem die Möglichkeit des Online-Shoppings mit Hauslieferdienst.

Neben alltäglichen Verbrauchsgütern gibt es bei Coop und Migros ein grosses Angebot an Frischprodukten, wobei besonders die Migros sehr stark auf regionale Produzenten setzt. Bei beiden Grossverteilern sind auch Bio-Produkte erhältlich.

Sowohl Migros als auch Coop haben je eine eigene Produktelinie mit speziellen Tiefpreis-Artikeln (Migros: M-Budget, Coop: Prix Garantie) und Luxus-Artikeln (Migros: Sélection, Coop: Fine Food), die sich auch optisch vom übrigen Sortiment abheben.

Vielleicht der wichtigste Unterschied: Bei Coop gibts Wein, Bier, Spirituosen und Zigaretten. Die Migros hingegen verkauft weder Alkohol noch Tabakwaren.

Denner:
Der Schweizer Discounter

Was man in der Migros nicht kaufen kann, ist bei Denner (einer Migros-Tochter) erhältlich – nämlich Alkohol und Zigaretten. Doch nicht nur das Weinsortiment ist attraktiv und preisgünstig. Denner führt zu 75 Prozent Markenartikel, die meist etwas günstiger sind als bei Migros oder Coop. Weitere 25 Prozent sind Denner-Eigenmarken, die deutlich billiger sind als Markenartikel.

Seit einigen Jahren drängen die deutschen Discounter Aldi und Lidl auf den Schweizer Markt. Die günstige Konkurrenz aus Deutschland hat die Schweizer Grossver-

---

TIPP

Kein Sonderangebot verpassen

Wer regelmässig von Sonderangeboten profitieren will, erhält praktische Hilfe vom Internetportal **www.aktionis.ch**. Die Betreiber listen auf ihrer Seite laufend die Aktionen von sieben Grossverteilern und Discountern auf.

Sie können die Sonderangebote Ihres bevorzugten Grossverteilers oder einer Warengruppe abfragen. Und Sie können sich automatisch per E-Mail über ausgewählte Aktions-Angebote informieren lassen. Das Blättern in den Zeitungen und Prospekten der Anbieter bleibt Ihnen auf diese Weise erspart.

TIPP

Leitfaden für Schnäppchenjäger

Die Schweiz ist ein Hochpreisland. Die meisten Produkte und Dienstleistungen sind teurer als in europäischen Nachbarländern. Aber fast überall lässt sich Geld sparen. Beim täglichen Einkauf ebenso wie beim Urlaub, beim Auto, beim Kauf von Möbeln, Kleidern oder Heimelektronik.

Im K-Tipp-Ratgeber «Schnäppchen: So erhalten Sie mehr fürs Geld» finden Sie auf 140 Seiten die besten Spartipps und eine Fülle von Adressen, wo es gute Produkte zu tiefen Preisen gibt.

Bestellen können Sie das Buch für 30 Franken per Telefon 044 253 90 70, übers Internet unter **www.ktipp.ch** oder per E-Mail ratgeber@ktipp.ch.

teiler aufgerüttelt. Seit Lidl und Aldi mit Filialen in der Schweiz vertreten sind, haben Coop und Migros ihre Preise für viele Artikel merklich gesenkt.

Allerdings vermögen die deutschen Discounter, was die Auswahl angeht, mit dem Sortiment von Migros und Coop nicht mitzuhalten. Von den meisten Produkten gibt es nur eine Sorte.

Einkaufen im Ausland: Von Preisvorteilen profitieren

Im Ausland gibt es viele Produkte des täglichen Bedarfs billiger. Ein Abstecher über die Grenze kann sich also lohnen. Doch aufgepasst: Oft überschätzen Konsumenten die Preisvorteile. Fahrt- und Verpflegungskosten können schnell einmal 100 Franken und mehr betragen. Und wer jenseits der Grenze Waren für über 300 Franken einkauft, zahlt je nach Produkt hohe Zollgebühren.

Sparen kann man mit der Rückforderung der Mehrwertsteuer (siehe Kasten unten).

Zollbestimmungen: Teure Überraschungen vermeiden

Wer im Ausland Lebensmittel kauft, kann für den privaten Verbrauch grundsätzlich Waren im Wert von bis zu 300 Franken abgabenfrei einführen. Das heisst: Es werden in diesem Fall weder Zoll noch Mehrwertsteuer fällig.

- Wird die Freigrenze überschritten, zahlt man die Einfuhrabgaben auf den Gesamtbetrag und nicht nur auf die Differenz. Wer also Wa-

---

CHECKLISTE

So fordern Sie die Mehrwertsteuer zurück

Wer sich die Mehrwertsteuer für im Ausland gekaufte Waren rückerstatten lässt, profitiert: Die Mehrwertsteuersätze liegen in den europäischen Nachbarländern wesentlich höher als in der Schweiz. Sind die Waren für den Privatgebrauch bestimmt, kann man die Mehrwertsteuer zurückfordern. Das funktioniert so:
- Verlangen Sie beim Verkäufer das amtliche Formular und lassen Sie den Einkauf bei der Ausreise im ausländischen Zollbüro bestätigen. Mit dem Formular können Sie die Mehrwertsteuer beim Geschäft, wo Sie eingekauft haben, einfordern – zum Beispiel per Post oder beim nächsten Einkauf.
- Aber: Die Rückerstattung der Mehrwertsteuer ist für die Anbieter keine Pflicht. Manche Läden geben das Formular erst ab einem Mindesteinkauf ab.
- Einfacher geht es, wenn das Geschäft einem Steuerfrei-System angeschlossen ist. Das Logo «Tax Free Shopping» an der Ladentür weist darauf hin. Im Geschäft ein entsprechendes Formular verlangen und ausfüllen lassen. Dieses beim ausländischen Zollbüro abstempeln lassen und an das entsprechende Tax-Refund-Unternehmen, das die Mehrwertsteuer zurückzahlt, schicken. Der Betrag wird dann gutgeschrieben. Allerdings unter Abzug einer Gebühr.
- Bei grösseren Zollübergängen und an Flughäfen haben die Tax-Refund-Unternehmen Filialen; dort kann man sich den Betrag bar auszahlen oder auf ein Konto überweisen lassen. Adresse: Global Refund Schweiz AG, Zürichstrasse 38, 8306 Brüttisellen, Telefon 044 805 60 70, www.globalrefund.com.

ren im Wert von 310 Franken einführt, zahlt für den gesamten Betrag Einfuhrabgaben, nicht nur für 10 Franken.

- Bei einem Produkt, das mehr als 300 Franken kostet, kann der Warenwert nicht auf mehrere Personen verteilt werden. Eine vierköpfige Familie kann also keinen 1100 Franken teuren Fernseher abgabenfrei über die Grenze nehmen, sondern muss die Mehrwertsteuer von 7,6 Prozent auf den ganzen Betrag entrichten.
- Ausgenommen von der 300-Franken-Freigrenze sind ausgerechnet die beliebtesten Auslandeinkäufe. Butter und Rahm: höchstens 1 Liter/1 Kilogramm, jedes weitere Kilo kostet 16 Franken Zoll;
Milch und Milchprodukte: 5 Liter/5 kg, jedes weitere Kilo 3 Franken;
Frischfleisch: 0,5 kg, jedes weitere Kilo 20 Franken;
Fleischprodukte: 3,5 kg, jedes weitere Kilo 13 Franken;
Öl, Fett und Margarine: 4 Liter/4 kg, jedes weitere Kilo Fr. 2.10.
- Pro Person ab 17 Jahren dürfen höchstens 200 Zigaretten oder 50 Zigarren oder 250 Gramm Tabak abgabenfrei eingeführt werden. Bei Wein und Bier ist die Freimenge auf zwei Liter, bei Spirituosen auf einen Liter beschränkt.
- Bis 20 Liter Wein kostet der Zoll 60 Rappen pro Liter, dazu kommt die Mehrwertsteuer von 7,6 Prozent des Warenwerts.

Detaillierte Zollbestimmungen sind bei den Zollämtern und Grenzposten erhältlich: Zollkreisdirektion Basel, Tel. 061 645 91 72, www.zoll.admin.ch.

STICHWORT
Preisüberwacher

Wenn der Wettbewerb spielt, können Konsumenten für das Gewünschte den günstigsten Anbieter wählen. Dort, wo wenig oder gar kein Wettbewerb vorhanden ist, schützt in der Schweiz teilweise der Preisüberwacher vor überhöhten Preisen.

Der Preisüberwacher wird vom Bund eingesetzt. Er prüft und überwacht laufend die Preise in monopol- oder kartellverdächtigen Bereichen, um Missbräuche zu verhindern und zu beseitigen. Einsatzgebiete sind insbesondere die Bereiche Strom-, Gas-, Wasser- und Fernsehgebühren, Post und Telekommunikation sowie das Gesundheitswesen (z. B. Medikamentenpreise, Arzttarife, Spitaltaxen).

Konsumenten, die einen Preismissbrauch vermuten, können dies dem Preisüberwacher melden. Stellt er einen Missstand fest, so strebt der Preisüberwacher eine einvernehmliche Regelung an.

Der Preisüberwacher informiert regelmässig über die wichtigsten Dossiers in seinem Tätigkeitsbereich, auch auf der entsprechenden Internetseite www.preisueberwacher.admin.ch.

Einreise und Aufenthaltserlaubnis
Die ersten Schritte in der neuen Heimat

Gutbezahlte Jobs, schöne Landschaften und niedrige Steuern: All dies macht die Schweiz für Einwanderer attraktiv. Besonders einfach haben es EU-Bürger, wenn sie sich in der Schweiz niederlassen wollen. Dennoch gibt es einiges zu beachten.

Wer in die Schweiz einreisen will, braucht ein gültiges und von der Schweiz anerkanntes Reisedokument. Für Staatsangehörige eines EU-/Efta-Landes genügt ein amtlicher Personalausweis (Identitätskarte). Bürger eines Landes ausserhalb der EU/Efta benötigen hingegen in den meisten Fällen ein Visum (siehe Kasten unten).

Wichtige Dokumente für die Einreise

Folgende Dokumente sind dem Schweizer Zoll bei der Einreise vorzulegen:
- Gültiger Personalausweis, Identitätskarte oder Reisepass (mit Visum, falls erforderlich).
- Zusicherung einer Aufenthaltsbewilligung (ausgenommen Angehörige der EU17/Efta-Staaten, siehe Kasten Seite 32).
- Erklärung/Veranlagungsantrag für Übersiedlungsgut (Formular 18.44, siehe Kasten Seite 30).
- Verzeichnis der einzuführenden Waren.
- Falls ein Fahrzeug mit eingeführt wird: gültiger Führerschein und Fahrzeugbrief, Kaufvertrag oder Rechnung (siehe Seite 30 f.).
- Nachweis des Wohnsitzes in der Schweiz (Mietvertrag oder Arbeitsvertrag).

Der Umzug: Gute Planung erleichtert vieles

Ein Ortswechsel mit Sack und Pack ist immer mit Umtrieben verbunden. Zu einer guten Vorbereitung gehört ein effizientes Zeitmanagement. Planen Sie alle notwendigen Schritte ein gutes Stück im Voraus und setzen Sie sich Termine für die Erledigung. Die folgende Auflistung kann beim Planen helfen.

Einige Monate vor dem Umzug:
- Kontrollieren Sie, ob Pass und Personalausweise aller Familienmitglieder bei der Einreise noch gültig sind. Wenn nötig, lassen Sie die Papiere verlängern.
- Für Nicht-EU-/Efta-Bürger: Klären Sie ab, ob Sie ein Visum benötigen, und stellen Sie den Visumsantrag so früh wie möglich (siehe Kasten links).
- Beginnen Sie mit der Wohnungssuche (siehe Seite 38 ff.) und kündigen Sie rechtzeitig Ihren bisherigen Mietvertrag.

TIPP

Visumsgesuch im Internet

Beim Bundesamt für Migration (BFM) ist eine Liste erhältlich mit den Einreisebestimmungen für alle Herkunftsländer. Unter **www.bfm.admin.ch** → Themen → Einreise kann der Visumsantrag online ausgefüllt und ausgedruckt werden.

Den Visumsantrag müssen Einwanderer bei der Schweizer Vertretung (Botschaft oder Konsulat) in ihrem Herkunftsland einreichen. Die Adressen finden Sie im Internet unter **www.eda.admin.ch** → Vertretungen.

- Informieren Sie sich über die Einfuhrbestimmungen am Zoll (siehe Seite 27 ff.). Falls Sie Hunde oder Katzen mit in die Schweiz nehmen, erneuern Sie rechtzeitig die Tollwutimpfung (siehe Kasten Seite 29).
- Kündigen Sie rechtzeitig alle Verträge daheim: Strom, Gas, Öl, Wasser, Telefon, Handy und Internetzugang.

Einige Wochen vor dem Umzug:
- Erstellen Sie beim Einpacken eine detaillierte Liste aller Möbel, Pflanzen und Gegenstände des Hausrats, die Sie in die Schweiz mitnehmen wollen. Die Inventarliste brauchen Sie am Zoll (siehe Kasten Seite 30).
- Beantragen Sie bei Ihrer bisherigen Krankenkasse einen Versicherungsnachweis und eine Leistungsübernahme-Erklärung für die erste Zeit in der Schweiz. Laut Gesetz müssen sich alle in der Schweiz wohnhaften Personen bei einer Schweizer Krankenkasse versichern. Die Anmeldefrist beträgt drei Monate (siehe Seite 124 ff.).

Kurz vor der Abreise:
- Lassen Sie von allen Familienmitgliedern neue Passbilder anfertigen und erstellen Sie Kopien von wichtigen Dokumenten wie Diplomen, Arbeitszeugnissen, Ausweisen etc.
- Informieren Sie das Finanzamt über Ihren Auslandaufenthalt.
- Organisieren Sie die Weiterleitung Ihrer Post.
- Melden Sie sich am alten Wohnort ordnungsgemäss ab.

IN DIESEM KAPITEL	
26	Umzug in die Schweiz: Gute Planung erleichtert vieles
27	Zollvorschriften: So kommt der Hausrat über die Grenze
28	Einfuhr von Lebensmitteln und Alkohol
28	Einfuhr von Devisen
28	Einreise mit Heimtieren
29	Einfuhr von Pflanzen
30	Einreise mit dem eigenen Fahrzeug
30	Das ist bei der Zollabfertigung zu beachten
31	Anmeldung am neuen Wohnort
31	Aufenthaltserlaubnis: Vorteile für EU-Bürger
33	Als Rentner in die Schweiz: Geld machts möglich
34	Der Familiennachzug: Angehörige dürfen mit
34	Einbürgerung: Der lange Weg zum Schweizer Pass

Am Zoll: So kommt der Hausrat über die Grenze

Wenn Sie Ihren Wohnsitz in die Schweiz verlegen, können Sie Ihren gesamten Hausrat, Haustiere, Fahrzeuge, persönliche Gegenstände sowie Güter zur Ausübung eines Berufs oder Gewerbes zollfrei einführen. All diese Waren werden auch als «Übersiedlungsgut» bezeichnet.

Einzige Bedingung für eine zollfreie Einfuhr: Sie müssen die Gegenstände im Ausland seit mindestens sechs Monaten benutzt haben und sie in der Schweiz weiterhin verwenden.

Tipp: Falls sich in Ihrem Hausrat Möbel, technische Geräte oder andere Waren befinden, die sehr neu aussehen, ist es von Vorteil, wenn Sie am Zoll mit einem Kaufbeleg beweisen können, dass Sie die Güter bereits seit mehr als einem halben Jahr besitzen.

■ Lebensmittel, Alkohol

Zum zollfreien Übersiedlungsgut gehören auch Lebensmittelvorräte, Tabakwaren und alkoholische Getränke. Anders als bei der gewöhnlichen Einreise als Tourist, gibt es bei einem Umzug in die Schweiz für diese Waren keine festgelegten Mengenbeschränkungen. Es muss jedoch für die Zöllner glaubhaft sein, dass die Art und Menge dieser Vorräte für Ihren Haushalt üblich sind.

Es dürfte aber nichts dagegen sprechen, wenn ein Weinliebhaber den gesamten Weinkeller in die Schweiz transferieren möchte. Die Einfuhr von Hochprozentigem ist hingegen limitiert: Für Getränke mit einem Alkoholgehalt über 25 Volumenprozent gilt eine Höchstmenge von 12 Litern.

■ Devisen

Die Schweiz kennt keine besonderen Bestimmungen zur Einfuhr von Devisen. Im Rahmen der Bekämpfung internationaler Kriminalität sind jedoch Kontrollen möglich. Um nicht in den Verdacht zu geraten, Steuerhinterziehung oder Geldwäscherei zu betreiben, sollten Sie nur einen kleineren Betrag an Bargeld dabeihaben.

Achtung: Die EU hat die Bargeldkontrollen an ihren Aussengrenzen verschärft. Wer Bargeld oder Checks (in einigen Staaten auch Edelmetalle und Edelsteine) im Wert von über 10 000 Euro in den EU-Raum ein- oder ausführen will, muss dies vorher beim Zoll immer deklarieren.

■ Heimtiere

Auch Heimtiere dürfen in Begleitung ihrer Eigentümer zollfrei und ohne spezielle Bewilligung in die Schweiz einreisen. Der Begriff «Heimtiere» ist jedoch genau definiert. Er gilt nur für Tiere, die als «Gefährten im Haushalt oder aus Interesse am Tier» gehalten und später nicht verkauft werden. Dazu zählen Hunde, Katzen, Hamster, Meerschweinchen, Zierfische, Kanarienvögel, Schildkröten und dergleichen.

Nicht zu den Heimtieren zählen hingegen Pferde, Esel, Rinder, Schafe, Ziegen und Schweine.

Ein Umzug von einem EU-Land in die Schweiz mit gewöhnlichen Heimtieren ist in der Regel unproblematisch. Kompliziert kann es hingegen werden, wenn Sie aus einem Drittstaat einreisen oder

---

STICHWORT

Zügeln

In der Schweiz zieht man nicht um, sondern man «zügelt». Es werden Zügelkisten gepackt und Zügelmänner helfen beim Beladen des Zügelwagens. Wenn Sie aus Deutschland stammen, sind Sie vielleicht irritiert über diese sprachliche Eigenart, die an altertümliche Pferdefuhrwerke erinnert. Andrerseits verbinden die Schweizer mit dem Wort «umziehen» eher einen Kleiderwechsel als einen Wohnungswechsel.

Ob Sie nun zügeln oder umziehen – gute Tipps und praktische Checklisten sind immer willkommen. Solche gibts im Internet, zum Beispiel unter www.umzugsratgeber.ch oder www.immobilienscout24.de → Umzug.

Hunde und Katzen: Einreise nur mit Tollwutimpfung

Für Hunde und Katzen und Frettchen gelten spezielle Vorschriften: Sie müssen gegen Tollwut geimpft (Impfausweis) und markiert sein (Tätowierung oder Mikrochip). Zudem benötigen sie einen offiziellen EU-Heimtierpass. Gibt es im Herkunftsland keinen solchen Ausweis, ist ein amtstierärztliches Gesundheitszeugnis nötig.

Um den Impfschutz Ihres Vierbeiners sollten Sie sich frühzeitig kümmern. Am besten sehen Sie einige Wochen vor der Abreise im Impfausweis nach, ob die Tollwutimpfung noch gültig ist. Falls Ihr Tier (neu) geimpft werden muss, sollten Sie das spätestens drei Wochen vor der Abreise tun. Denn die Tollwutimpfung ist erst ab 21 Tagen nach der Impfung gültig. Beim Zuzug aus einem Tollwutrisikoland ist ein Bluttest erforderlich.

Bei der Einreise mit Hunden ist zudem zu beachten, dass bestimmte «Kampfhund»-Rassen in einigen Schweizer Kantonen verboten sind. Grundsätzlich verboten ist auch die Einfuhr von Hunden mit coupiertem Schwanz oder coupierten Ohren. Bei einem Umzug in die Schweiz werden jedoch Ausnahmen toleriert. Der Zoll entscheidet, ob die Kriterien für eine Ausnahme erfüllt sind.

Hundebesitzer müssen ihren Vierbeiner in der Schweizer Wohngemeinde anmelden. Zusätzlich muss ein Tierarzt jeden Hund in der Schweizer Hundedatenbank ANIS registrieren. Und: Hundehalter müssen in der Schweiz neuerdings eine Ausbildung absolvieren.

Detaillierte Infos finden Sie auf der Website des Bundesamtes für Veterinärwesen www.bvet.admin.ch.

exotische Tiere im Gepäck haben. Je nach Herkunftsland und Tierart müssen verschiedene Bestimmungen der Veterinärbehörden erfüllt sein.

So benötigen zum Beispiel exotische Vögel eine Veterinärbescheinigung. Für die Haltung vieler exotischer Tiere muss zudem eine Bewilligung des kantonalen Veterinäramtes eingeholt werden. Das betrifft unter anderem Reptilien wie Schlangen und Echsen. Strenge Einfuhrbeschränkungen gelten für Tiere, die auf der internationalen Artenschutzliste stehen.

Alle Heimtiere müssen sicher und bequem transportiert werden, am besten in einer geeigneten Transportbox.

Die Bestimmungen zur Einreise mit Tieren können sich ändern, zum Beispiel wenn im Ausland Seuchen auftreten. Tierbesitzer sollten sich deshalb bereits einige Wochen vor der Ausreise beim Bundesamt für Veterinärwesen www.bvet.admin.ch informieren.

■ **Pflanzen**

Für Pflanzen und Blumenzwiebeln, die für den persönlichen Gebrauch aus EU- und Efta-Staaten eingeführt werden, gelten keine besonderen Schutzmassnahmen. Hingegen müssen Pflanzen und Pflanzenteile aus Drittstaaten vor der Einreise vom örtlichen Pflanzenschutzdienst im Herkunftsland kontrolliert werden. Das ist ein aufwendiger Prozess, denn je nach Pflanze wird sie in Quarantäne genommen. Deshalb ist es ratsam, sich frühzeitig über die Einfuhrbestimmungen zu erkundigen.

Wenn es nichts zu beanstanden gibt, stellt der Pflanzenschutzdienst im Herkunftsland ein Zeugnis aus. Dieses Zertifikat muss bei der Einreise vorgelegt werden.

Mit einem generellen Importverbot belegt sind derzeit Zwergmispeln (Cotoneaster) und Lorbeer-Glanzmispeln (Stranvaesia). Weitere Informationen erhalten Sie beim örtlichen Pflanzenschutzdienst oder in der Schweiz beim Pflanzenschutzdienst des Bundesamtes für Landwirtschaft BLW www.blw.admin.ch. Eine aktuelle Liste über die Einfuhrverbote für Pflanzen finden Sie unter www.ezv.admin.ch → Zollinformation Private → Pflanzen und Tiere.

■ **Fahrzeuge**
Wenn Sie Ihr Auto seit mehr als sechs Monaten besitzen, können Sie es zollfrei als Übersiedlungsgut in die Schweiz mitnehmen. War das Fahrzeug im Ausland noch kein halbes Jahr auf Sie zugelassen, dann haben Sie Pech. In diesem Fall muss es in der Schweiz nach spätestens zwei Jahren wie ein Neuwagen verzollt werden. Nebst Zollgebühren fallen dann noch Mehrwertsteuer und Automobilsteuer an. Gleiches gilt im Übrigen auch für Motorboote und Flugzeuge.

Nach der Einreise in die Schweiz müssen Sie Ihr Auto beim Strassenverkehrsamt Ihres Wohnkantons anmelden. Die Zulassungsfrist beträgt ein Jahr für Fahrzeuge, die als Umzugsgut eingeführt werden, und einen Monat für Neuwagen. Vor Ablauf dieser Frist dür-

---

TIPPS

Das ist bei der Zollabfertigung zu beachten

■ Alle Waren, die Sie beim Umzug einführen, müssen Sie detailliert auflisten (Anzahl, Art, Marke). Nebst diesem Verzeichnis müssen Sie dem Zollamt bei der Einfuhr ein Formular für die Abfertigung des Übersiedlungsguts vorlegen. Das benötigte Formular 18.44 können Sie auf der Website der eidgenössischen Zollverwaltung herunterladen. Sie finden es unter www.ezv.admin.ch → Zollinformation Private → Zu beachten → Umzug, Heirat, Erbschaft.

Unter derselben Adresse gibt es auch ein Merkblatt zur detaillierten Auflistung des Übersiedlungsguts.

■ Das Umzugsgut muss an einem Zollamt für Handelswaren abgefertigt werden, die Einreise ist also nur an einem Werktag möglich. Welche Zolldienststellen dafür in Frage kommen und wann sie geöffnet sind, können Sie im Internet unter der oben genannten Adresse sehen (Link «Kontakte»).

■ Wer sein gesamtes Hab und Gut zollfrei in die Schweiz einführen will, muss am Schweizer Zoll die Zusicherung einer Aufenthaltsbewilligung vorlegen. Davon ausgenommen sind Staatsangehörige der EU17/Efta (siehe Kasten Seite 32).

■ Einreisende müssen belegen, dass sie ihren Wohnsitz tatsächlich in die Schweiz verlegen. Als Nachweis dafür genügt ein Arbeitsvertrag, die Abmeldebestätigung des Herkunftslandes oder ein Mietvertrag.

CHECKLISTE

Anmeldung am neuen Wohnort

Nach dem Umzug müssen Sie sich innerhalb von acht Tagen in Ihrer Wohngemeinde anmelden. Wenn Sie bereits einen Arbeitsvertrag haben, sollten Sie einige Tage vor Stellenantritt umziehen. Denn die Anmeldung bei der Gemeinde muss vor der Aufnahme der Erwerbstätigkeit erfolgen. Für die Anmeldung sollten Sie folgende Dokumente mitbringen:

- einen gültigen Ausweis oder Pass (für Sie selbst und alle Familienmitglieder),
- einen Nachweis Ihrer Krankenversicherung,
- Passfotos (von Ihnen selbst und allen Familienmitgliedern),
- Zivilstandsdokumente wie Familienbuch, Heiratsurkunde, Geburtsurkunden etc.,
- Arbeitsvertrag oder Immatrikulationsschreiben einer Hochschule,
- einen Mietvertrag für die Schweiz oder die Abmeldebestätigung Ihres Wohnorts im Ausland.

Die Gemeinde leitet Ihre Dokumente an die zuständigen kantonalen Behörden weiter, die Ihren Antrag bearbeiten und Ihnen eine Aufenthaltsbewilligung ausstellen.

---

fen Sie Ihr Fahrzeug mit den ausländischen Kontrollschildern fahren, sofern die Papiere und Versicherungen gültig sind.

Mehr zur Zulassung von Motorfahrzeugen auf Seite 20 ff.

Aufenthaltserlaubnis: EU-Bürger sind im Vorteil

Wer sich länger als drei Monate in der Schweiz aufhält oder während seines Aufenthaltes in der Schweiz arbeitet, braucht eine Aufenthaltserlaubnis. Dabei werden EU-Bürger gegenüber Angehörigen von Drittstaaten bevorzugt behandelt.

Seit dem Juni 2002 erleichtert das bilaterale Abkommen zum freien Personenverkehr zwischen der Schweiz und der EU die Einreise, den Aufenthalt und das Arbeiten in der Schweiz.

Das Personenfreizügigkeitsabkommen ermöglicht allen Staatsangehörigen der Vertragsparteien, ihren Aufenthaltsort und Arbeitsplatz in der Schweiz und der EU frei zu wählen. Sie können zudem ihre Familienangehörigen in die Schweiz mitbringen (siehe Kasten Seite 34).

Folgende Bedingungen müssen jedoch erfüllt sein:

- Sie haben einen gültigen Arbeitsvertrag oder sie sind selbständigerwerbend,
- sie haben eine Krankenversicherung (siehe Seite 124 ff.),
- Nichterwerbstätige Zuwanderer verfügen über ausreichende finanzielle Mittel für ihren Lebensunterhalt, sodass sie keine Unterstützung vom Staat beanspruchen müssen.

Die volle Freizügigkeit wird etappenweise eingeführt. Bereits jetzt gilt sie für Angehörige der EU-17-Staaten sowie für Bürger der Efta-Staaten (siehe Kasten Seite 32).

Einschränkungen für «neue» EU-Länder und Drittstaaten

Für die Staaten der EU-Osterweiterung (siehe Kasten unten) gelten vorderhand noch Beschränkungen bezüglich des Zugangs zum Arbeitsmarkt (siehe Seite 61 ff.).

Für Zuwanderer aus den «neuen» EU-Staaten ist grundsätzlich jeder Stellenantritt bewilligungspflichtig. Allerdings erhalten Bürger dieser Länder in der Schweiz nur dann eine Arbeitserlaubnis, wenn für die betreffende Stelle keine Schweizer oder Bürger der EU-17/Efta zur Verfügung stehen.

Dieselben restriktiven Bestimmungen in Bezug auf Erwerbstätigkeit und Aufenthaltsbewilligung gelten auch für Bürger von Staaten, die nicht Mitglieder der EU oder der Efta sind (Drittstaaten). Zusätzlich ist die Zahl Zuwanderer aus diesen Ländern durch sogenannte Kontingente begrenzt.

Allerdings: Hochqualifizierte Berufsleute, auf welche die Schweizer Wirtschaft angewiesen ist, sind von diesen restriktiven Bestimmungen ausgenommen. Das gilt etwa für Führungskräfte und topausgebildete Spezialisten.

Aufenthaltsbewilligungen für EU-Bürger

Die Aufenthaltserlaubnis wird von den kantonalen Migrationsämtern ausgestellt. Es wird unterschieden zwischen Kurzaufenthalts- (weniger als ein Jahr), Aufenthalts- (befristet) und Niederlassungsbewilligung (unbefristet). Nachfolgend die wichtigsten Aufenthaltsbewilligungen für Angehörige der EU-/Efta-Staaten.

■ **Kurzaufenthaltsbewilligung (Ausweis L EG/Efta):** Die Bewilligung wird erteilt bei einem befristeten Arbeitsverhältnis von weni-

---

STICHWORT

EU- und Efta-Staaten

■ **EU-15-Staaten:** Dazu zählen die ersten EU-Mitgliedsländer Belgien, Dänemark, Deutschland, Finnland, Frankreich, Griechenland, Irland, Italien, Luxemburg, Niederlande, Österreich, Portugal, Schweden, Spanien und Grossbritannien.

■ **EU-17-Staaten:** Diese Abkürzung wird gelegentlich verwendet für die EU-15-Länder plus Malta und Zypern.

■ **Efta-Staaten:** Island, Liechtenstein, Norwegen und die Schweiz.

Für Angehörige dieser Staaten gilt bereits jetzt die volle Personenfreizügigkeit.

■ **EU-8-Staaten:** In der Schweiz wird der Begriff für die Länder gebraucht, die sich 2004 im Rahmen der Osterweiterung der EU angeschlossen haben. Es sind dies: Estland, Lettland, Litauen, Polen, Slowakei, Slowenien, Tschechien und Ungarn.

■ **EU-2-Staaten:** Rumänien und Bulgarien sind seit 2007 Mitglieder der EU.

Seit Juni 2009 gilt das Freizügigkeitsabkommen auch für Staatsbürger der EU-8 und EU-2, allerdings mit Übergangsfristen und speziellen Regelungen.

ger als einem Jahr, aber mehr als drei Monaten. Sie gilt so lange, wie das Arbeitsverhältnis dauert.

Wer in die Schweiz einreist, um Arbeit zu suchen, erhält nach drei Monaten ebenfalls den Ausweis L EG/Efta. Die Bewilligung kann nach einem Jahr erneuert werden (siehe Seite Kasten Seite 62).

■ **Aufenthaltsbewilligung (Ausweis B EG/Efta):** Diesen Ausweis erhalten Personen mit einem unbefristeten Arbeitsvertrag oder wenn das Arbeitsverhältnis mindestens 12 Monate dauert. Den Ausweis B EG/Efta erhalten auch Selbständige und Nichterwerbstätige (bei ausreichenden finanziellen Mitteln und dem Nachweis einer Krankenversicherung). Die Bewilligung ist fünf Jahre gültig und verlängerbar. Bei Studenten wird sie jeweils auf ein Jahr ausgestellt und verlängert.

■ **Niederlassungsbewilligung (Ausweis C EG/Efta):** Staatsangehörige der EU-15-Staaten und der Efta erhalten diese Bewilligung, wenn sie fünf Jahre ununterbrochen in der Schweiz gelebt haben. Angehörige der übrigen EU-Staaten erhalten die Niederlassungsbewilligung in der Regel erst nach einem zehnjährigen Aufenthalt in der Schweiz.

■ **Grenzgängerbewilligung (Ausweis G EG/Efta):** Wer seinen Hauptwohnsitz im Ausland hat und in der Schweiz arbeitet, erhält eine Grenzgängerbewilligung. Der Ausweis G gilt für fünf Jahre, sofern ein Arbeitsvertrag vorliegt, der unbeschränkt oder länger als ein Jahr gültig ist. Andernfalls richtet sich die Gültigkeitsdauer des Ausweises nach dem Arbeitsvertrag.

Grenzgänger müssen wöchentlich mindestens ein Mal an ihren ausländischen Hauptwohnsitz zurückkehren (siehe Seite 60).

Aufenthaltsbewilligung für Bürger von Drittstaaten

Die Aufenthaltsbewilligungen für Angehörige von Nicht-EU-/Efta-Staaten sind im Prinzip vergleichbar mit jenen für EU-Bürger. Sie sind aber schwieriger zu bekommen und zu erneuern. Details zu den einzelnen Aufenthaltsbewilligungen finden Sie auf der Homepage des Bundesamtes für Migration unter **www.bfm.admin.ch** → Themen → Aufenthalt.

Als Rentner in die Schweiz: Geld machts möglich

Schöne Landschaften, eine gute Infrastruktur und tiefe Steuern machen die Schweiz zu einem attraktiven Alterswohnsitz. Rentner (oder andere Nichterwerbstätige) aus EU- und Efta-Staaten erhalten problemlos die Aufenthaltsbewilligung B, wenn sie über genügend finanzielle Mittel (Vermögen, Einkünfte aus Renten) verfügen, sodass sie während ihres Aufenthalts keine Sozialleistungen beanspruchen müssen. Zudem müssen sie sich bei einer schweizerischen Krankenkasse gegen die Risiken Krankheit und Unfall versichern (siehe Seite 124 ff.).

Seite 32) und der Efta dürfen ihre Familie in die Schweiz mitnehmen. Dazu zählen Ehepartner und Kinder unter 21 Jahren, für deren Unterhalt sie sorgen. Eltern und Schwiegereltern darf man in die Schweiz holen, sofern man für deren Unterhalt aufkommt.

Bei Studierenden gelten Ehepartner und unterhaltspflichtige Kinder als Familie.

Familienangehörige erhalten die gleiche Aufenthaltserlaubnis wie der Hauptberechtigte. Ehepartner dürfen ebenfalls in der Schweiz arbeiten, und die Kinder haben Zugang zu denselben Ausbildungen wie Schweizer Kinder.

Der Familiennachzug ist jedoch an Bedingungen geknüpft: Wer seine Familie nachkommen lässt, muss über eine entsprechend köpfige Familie darf man nicht in einer Einzimmerwohnung einquartieren.

Selbständigerwerbende und Nichterwerbstätige dürfen ihre Familie nur mitnehmen, wenn sie über ausreichende finanzielle Mittel verfügen, um den Lebensunterhalt für sich und die Familie zu bestreiten.

Angehörige von Staaten der EU-Osterweiterung dürfen ihre Familie nur in die Schweiz holen, wenn sie eine Arbeitsbewilligung erhalten. Dies ist aber zurzeit noch an Bedingungen geknüpft (siehe Seite 61 f.).

Für Angehörige von Drittstaaten mit einer Kurzaufenthaltsbewilligung können die Behörden den Familiennachzug erlauben. Es besteht jedoch kein rechtlicher Anspruch.

Die Aufenthaltsbewilligung gilt für fünf Jahre. Wenn die Kriterien erfüllt sind, wird sie automatisch um fünf weitere Jahre verlängert.

Für Rentner aus den übrigen Staaten gelten die gleichen Bedingungen. Um eine Aufenthaltsbewilligung zu erhalten, müssen sie jedoch mindestens 55 Jahre alt sein, und sie dürfen im In- und Ausland keiner Erwerbstätigkeit nachgehen.

Zudem müssen sie nachweisen, dass sie eine enge Verbindung zur Schweiz haben. Das ist zum Beispiel dann der Fall, wenn sich jemand bereits früher häufig für längere Zeit im Land aufgehalten hat (Ferien, Ausbildung oder Erwerbstätigkeit) oder wenn nahe Verwandte in der Schweiz leben. Immobilienbesitz in der Schweiz ist kein ausreichender Grund.

Einbürgerung: Der lange Weg zum Schweizer Pass

«Papierli-Schwiizer» – so bezeichnen Eidgenossen oft etwas abschätzig ausländische Mitbürger, die sich in der Schweiz haben einbürgern lassen. Der rote Pass ist bei vielen Ausländern begehrt, doch der Weg dorthin ist lang – manchmal auch steinig.

Gemäss Bundesamt für Migration werden jährlich rund 30 000 neue Gesuche eingereicht – entsprechend lange kann es dauern, bis man die Schweizer Staatsbürgerschaft dann endlich erhält. Das Verfahren kann sich über mehrere Jahre dahinziehen.

Grundsätzlich gibt es zwei Möglichkeiten, Schweizer zu werden: das ordentliche Verfahren und die erleichterte Einbürgerung.

Die ordentliche Einbürgerung: Ein komplexes Verfahren

Das ordentliche Einbürgerungsverfahren ist dreistufig: Als Erstes benötigen Sie eine Einbürgerungsbewilligung des Bundes. Zusätzlich entscheiden Kantone und Gemeinden darüber, ob eine Person alle Kriterien erfüllt, um Schweizer zu werden.

Um eine Einbürgerungsbewilligung zu erhalten, muss ein Kandidat folgende Voraussetzungen erfüllen:

- 12 Jahre Wohnsitz in der Schweiz (zwischen dem 10. und 20. Lebensjahr in der Schweiz verbrachte Jahre zählen doppelt);
- die schweizerische Rechtsordnung beachten;
- die innere und äussere Sicherheit der Schweiz nicht gefährden;
- in die schweizerischen Verhältnisse eingegliedert sein;
- mit den schweizerischen Lebensgewohnheiten, Sitten und Gebräuchen vertraut sein.

Kandidaten werden eingehend geprüft

Das Einbürgerungsgesuch müssen Sie – je nach Wohnort – beim Kanton oder bei der Wohngemeinde einreichen. Am besten wenden Sie sich zuerst an die Behörden der Wohngemeinde. Dort erfahren Sie alles Wissenswerte über das Verfahren und welche Dokumente dafür notwendig sind.

Der Bund klärt bei der ordentlichen Einbürgerung im Normalfall nur ab, ob auf Bundesebene Informationen vorliegen, die eine Einbürgerung ausschliessen. Dazu gehören Abklärungen, ob jemand straffällig geworden ist und ob die Person die innere Sicherheit der Schweiz nicht gefährdet.

Alle weiteren Bedingungen für eine Einbürgerung überprüfen der Wohnkanton und die Gemeinde. Diese kontrollieren zum Beispiel, ob jemand am Wohnort integriert und mit den schweizerischen Verhältnissen vertraut ist, ob der Kandidat die Wohnsitzvoraussetzungen erfüllt und ob er der Steuerpflicht sowie allfälligen Verpflichtungen im Bereich von Betreibung und Konkurs nachkommt.

Kantone und Gemeinden legen eigene Bedingungen fest, die erfüllt sein müssen, wenn jemand das Bürgerrecht erwerben will. In grösseren Gemeinden entscheidet in der Regel der Gemeinderat oder eine Einbürgerungskommis-

---

STICHWORT

Doppelbürger

Wer sich in der Schweiz einbürgern lässt, muss auf seine bisherige Staatsangehörigkeit nicht verzichten. Gemäss schweizerischem Recht ist das Doppelbürgerrecht ohne jede Einschränkung erlaubt. Allerdings gibt es Staaten, in denen man sein Bürgerrecht automatisch verliert, wenn man eine andere Staatsangehörigkeit annimmt. Falls Sie dazu Fragen haben, wenden Sie sich an die zuständige Botschaft Ihres Herkunftslandes.

Mit dem Schweizer Bürgerrecht übernehmen ausländische Staatsangehörige auch Rechte und Pflichten wie etwa das Stimm- und Wahlrecht sowie die Militärdienstpflicht. Der Militärdienst wird in der Regel in jenem Land geleistet, in dem die Person zum Zeitpunkt der Aushebung wohnt. Wer im Ausland Militärdienst geleistet hat, wird in der Schweiz nicht mehr aufgeboten.

lung das letzte Wort.

Damit ein Antragsteller das Schweizer Bürgerrecht erhält, müssen Bund, Kanton und Gemeinde zustimmen. Es kommt immer wieder vor, dass die Gemeinde eine Einbürgerung verweigert, obwohl Bund und Kanton grünes Licht gegeben haben.

Ein Recht auf Einbürgerung gibt es nicht. Doch muss ein ablehnender Entscheid stets begründet sein und er darf nicht gegen das Diskriminierungsverbot verstossen. Konkret: Es ist nicht zulässig, einer Person das Schweizer Bürgerrecht einzig aufgrund seiner Nationalität, Hautfarbe oder Religion zu verweigern.

Erleichterte Einbürgerung für Ehepartner und Kinder

Von einem vereinfachten Einbürgerungsverfahren profitieren unter bestimmten Voraussetzungen ausländische Ehefrauen und Ehemänner von Schweizerinnen und Schweizern sowie Kinder eines schweizerischen Elternteils, die das Schweizer Bürgerrecht noch nicht besitzen.

Ausländische Ehepartner müssen seit mindestens drei Jahren mit einem Schweizer oder einer Schweizerin verheiratet sein, seit mindestens einem Jahr in der Schweiz leben und insgesamt fünf Jahre im Land gewohnt haben.

Ebenfalls wichtig: Die Ehe muss intakt sein. Das müssen die Kanzer Pass mit dem Argument wieder entzogen wird, er sei mit falschen Angaben erschlichen worden.

Bei der erleichterten Einbürgerung liegt die Kompetenz für den Entscheid allein beim Bund. Die kantonalen und kommunalen Behörden werden jedoch angehört und haben ein Beschwerderecht.

Verfahrensdauer und Kosten sind nicht überall gleich

Dauer und Kosten des ordentlichen Einbürgerungsverfahrens variieren von Gemeinde zu Gemeinde. Kantone und Gemeinden erheben für die Bearbeitung des Gesuchs kostendeckende Gebühren.

Bei Gesuchen um erleichterte Einbürgerung ist mit einer Verfahrensdauer von sechs Monaten bis eineinhalb Jahren zu rechnen. Für den Entscheid erhebt die Bundesbehörde im Normalfall eine Gebühr von 750 Franken.

Detaillierte Infos zu den Einbürgerungsverfahren finden Sie auf der Website des Bundesamtes für Migration **www.bfm.admin.ch**.

**Einreise
Aufenthalts
bewilligung**

einmal bezogen, gibt es viel zu organisieren: Telefon, TV- und Internet-Anschluss müssen beantragt werden. **Ein Vorteil ist es auch, wenn man seine Rechte als Mieter kennt.**

Wer in der Schweiz eine Wohnung sucht, braucht viel Geduld und Ausdauer. Leerstehender Wohnraum ist knapp – und entsprechend teuer. In vielen Regionen der Schweiz ist es schwierig, eine bezahlbare Unterkunft zu finden. Preiswerte Wohnungen an guter Lage gehen oft «unter der Hand» weg. Und auf eine attraktive Wohnungsanzeige melden sich nicht selten bis zu 100 Interessenten.

Die Miete sollte nicht höher sein als ein Drittel des Lohns

Besonders prekär ist die Lage in städtischen Grossräumen, vor allem aber in Genf und Zürich. Da sind selbst sehr teure Mietwohnungen heissbegehrt. Etwas entspannter ist der Wohnungsmarkt in ländlichen Gebieten, wo in den vergangenen Jahren viel gebaut wurde. Allerdings haben auch hier die komfortablen Neubauwohnungen ihren Preis.

Zuzüger aus dem Ausland sollten sich daher darauf einstellen, dass die Wohnungsmiete einen beträchtlichen Teil ihres Gehalts verschlingt. Im Durchschnitt wendet ein Schweizer rund 20 Prozent seines Einkommens für Wohn-

Wohnungssuche: Ausdauer und Nerven sind gefragt

Die Wohnungssuche in der Schweiz kann eine nervenaufreibende Angelegenheit sein. Je mehr Zeit Sie dafür einplanen, desto grösser ist die Chance, eine Unterkunft zu finden, die Ihren Vorstellungen entspricht.

Am besten beginnen Sie bereits einige Monate vor der Einreise mit der Wohnungssuche. Am einfachsten geht dies im Internet. Auf den gängigen Immobilienportalen finden sich über 80 Prozent aller verfügbaren Miet- und Kaufobjekte (siehe Kasten unten).

Wer nicht täglich die Angebote durchforsten will, richtet sich ein kostenloses Such-Abo ein und lässt sich die Treffer via E-Mail zusenden. Die Wohnungssuche lässt sich so – abgestimmt auf die persönlichen Wünsche – automatisieren. Sortier- und Filter-

Die besten Onlineportale für die Wohnungssuche

www.homegate.ch
www.immoscout24.ch
www.immostreet.ch
www.immoclick.ch
www.immo.search.ch
www.immovista.ch
www.immobilien.ch
www.alle-immobilien.ch
www.ums.ch (möblierte Objekte)

möglichkeiten nach Region, Grösse, Preis und Komfort erlauben es, die gewünschte Wohnung genau zu definieren.

Als Ergänzung dazu können Sie auch die Immobilienangebote in den regionalen Medien konsultieren oder selber eine Anzeige aufgeben. Die meisten Schweizer Tageszeitungen publizieren regelmässig Wohnungsinserate. Diese können Sie im Internet einsehen unter **www.zeitung.ch**.

Eventuell kann Ihnen auch der künftige Arbeitgeber eine Unterkunft vermitteln oder zumindest bei der Suche behilflich sein.

Wer flexibel ist, hat die besten Chancen

Neben Geduld und Ausdauer ist bei der Wohnungssuche auch Flexibilität gefragt. Grenzen Sie die Suchkriterien nicht allzu eng ein. Sonst entgehen Ihnen unter Umständen interessante Objekte. Natürlich ist es komfortabel, ganz in der Nähe des Arbeitsortes zu wohnen, aber genau dort die passende Wohnung zu finden, dürfte in den meisten Fällen schwer sein.

Weiten Sie Ihr Suchgebiet aus. Die Schweiz ist ein kleines Land, und es ist durchaus üblich, dass man über Kantonsgrenzen hinweg zur Arbeit fährt. Dank des gut ausgebauten öffentlichen Verkehrsnetzes lassen sich auch grössere Distanzen bequem überwinden.

Es empfiehlt sich daher, bei der Wohnungssuche eher auf eine gute Anbindung ans Verkehrsnetz zu achten, statt sich stur auf eine bestimmte Region zu fixieren.

IN DIESEM KAPITEL

- 38 Die Wohnungssuche
- 40 Wo lebt es sich am günstigsten?
- 40 Wohnungsbesichtigung und Bewerbung
- 41 Der Mietvertrag: Die wichtigsten Punkte
- 43 So beantragen Sie eine Mietzinssenkung
- 44 Vor dem Einzug: Alle Mängel auflisten
- 44 Selber renovieren: Erst den Vermieter fragen
- 45 Reparaturen: Wer ist zuständig?
- 46 Kündigung: Das sind die wichtigsten Regeln
- 47 Beim Auszug: Das ist zu beachten
- 49 Wohneigentum: Offener Markt für EU-Bürger
- 51 Strom, Gas, Wasser vom lokalen Werk
- 51 Telefon: So kommen Sie zu Ihrem Anschluss
- 53 Mobiltelefonie: Wirrwarr bei den Preisplänen
- 54 Wichtige Telefonnummern in der Schweiz
- 55 Radio und TV: Empfang ist gebührenpflichtig
- 55 Internetzugang: Preise und Leistung variieren
- 57 Abfallentsorgung: Müll trennen lohnt sich

Eine Einbauküche gehört zum Standard

Wohnungen werden in der Schweiz üblicherweise unmöbliert vermietet. Der Ausbaustandard ist in der Regel recht hoch.

Im Unterschied zu Deutschland, wo der Mieter die Küche oftmals selbst mitbringen muss, sind Schweizer Wohnungen stets mit einer kompletten Einbauküche ausgestattet. Herd mit Backofen, Kühlschrank und Spülmaschine sind praktisch überall vorhanden. In Mehrfamilienhäusern gibt es zu-

Ratgeber zum Thema

Zu den in diesem Kapitel behandelten Themen finden Sie weitere Infos in den folgenden Ratgebern:
- Saldo-Ratgeber «Das Mietrecht im Überblick»
- Saldo-Ratgeber «Die wichtigsten Verträge»
- K-Tipp-Ratgeber «Die eigenen vier Wände»

Wo lebt es sich in der Schweiz am günstigsten?

Das Leben in der Schweiz ist vergleichsweise teuer. Steuern, Wohnungsmiete und Krankenkassenprämien verschlingen einen grossen Teil des Einkommens. Doch die Fixkosten sind nicht überall gleich hoch. Wie viel vom Lohn nach Abzug der festen Kosten übrigbleibt, hängt im Wesentlichen vom Wohnort ab. Doch wo lebt es sich am günstigsten?

Eine Studie der Credit Suisse zeigt: Finanziell am attraktivsten sind die Landkantone Appenzell Innerrhoden, Obwalden, Glarus und Thurgau.

Wer eher städtische Betriebsamkeit sucht, könnte zum Beispiel nach Winterthur ziehen. In der sechstgrössten Stadt der Schweiz lebt es sich verhältnismässig günstig. Am unteren Ende der Skala rangieren die Stadtkantone Genf und Basel-Stadt. Teuer ist das Leben auch in Zürich und in den angrenzenden Seegemeinden.

Die Steueroasen Schwyz, Nidwalden und Zug haben in den letzten Jahren einiges an Attraktivität eingebüsst. Hier sind die Miet- und Immobilienpreise in den letzten Jahren so stark gestiegen, dass praktisch nur noch die Superreichen von den tiefen Steuern profitieren können. Durchschnittliche Einkommen hingegen werden durch die hohen Wohnkosten so stark belastet, dass die Steuerersparnis gleich wieder zunichte gemacht wird.

---

dem meist einen separaten Kellerraum mit Waschmaschine und Wäschetrockner zur gemeinsamen Nutzung.

Neben Lage, Mietzins und Anzahl Zimmer ist die Fläche einer Wohnung ein wichtiges Kriterium für Mieter. Nur: In Schweizer Wohnungsanzeigen sucht man häufig vergebens nach einer Quadratmeter-Angabe. Die Wohnungskategorien ergeben sich aus der Anzahl der Zimmer (z. B. 3-Zimmer- oder 4½-Zimmer-Wohnung). Küche und Bad werden dabei in aller Regel nicht mitgezählt.

Aber: Sind die Räume gross wie Turnhallen oder klein wie Besenkammern? Wer es genau wissen will, fragt deshalb beim Vermieter vor der Besichtigung nach.

Das «halbe» Zimmer bezieht sich übrigens meist auf einen offenen Essbereich, der direkt an das Wohnzimmer angrenzt. Findige Vermieter kommen aber auch schon mal auf die Idee, einen etwas breiteren Flur als halbes Zimmer zu deklarieren.

Die Besichtigung: So können Bewerber punkten

Wohnungsanzeigen im Internet sind meist mit vielen Detailinformationen versehen: Fotos, Grundriss, 3D-Ansichten, Ausstattung, Lage, Distanz zu Schulen, Bus, Bahn und Geschäften. Über Google Map und die Funktion Street View lässt sich vom PC aus sogar die Umgebung des neuen Domizils erkunden. All dies kann jedoch eine Wohnungsbesichtigung vor Ort nicht ersetzen.

Wenn Sie sich für eine Wohnung interessieren, nehmen Sie telefonisch oder via E-Mail Kontakt auf mit dem Anbieter, um einen Besichtigungstermin zu vereinbaren. Idealerweise bündeln Sie mehrere Termine und nehmen sich einige Tage Zeit, um sich die Objekte, die für Sie in Frage kommen, vor Ort anzuschauen. Am besten tun Sie dies bei Tageslicht an einem gewöhnlichen Werktag. So lassen sich die Besonnung und der Verkehrslärm besser einschätzen.

Falls Sie an der Wohnung ernsthaft interessiert sind, erkundigen Sie sich beim Vermieter nach den Formalitäten für die Bewerbung.

Bewerbung: Vermieter fühlen Interessenten auf den Zahn

In der Regel müssen Bewerber ein Anmeldeformular ausfüllen. Welche Daten der Interessent dem Vermieter angeben muss und welche nicht, ist im Eidgenössischen Datenschutzgesetz geregelt. Demnach dürfen nur Angaben verlangt werden, die für die Auswahl geeigneter Mieter tatsächlich nötig sind.

So ist es zum Beispiel legitim, wenn der Vermieter nach dem Jahreseinkommen oder nach Haustieren fragt. Hingegen braucht er nicht zu wissen, ob der künftige Mieter Mitglied bei einer Mieterschutzorganisation ist oder ob er an einer chronischen Krankheit leidet.

Um Ihre Chancen zu erhöhen, sollten Sie der Bewerbung eine Kopie der folgenden Dokumente beilegen:
- Ausländerausweis/ Personalausweis
- Kontaktdaten des vorherigen Vermieters
- Arbeitsvertrag: Der Vermieter interessiert sich vor allem für die Dauer Ihrer Anstellung sowie für Ihr Gehalt.
- Betreibungsauskunft: Viele Liegenschaftsverwaltungen verlangen einen Original-Betreibungsauszug. Das Dokument ist mit der Schufa-Auskunft in Deutschland vergleichbar. Wenn Sie noch in Deutschland leben, lassen Sie sich eine Auskunft von der Schufa erstellen.

Auch mit einem persönlichen Brief können Sie bei der Bewerbung Pluspunkte sammeln. Rücken Sie sich und Ihre Familie ins beste Licht und machen Sie dem Vermieter deutlich, warum gerade Sie die richtige Kandidatin oder der richtige Kandidat für die Wohnung sind.

Der Mietvertrag: Das sind die wichtigsten Punkte

Der Mietvertrag regelt Rechte und Pflichten von Mieter und Vermieter und wird auf bestimmte oder unbestimmte Zeit abgeschlossen. Obwohl die schriftliche Form nicht vorgeschrieben ist, ist sie aus Beweisgründen dem mündlichen Mietvertrag vorzuziehen.

In der Regel werden Wohnungsmietverträge mit vorformulierten, schriftlichen Verträgen abgeschlossen. Folgendes sollte im Mietvertrag immer enthalten sein:
- die Namen der Mietparteien
- die Räumlichkeiten, die nebst der Wohnung mitgemietet werden, wie etwa Dachboden, Keller oder Garage

- die Mietdauer, die Kündigungstermine und Kündigungsfristen
- die Nettomiete und die Nebenkosten
- ein allfälliges Mietzinsdepot (Kaution), das maximal drei Monatsmieten betragen darf (siehe Seite 49).

Hausordnung: Wer sich nicht daran hält, riskiert Ärger

Ein Bestandteil des Mietvertrags ist normalerweise auch die Hausordnung, die das Zusammenleben in einem Mehrfamilienhaus regelt. Die Hausordnung kann zum Beispiel folgende Punkte vorschreiben:

- Ruhezeiten, während denen unnötig laute Geräusche wie laute Musik zu vermeiden sind
- Bade- und Duschverbot von 22 bis 6 Uhr

TIPP

Bewilligung für Haustiere

Wer in der Mietwohnung Hunde oder Katzen halten will, braucht dazu die Einwilligung des Vermieters. In der Regel gilt das Prinzip der Gleichbehandlung. Das heisst, wenn die eine Mieterin im Haus eine Katze halten darf, sollte dies auch allen anderen Mietern erlaubt sein. Wird die Erlaubnis zur Haltung von Vierbeinern nicht erteilt oder ist sie laut Mietvertrag verboten, riskieren Mieter und Mieterinnen, die sich dennoch eine Katze oder einen Hund halten, im Extremfall die Kündigung.

Immer erlaubt ist hingegen die Haltung von Kleintieren wie Mäusen, Hamstern, Kanarienvögeln oder Zierfischen, sofern sich die Anzahl der Tiere in Grenzen hält. Hier muss der Mieter nicht zuerst das Einverständnis des Vermieters einholen. Bei Aquarien sollte jedoch vorgängig abgeklärt werden, ob der Boden das hohe Gewicht des Beckens tragen kann.

- Einschränkungen für Kinder, z. B. Verbot des Spielens auf den Rasenflächen
- ein Verbot, Schuhe und andere Gegenstände im Treppenhaus zu deponieren
- die Nutzungsvorschriften für eventuell gemeinsam genutzte Waschräume.

Halten Sie sich an diese Vorschriften. Wenn der Waschküchenplan vorsieht, dass Ihr Waschtag jeweils am Mittwoch ist, sollten Sie nur an einem anderen Tag waschen, wenn dies mit den Nachbarn abgesprochen ist.

Aber aufgepasst: Wenn die Hausordnung allzu pingelig ist und jedes Detail reglementieren will, sollten Sie sich das Ganze besser nochmals überlegen. Die Wahrscheinlichkeit ist gross, dass Sie schnell einmal gegen Vorschriften verstossen und Anlass bieten für unliebsame Auseinandersetzungen mit Nachbarn oder mit dem Vermieter.

Mietnebenkosten: Nicht jede Forderung ist zulässig

Mieterinnen und Mieter zahlen nicht nur die Wohnungsmiete, sondern auch Nebenkosten. Aber aufgepasst: Solche Kosten sind nur dann geschuldet, wenn sie im Mietvertrag einzeln aufgeführt sind. Schreibt der Vermieter im Vertrag bloss «Betriebskosten», so ist das zu wenig genau. Der Mieter muss im Detail wissen, wofür er die verlangten Nebenkosten zahlt.

Auch darf der Vermieter nicht alles, was ihm gerade in den Sinn kommt, zusätzlich als Nebenkos-

> **TIPP**
>
> ## So beantragen Sie eine Mietzinssenkung
>
> Die Mieten in der Schweiz sind an den sogenannten Referenzzinssatz gebunden. Dieser Zinssatz ergibt sich aufgrund des Durchschnitts der Hypothekarzinssätze der Schweizer Banken. Alle drei Monate berechnet der Bund den Referenzzinssatz neu.
>
> Sinkt der Referenzzinsatz, haben Mieter Anspruch auf eine Mietzinsreduktion. Allerdings passen nicht alle Vermieter die Mieten von sich aus an. Zudem können sie Gegenforderungen wie Teuerung, Investitionen und gestiegene Unterhaltskosten geltend machen.
>
> Auf welchem Zinssatz der Mietzins beruht, steht in der Regel im Mietvertrag. Ist das nicht der Fall, können Sie sich unter **www.mietrecht.ch** informieren. Auf dieser Website können Sie auch berechnen lassen, um welchen Betrag der Mietzins sinken müsste.
>
> Senkt der Vermieter trotz eines ausgewiesenen Anspruchs die Miete nicht, sollten Sie ihm einen eingeschrieben Brief senden und eine Reduktion der Miete per nächsten Kündigungstermin verlangen. Einen Musterbrief für die Forderung einer Mietzinsreduktion ist auf **www.ktipp.ch** → Service → Musterbriefe zu finden.
>
> Lehnt der Vermieter die Senkung ganz oder teilweise ab oder antwortet er nicht innert 30 Tagen, können Sie innert 30 Tagen bei der zuständigen Schlichtungsbehörde auf Herabsetzung des Mietzinses klagen.

ten auf die Mieterschaft abwälzen. Auslagen für Reparaturen (z. B. für die Waschmaschine) oder Neuanschaffungen (z. B. eines Rasenmähers) gehören nicht zu den Nebenkosten, ebenso wenig Versicherungen, Liegenschaftssteuern und Verwaltungskosten.

Mieter können die Rechnungsbelege einsehen

Zulässige Nebenkosten sind etwa die Heizungs- und Warmwasserkosten (inklusive Reinigung der Heizungsanlagen, Wartung und Verwaltungsarbeit), Treppenhausreinigung, Hauswartlohn, Gartenunterhalt, Service-Abo für den Lift, allgemeine Beleuchtung, Abogebühren für das Kabelfernsehen oder Gebühren für die Abfallentsorgung. Im Zweifelsfall fragen Sie beim Mieterverband nach (Adresse siehe Kasten Seite 45).

In der Regel werden für die Nebenkosten Akontozahlungen vereinbart. Der Mieter zahlt monatlich einen vereinbarten Betrag im Voraus, der an die jährlichen Nebenkosten angerechnet wird.

Der Vermieter muss mindestens einmal jährlich die effektiven Kosten detailliert auflisten und abrechnen. Er kann die Differenz zu den Vorauszahlungen einfordern oder muss, falls der Mieter zu viel einbezahlt hat, diese zurückzahlen.

Der Mieter hat in jedem Fall das Recht, die Rechnungsbelege und den Verteilschlüssel einzusehen und zu kontrollieren.

Vor dem Einzug: Alle Mängel auflisten

Bevor Sie in Ihre neue Wohnung einziehen, sollten Sie alle Räume gemeinsam mit dem Vermieter oder Hausverwalter gründlich inspizieren und prüfen, ob alles in Ordnung ist. Bestehen Sie darauf, dass alle Schäden wie Kratzer im Parkett, Flecken auf dem Spannteppich, Risse in Tapeten usw. in einem Protokoll präzise umschrieben und aufgelistet werden.

Ein solches Protokoll verhindert, dass man Ihnen beim Auszug Schäden verrechnet, die Vormieter verursacht haben (siehe Seite 48). Unterzeichnen Sie die Mängelliste gemeinsam mit dem Vermieter und bewahren Sie sie gut auf.

Sie können nicht erwarten, dass der Vermieter die Wohnung bei jedem Mieterwechsel komplett renoviert. Normale Gebrauchsspuren müssen Sie akzeptieren. Weist die Wohnung jedoch gravierende Mängel auf, welche die Lebensqualität einschränken oder die Wohnung sogar unbewohnbar machen, können Sie vom Vermieter verlangen, dass er die Sache in Ordnung bringt.

Klassische Fälle von mittleren bis schweren Mängeln sind abblätternde Tapeten, schimmlige Wände, Ungeziefer, defekte Sanitär- oder Elektroinstallationen, kaputte Herde, Waschmaschinen und Kühlschränke. Vereinbaren Sie mit dem Vermieter schriftlich, bis wann er die Schäden beheben muss.

Klären Sie bei der Wohnungsübernahme alle noch offenen Fragen, zum Beispiel:

TIPP

Selber renovieren: Nur mit Einwilligung des Vermieters

Wenn Sie die Mietwohnung in Eigenregie verschönern möchten, ist Vorsicht geboten. Bevor Sie die Wände farbig streichen oder im Wohnzimmer einen alten Spannteppich durch edles Parkett ersetzen, müssen Sie den Vermieter um Erlaubnis fragen. Andernfalls kann er beim Auszug verlangen, dass Sie auf Ihre Kosten wieder einen Teppich verlegen und die Wände in der ursprünglichen Farbe streichen.

Für bauliche Veränderungen am Haus braucht man immer die Zustimmung des Vermieters – selbst wenn man bereit ist, die Veränderungen vor dem Auszug rückgängig zu machen.

Am besten informieren Sie den Vermieter in einem Brief über Ihr Vorhaben und bitten ihn um sein schriftliches Einverständnis für die Renovationsarbeiten.

Hat der Vermieter Ihr Vorhaben genehmigt, können Sie beim Auszug all diese Neuerungen so belassen, sofern nichts anderes vereinbart wurde. Wenn die Wohnung durch Ihre Renovationsarbeiten an Wert gewonnen hat, können Sie vom Vermieter sogar eine finanzielle Entschädigung verlangen. Einem Nachmieter ist es jedoch selbst überlassen, ob er Ihnen für einen neu verlegten Teppich eine Entschädigung zahlen will oder nicht.

- Welche Bedingungen gelten für den Parkplatz?
- Wie viele Haus- und Wohnungsschlüssel bekommen Sie?
- Wie ist die Treppenhausreinigung geregelt?
- Organisiert der Vermieter die Anmeldung für Strom, Gas und Wasser (siehe Seite 51)? Wurden die Zähler abgelesen?

Reparaturen: Wer ist dafür zuständig?

Unterhaltsarbeiten und Reparaturen in der Mietwohnung sind grundsätzlich Sache der Vermieterschaft. Eine Ausnahme bilden kleine Ausbesserungen, in Mietverträgen häufig als «kleiner Unterhalt» bezeichnet. Dafür haben Mieterinnen und Mieter laut Gesetz selber aufzukommen.

Zum kleinen Unterhalt gehören Arbeiten, die ein Mieter auch ohne grosses handwerkliches Geschick leicht selbst erledigen kann. Die Kosten, die dabei entstehen, dürfen im Einzelnen nicht mehr als 150 Franken betragen. Zum kleinen Unterhalt zählen:
- Ersetzen von Backblech, Duschbrause und -schlauch, Ersetzen von Glühbirnen, Leuchtstoffröhren, Seifenschale, Zahnglas, Sicherungen, WC-Brille und WC-Deckel;
- kleinere Reparaturen wie das Ausbessern von Kittfugen, das Schliessen von Dübellöchern und der Ersatz von Dichtungen am Wasserhahn;
- die Reinigung der Wohnung.

Sobald es für die Reparatur einen Fachmann braucht, muss der Vermieter die Kosten dafür übernehmen – auch wenn sie weniger als 150 Franken betragen. Sache des Vermieters ist zum Beispiel:
- Das Ersetzen von defekten Aufzugsgurten bei Sonnenstoren und Rollladen;
- Reparaturen von Herdplatten, Telefon-, Radio- und Fernsehanschlüssen, Tür- und Torschlössern, Ventilatoren in Küche und Bad.

Grössere Mängel muss der Vermieter beheben lassen

Klauseln im Mietvertag, die dem Mieter mehr Pflichten aufbürden als vom Gesetz vorgesehen, sind ungültig. In der Regel lohnt es sich aber nicht, wegen kleiner Beträge vor Gericht zu streiten. Erkundigen Sie sich bei der Schlichtungsbehörde, ob es sich um kleinen

> **TIPP**
>
> **Rat und Hilfe für Mieter**
>
> Überhöhter Mietzins, laute Nachbarn, feuchte Räume, Baulärm, unzureichend geheizte Wohnung – das müssen Mieter nicht klaglos hinnehmen. Wie sie sich wehren können, steht ausführlich im Saldo-Rageber «Das Mietrecht im Überblick». Das Buch gibt Antworten auf alle Fragen im Zusammenhang mit dem Wohnen zur Miete. Themen sind unter anderem Mietvertrag, WG und Untermiete, Nebenkosten, Mietzins, Mängel, Umbau und Kündigung.
>
> Bestellen können Sie das Buch für 30 Franken per Telefon 044 253 90 70, übers Internet unter www.saldo.ch oder per E-Mail ratgeber@saldo.ch.
>
> Eine Anlaufstelle für Mieter ist der Schweizerische Mieterinnen- und Mieterverband. Mitglieder profitieren von einem umfassenden Dienstleistungsangebot wie Rechtsberatung und Rechtshilfe, telefonische Auskünfte sowie Hilfe bei der Wohnungsabnahme: www.mieterverband.ch.

Unterhalt handelt. Liegt ein mittlerer oder grösserer Mangel vor, ist folgendes Vorgehen zu empfehlen:

Teilen Sie dem Vermieter mit, er solle sich innert einer bestimmten Frist um die Reparatur respektive den Ersatz kümmern. Beauftragen Sie nicht selbst einen Handwerker.

Unternimmt der Vermieter innert der Frist nichts, können Sie sich an die Schlichtungsstelle wenden. Dort kann der Vermieter verpflichtet werden, den Mangel zu beheben (siehe Kasten Seite 45).

Kündigung: Das sind die wichtigsten Regeln

Im Mietvertrag ist festgehalten, auf welchen Zeitpunkt Sie die Wohnung kündigen können. Dabei ist eine Kündigungsfrist einzuhalten – sie beträgt meistens drei oder sechs Monate. Beide Parteien müssen sich an diese Termine und Fristen halten – sofern kein wichtiger Grund für eine fristlose Kündigung vorliegt.

Der Vermieter hat die Kündigung schriftlich mitzuteilen. Er muss dazu ein amtliches Formular verwenden. Bei verheirateten Paaren müssen beide Partner je einzeln ein solches Formular erhalten. Andernfalls ist die Kündigung unwirksam.

Die Kündigung muss nicht begründet werden. Mieter und Vermieter können aber von der anderen Partei eine schriftliche Begründung verlangen. Das sollten Sie immer dann tun, wenn auf dem Kündigungsformular gar keine Gründe angeführt sind oder wenn Sie mit diesen nicht einverstanden sind.

Ab Empfang der Kündigung haben Sie 30 Tage Zeit, um die Kündigung anzufechten (siehe Kasten unten).

Ein Ersatzmieter muss bestimmte Kriterien erfüllen

Ein Mieter kann die Wohnung im Prinzip jederzeit kündigen, ohne auf die vertraglich vereinbarten Termine Rücksicht zu nehmen. Voraussetzung ist jedoch, dass er dem Vermieter einen Ersatzmieter vorschlägt, der folgende Bedingungen erfüllt:
- Der Nachmieter muss in der Lage sein, den Mietzins pünktlich zu zahlen.
- Er muss bereit sein, den Mietvertrag zu den gleichen Bedingungen wie der bisherige Mieter zu unterschreiben.
- Er muss für den Vermieter zumutbar sein.

TIPP

Kündigung erhalten – was nun?

Erste Regel: Verlieren Sie keine Zeit. Lassen Sie sich möglichst rasch kompetent beraten – bei einer Rechtsberatungsstelle (K-Tipp: 044 253 83 83) oder beim Mieterinnen- und Mieterverband (Adresse siehe Kasten Seite 45). Sie haben ab Empfang der Kündigung 30 Tage Zeit, um die Kündigung bei der der Schlichtungsstelle Ihres Wohnbezirks anzufechten.

Auch wenn die Schlichtungsbehörde die Kündigung für gültig erachtet, ist noch nicht alles verloren. Es wird automatisch geprüft, ob man dem Mieter wenigstens eine Verlängerung des Mietverhältnisses (Erstreckung) gewähren kann. Die maximale Erstreckungsdauer beträgt bei Wohnungen vier Jahre.

Ob ein Nachmieter zumutbar ist oder nicht, ist eine häufige Streitfrage bei ausserterminlichen Kündigungen. Wer vorzeitg ausziehen möchte, sollte deshalb dem Vermieter möglichst viele Ersatzmieter vorschlagen, auch wenn der Vermieter dies nicht verlangen darf.

Nachmieter «nicht zumutbar»: Nur triftige Gründe zählen

Stellt sich der Vermieter auf den Standpunkt, der Nachmieter sei für ihn nicht zumutbar, so muss er dafür triftige Gründe geltend machen können. Persönliche Antipathien gegenüber der vorgestellten Person genügen nicht. Auch wegen Nationalität, Rasse oder Religion darf der Vermieter einen Kandidaten nicht ablehnen.

Allerdings kann der Vermieter verlangen, dass der Nachmieter in die bestehende Mieterstruktur einer Liegenschaft passt. So kann der Vermieter zum Beispiel eine Wohngemeinschaft mit drei Musikern ablehnen, wenn im Haus ausschliesslich ältere Leute wohnen. Er muss auch nicht akzeptieren, dass Sie eine mehrköpfige Familie als Nachmieter für Ihre kleine 2-Zimmer-Wohnung vorschlagen.

Wer ausserterminlich kündigt, ist nicht in jedem Fall verpflichtet, den Mietzins weiterzuzahlen, bis die Wohnung vermietet ist. Wenn der Vermieter den vorgeschlagenen Nachmieter ohne triftige Gründe als unzumutbar ablehnt oder die Wohnung zu schlechteren Bedingungen weitervermieten will, ist der ausziehende Mieter von seinen Verpflichtungen befreit.

Beim Auszug:
Das ist zu beachten

Eine letzte, oft heikle Bewährungsprobe stellt die Wohnungsabnahme durch den Vermieter dar. In der Regel steht im Mietvertrag, dass Sie Ihre Wohnung beim Auszug «gründlich gereinigt» zurückgeben müssen.

Beachten Sie dabei, dass der Hinweis «gründlich» in der Schweiz eine besondere Bedeutung hat. Wundern Sie sich also nicht, wenn der Vermieter bei der Wohnungsabnahme die Abflüsse der Waschbecken mit einer Taschenlampe ausleuchtet und auch das Innere der WC-Spülkästen inspiziert.

Putz-Profis am Werk: Am besten mit Abnahmegarantie

Falls Sie sich die Putzarbeit ersparen wollen, können Sie dafür eine Reinigungsfirma engagieren. Holen Sie möglichst früh vor dem Umzugstermin einige Offerten ein. Ein Vertreter der angefragten Firma sollte jeweils die zu reinigende Wohnung besichtigen und dann einen Pauschalpreis offerieren, am besten inklusive Abnahmegarantie.

Diese besagt, dass die Firma für allfällige Nachreinigungen zuständig ist, falls der Vermieter mit der Sauberkeit der Wohnung nicht einverstanden ist. Am besten ist deshalb ein Vertreter der Reinigungsfirma bei der Wohnungsabgabe gleich anwesend. Die Rechnung der Reinigungsfirma sollten Sie auf jeden Fall erst nach der Wohnungsabgabe bezahlen.

3 Wohnen

Mieter haften nicht für normale Gebrauchsspuren

Mieter sind zwar verpflichtet, die Wohnung sauber abzugeben – nicht aber zu renovieren. Das heisst: Der Mieter haftet weder für Schäden, die schon zu Beginn des Mietverhältnisses vorhanden waren, noch für normale Gebrauchsspuren, die beim Wohnen entstehen. Dazu zählen etwa zugedeckte Dübellöcher, abgetretene Spannteppiche sowie Schatten von Bildern und Möbeln an den Wänden.

Wer jedoch während der Mietdauer einen übermässigen Schaden verursacht, muss dafür geradestehen. Als übermässig gelten Nikotinablagerungen an den Wänden wegen starken Rauchens, grobe Kratzer im Parkett, Brandlöcher in Teppichen, Defekte infolge unsorgfältiger Behandlung von Haushaltmaschinen, Schmierereien auf den Tapeten in den Kinderzimmern oder Kratzspuren von Haustieren.

Bei der Wohnungsabgabe wird gemeinsam mit dem Vermieter ein Protokoll erstellt, in dem alles aufgelistet wird, was nicht in Ordnung ist. Die Mängel sollten möglichst genau beschrieben werden. Also nicht nur «Flecken auf dem Teppich» sondern «Drei Flecken à 10 cm vor der Balkontür».

Der Vermieter kann nur eine Entschädigung verlangen für Schäden, die im Protokoll aufgeführt sind. Mieter müssen das Protokoll nicht unterschreiben oder können einen Vorbehalt anbringen, wenn sie damit nicht einverstanden sind (siehe Kasten unten).

Die Entwertung durch das Alter muss mitberechnet werden

Auch wenn ein Mieter für einige Schäden geradestehen muss, heisst das nicht, dass der Vermieter die ganze Wohnung auf dessen Kosten sanieren kann. In welchem Umfang der Vermieter Erneuerungskosten auf den Mieter abwälzen darf, hängt im Wesentlichen vom Alter und von der durchschnittlichen Lebensdauer der be-

---

CHECKLISTE

Das Wichtigste zur Wohnungsabgabe

- Die Mieter bezahlen nichts für die normale Abnutzung der Wohnung wie vergilbte Tapeten, Schatten von Bildern oder Dübellöcher.
- Bei Unstimmigkeiten mit dem Vermieter sollte ein Vertreter des Mieterverbandes eingeschaltet werden. Falls man Ärger schon im Voraus ahnt, kann man ihn bereits zur Wohnungsabgabe einladen.
- Unterschreiben Sie kein Abnahmeprotokoll, das Sie nicht vollständig akzeptieren – sonst übernehmen Sie die Verantwortung für die aufgelisteten Schäden.
- Nach der Wohnungsübergabe kann der Mieter für später entdeckte Schäden nicht mehr zur Verantwortung gezogen werden – es sei denn, die Schäden waren trotz aufmerksamer Prüfung nicht erkennbar. Allerdings muss der Mieter dann sofort nach der Entdeckung informiert werden. Andernfalls kann er die Haftung ablehnen.

schädigten Sache ab (siehe Kasten rechts).

Wer eine Haftpflichtversicherung für Mieterschäden hat, kann der Wohnungsabgabe gelassen entgegensehen. Denn die meisten kostenpflichtigen Schäden sind gedeckt. Aber aufgepasst: Viele Versicherungen zahlen nicht für übermässige Abnutzung und verlangen bei Mieterschäden zum Teil hohe Selbstbehalte.

Mietzinsdepot: Was passiert mit der Kaution?

Meistens verlangt der Vermieter zu Beginn des Mietverhältnisses eine Kaution (Mietzinsdepot). Diese darf maximal drei Monatszinsen betragen und muss zwingend auf einem Sperrkonto hinterlegt werden, das auf den Namen des Mieters lautet. Nach Ihrem Auszug erhalten Sie die Kaution samt Zinsen zurück.

Falls Sie jedoch während der Mietdauer Schäden an der Wohnung verursacht haben, für die Sie haftbar sind, kann der Vermieter die Reparaturkosten von der Kaution abziehen. Er darf über die Kaution aber nur mit Ihrer Einwilligung verfügen. Wenn Sie sich mit dem Vermieter nicht einigen können, muss sich der Vermieter an die Schlichtungsstelle des Mietgerichts wenden.

Ein Jahr nach der Wohnungsübergabe muss die Bank dem Mieter das Depot samt Zinsen auch gegen den Willen des Vermieters auszahlen – es sei denn, dieser habe gegen den Mieter Klage eingereicht.

> **STICHWORT**
>
> ### Lebensdauer
>
> Je älter eine Sache und je kürzer ihre «Lebensdauer», desto weniger muss der Mieter im Falle übermässiger Abnützung bezahlen. Unwesentlich ist, wie lange das Mietverhältnis gedauert hat.
>
> Beispiel: Ein durchschnittlicher Spannteppich hat eine Lebensdauer von zehn Jahren. Zernagt der Hund einen siebenjährigen Teppich, zahlt der Mieter nur noch drei Zehntel des Neuwertes. Allgemein gilt:
>
> - **10 Jahre** für Anstrich, Tapete, Laminat, Parkettversiegelung, Spannteppich, Klebeparkett, Storen, Geschirrspüler, Herdplatten, Kühlschrank, Waschmaschine/Tumbler (in der Wohnung)
> - **15 Jahre** für Kochherd, Waschbecken/Badewanne (Kunststoff), Waschmaschine/Wäschetrockner (in der Waschküche)
> - **20 Jahre** für Heizung, Rollläden, Waschbecken/Badewanne (emailliert)
> - **30 Jahre** für Parkett (Weichholz), WC/Bidet, Waschbecken (Keramik)
> - **40 Jahre** für Parkett (Hartholz), Holzverkleidungen.

Wohneigentum: Offener Markt für EU-Bürger

Ein eigenes Haus in der Schweiz – das steht für viele Ausländer ganz oben auf der Wunschliste. Und dieser Traum lässt sich einfacher verwirklichen, als manche denken. Zumindest für Bürger von EU- und Efta-Staaten, die sich in der Schweiz niederlassen, gibt es keine Einschränkungen, was den Erwerb von Grundeigentum betrifft (siehe Kasten Seite 50).

Ob Holzchalet, Reihenhaus, Attikawohnung, Loft oder Villa mit Garten: Ein Blick auf die Immobilieninserate zeigt, dass das Angebot sehr vielfältig ist. Die Baubranche boomt. Allerdings: In der Schweiz ist Bauland ein rares Gut

Der Erwerb von Grundeigentum

In der Schweiz wohnhafte EU/Efta-Bürger können in der Schweiz überall Grundeigentum erwerben. Sie haben beim Kauf von Immobilien dieselben Rechte und Pflichten wie Schweizer.

Angehörige anderer Staaten mit einem Ausweis B dürfen zwar eine Wohnung oder ein Haus kaufen, müssen aber selber darin wohnen. Mit einem Ausweis C sind auch sie in Bezug auf den Erwerb von Grundeigentum den Schweizern gleichgestellt. Aber: Grundeigentum in der Schweiz gibt keinen Anspruch auf eine Aufenthaltsbewilligung.

Der Kauf eines Grundstückes muss im Grundbuch eingetragen werden. Je nach Kanton sind unterschiedliche Instanzen dafür zuständig. Auskunft erteilen die kommunalen Behörden.

Detaillierte Auskünfte und Merkblätter zum Grundstückerwerb durch Ausländer finden Sie auf der Homepage des Bundesamtes für Justiz unter **www.bj.admin.ch** → Themen → Wirtschaft.

---

und die Nachfrage gross. Das schlägt sich in den Immobilienpreisen nieder, die an bevorzugten Lagen exorbitant hoch sind.

Da stellt sich natürlich die Frage, ob man sich ein Eigenheim in der Schweiz überhaupt leisten kann. Als Faustregel gilt: Mindestens 20 Prozent des Kaufpreises oder der Baukosten müssen Sie an Eigenkapital aufbringen. Der Rest lässt sich über eine Hypothek finanzieren (siehe Seite 147 f.).

Tipp: Wer ein bestehendes Haus kaufen möchte, sollte einen unabhängigen Schätzer beiziehen, der den tatsächlichen Wert der Liegenschaft beurteilt (Fachmann einer Bank, des Hauseigentümerverbandes oder unabhängiger Immobilientreuhänder).

Eigentumswohnung: Nichts für ausgeprägte Individualisten

Eine Wohnung zu kaufen, kann eine günstige Alternative sein zum eigenen Haus. Allerdings: Wer in der Schweiz eine Wohnung erwirbt, wird – wie es im Gesetz heisst – Stockwerkeigentümer. Diese Bezeichnung ist jedoch ungenau und irreführend. Denn dem Käufer gehört nicht etwa ein Stockwerk oder eine Wohnung im Haus. Vielmehr beteiligt er sich an einem ganzen Grundstück, einschliesslich des darauf errichteten Gebäudes. Die Liegenschaft gehört also allen Miteigentümern gemeinschaftlich.

Der einzelne Eigentümer erhält für bestimmte Gebäudeteile ein Sonderrecht. Das heisst: Man ist sein eigener Herr in einem gewissen Rahmen – aber eben auch Teil einer Gemeinschaft.

Wer eine Wohnung erwirbt, muss sich bewusst sein, dass viele Regeln seine persönliche Entfaltung einschränken. Dabei hat sich der Einzelne demokratischen Entscheiden zu beugen. Was im Haus erlaubt und verboten ist und was mit gemeinsamen Grundstücks- oder Gebäudeteilen geschehen soll, darüber entscheidet stets die Versammlung aller Miteigentümer. All dies birgt Konfliktpotenzial.

Man ist deshalb gut beraten, vor dem Kauf einer Wohnung das Reglement der Stockwerkeigentümergemeinschaft zu prüfen und sich mit den Gegebenheiten auseinanderzusetzen. Wer Mühe hat, sich mit anderen zu arrangieren und sich der Gemeinschaft unterzuordnen, sollte besser keine Eigentumswohnung kaufen.

Strom, Gas, Wasser: Lokale Werke sind zuständig

Die Stromspannung beträgt in der Schweiz 220 Volt/50 Hertz für Elektrogeräte bis 2200 Watt. Für Kochherde und Waschmaschinen beträgt die Spannung 380 beziehungsweise 3 x 380 Volt.

Steckdosen sind dreipolig. Es passen Eurostecker vom Typ C und Dreipolstecker vom Typ J. Für andere Stecker müssen Sie Adapter verwenden.

Als Neuzuzüger müssen Sie sich für den Bezug von Strom, Gas und Wasser anmelden. Das gilt auch bei einem Wohnungswechsel. Oft erledigt das der Vermieter selbst, andernfalls kann er Ihnen sagen, wo Sie sich anmelden müssen.

Vorläufig können in der Schweiz nur die grossen Verbraucher, also Firmen und Industriebetriebe, ihren Stromanbieter frei wählen. Private Bezüger werden automatisch durch die lokalen Elektrizitätswerke versorgt.

In der Schweiz sind die Strompreise generell etwas niedriger als im europäischen Ausland. Ein mittelgrosser Haushalt mit einem jährlichen Stromverbrauch von 4500 kWh muss pro Monat mit etwa 75 Franken Stromkosten rechnen.

Tipp: Je nach Anbieter gibt es verschiedene Zeiträume mit verbilligtem Strom (z. B. Nachttarife, Sonntagstarife).

Telefon: So kommen Sie zum Festnetzanschluss

Wer übers Festnetz oder mobil telefonieren will, kann in der Schweiz zwischen zahlreichen Anbietern wählen (siehe Kasten Seite 52). Mit einer Einschränkung: Den Festnetzanschluss erhält man zurzeit nur von der Swisscom. Ist der Anschluss aber erst einmal freigeschaltet, kann man das Angebot jeder beliebigen Telefongesellschaft nutzen.

> **TIPP**
>
> ### Alle Gebühren auf einen Blick
>
> Frischwasser, Abwasser, Abfallentsorgung: Die Gebühren sind je nach Wohnort happig oder moderat. Ob ein Kubikmeter Frischwasser 50 Rappen oder über 4 Franken, die Entsorgung von 35 Liter Kehricht etwas über 1 Franken oder knapp 5 Franken kostet, schlägt sich spürbar in der Nebenkostenrechnung nieder.
>
> Wo man wie viel zahlen muss, können Interessierte im Internet nachschauen: Im Gebührenrechner des Preisüberwachers sind alle Gemeinden mit mehr als 7000 Einwohnern aufgeführt. In der Suchmaske nur den Anfangsbuchstaben eines Orts eingeben, dann erscheint die Liste der erfassten Gemeinden. Die Adresse: www.preisueberwacher.admin.ch → Gebührenvergleich.

Um den Anschluss selber brauchen Sie sich in der Regel nicht zu kümmern. Meist gibt es in der Wohnung gleich mehrere davon. Sie müssen bei der Swisscom nur noch die Freischaltung beantragen. Das geht am einfachsten über die Gratisnummer 0800 800 800 (wenn Sie aus dem Ausland anrufen +41 848 800 811, gebührenpflichtig) oder online unter www.swisscom.ch.

Für das Freischalten eines Telefonanschlusses verlangt die Swisscom eine einmalige Gebühr von 43 Franken. Sie erhalten eine Rufnummer zugeteilt, die gratis im Schweizer Telefonverzeichnis eingetragen wird, falls Sie dies wünschen. Ebenfalls kostenlos erhalten Sie jeweils das aktuelle Telefonbuch Ihrer Region.

Die wichtigsten Telefonanbieter

Cablecom: www.cablecom.ch
Orange: www.orange.ch
Sunrise: www.sunrise.ch
Swisscom: www.swisscom.ch

Das Schweizer Telefonverzeichnis finden Sie auch im Internet unter www.directories.ch.

Beim Festnetzanschluss können Sie wählen zwischen einer Analog- oder ISDN-Leitung. ISDN bietet zwei gleichzeitig nutzbare Linien und mehrere Rufnummern (z. B. für Fax und Anrufe) als Standard. Ein analoger Anschluss kostet rund 25 Franken, ein ISDN-Anschluss mit drei Rufnummern 43 Franken pro Monat.

TIPP

Telefonrechnung immer kontrollieren!

Die Telefonrechnung fürs Festnetz und Handy erhalten Sie in der Regel monatlich. Auf Wunsch werden alle Anrufe detailliert aufgelistet.

Es lohnt sich, die Telefonrechnung jeweils genau zu kontrollieren. Denn fehlerhafte Rechnungen mit unerklärlich hohen Geldforderungen sind zahlreicher, als man gemeinhin annimmt. Da tauchen plötzlich horrende Gebühren auf für Gespräche, die man niemals geführt hat, oder für einen SMS-Dienst, den man nie abonniert hat.

Wenn Sie mit der Telefonrechnung nicht einverstanden sind, sollten Sie folgende Schritte unternehmen:

■ Erkundigen Sie sich bei einer Rechtsberatungsstelle, ob die Forderung berechtigt ist.

■ Ist nur ein Teil der Rechnung bestritten, zahlen Sie den Rest fristgerecht.

■ Ist die Forderung ganz oder teilweise unberechtigt, reklamieren Sie mit einem eingeschriebenen Brief bei der Telefongesellschaft. Wichtig: Der Anschluss darf nicht abgeschaltet werden, wenn der unbestrittene Teil der Rechnung bezahlt wird.

■ Teilen Sie der Telefongesellschaft oder deren Inkassobüro mit, dass Sie bei einer Betreibung Rechtsvorschlag erheben (siehe Seite 153).

■ Erhalten Sie trotzdem einen Zahlungsbefehl, kann die Betreibung durch einen Rechtsvorschlag gestoppt werden. Das Unternehmen muss dann die angebliche Forderung vor Gericht einklagen und belegen, dass der Betrag zu Recht geschuldet ist.

Hinweis: Falls Sie Ihren eigenen Telefonapparat aus dem Ausland mitbringen, benötigen Sie möglicherweise einen Adapter, um das Telefon in der Schweiz anzuschliessen. Erkundigen Sie sich bei der Swisscom oder in einem Fachgeschäft.

Alternativen zur Swisscom und Call-by-Call

In einigen Orten bieten auch die lokalen TV-Kabelnetzbetreiber (z. B. Cablecom) Telefondienstleistungen an. Wenn Sie übers Fernsehkabel telefonieren, benötigen Sie keinen Swisscom-Festnetzanschluss. Der Telefonanschluss über TV-Kabel kostet bei der Cablecom 20 Franken pro Monat. Detaillierte Infos dazu finden Sie unter **www.cablecom.ch**.

Der Festnetzanschluss der Swisscom verpflichtet Sie nicht dazu, Ihre Gespräche über die Swisscom zu führen. Sie können sich bei einem anderen Anbieter anmelden (z. B. Sunrise, Tele 2), den Sie dann standardmässig nutzen. Wenn Sie nicht mit der Swisscom telefonieren, kümmert sich der gewählte Anbieter um die Formalitäten mit der Swisscom. Ihre Telefonnummer ändert sich dadurch nicht.

Eine andere Möglichkeit ist Call-by-Call: Vor der Telefonnummer wählen Sie den fünfstelligen Code eines Anbieters. Vor allem für Anrufe ins Ausland kann es sich lohnen, Call-by-Call zu verwenden. Unter **www.teltarif.ch** können Sie ausrechnen, welcher Anbieter für welches Land am günstigsten ist.

Mobilfunk: Viele Anbieter, unübersichtliche Preispläne

In der Schweiz gibt es zurzeit drei Betreiber von Mobilfunknetzen: Swisscom, Orange und Sunrise. Daneben gibt es mehrere kleine Anbieter von Mobilfunk-Dienstleistungen, welche die Netze der grossen Betreiber mitbenutzen. Dazu zählen unter anderem M-Budget Mobile (Migros), Coop Mobile, yallo und Mobilezone.

Alle Anbieter haben eine Vielzahl von Abo-Varianten und Prepaid-Angeboten mit unterschiedlichen Tarifen. Für den Konsumenten ist es schwierig, jenes Angebot herauszupicken, mit dem er am günstigsten telefoniert (siehe Kasten Seite 55). Konkurrenz belebt zwar das Geschäft. Dennoch ist mobil telefonieren in der Schweiz erheblich teurer als im europäischen Ausland. Konkret: Wer das Handy nur wenig nutzt und ein Abonnement hat, zahlt 80 Prozent mehr als der durchschnittliche EU-Bürger.

Handy-Vertrag oder Prepaid? Das Nutzerprofil entscheidet

Mit einem Mobilfunkvertrag sind die Gesprächsgebühren normalerweise niedriger als mit einer Prepaid-Karte. Doch neben den Gesprächsgebühren fällt auch eine monatliche Grundgebühr an. Und: Die meisten Mobilfunkverträge haben eine Mindestlaufzeit von ein oder zwei Jahren. Die Kündigungsfristen betragen je nach Anbieter und Vertrag 30 bis 60 Tage. Verpasst man es, fristgerecht zu kündigen, verlängert sich das Abo jeweils automatisch um ein Jahr.

Flexibler sind Sie mit einer Prepaid-Karte ohne vertragliche Bindung. Sie bezahlen nur für die tatsächlichen Gesprächsminuten und es fallen keine weiteren Kosten an. Zudem sind die Gesprächsgebühren bei Prepaid-Angeboten in letzter Zeit stark gesunken, sodass man mit einer Prepaid-Karte in der Regel günstiger fährt als mit einem Vertragshandy.

In der Schweiz besteht eine gesetzliche Registrierungspflicht für Mobiltelefone. Das gilt auch für Prepaid-Angebote. Jeder Kunde muss sich beim Kauf ausweisen und seine persönlichen Daten werden registriert.

Das Guthaben von Prepaid-Karten kann in vielen Geschäften (z. B. Coop, Migros), an Kiosken, online oder auch an Bahnbillett-Automaten aufgeladen werden.

Telefonnummern: Die Ortsvorwahl ist stets nötig

Alle Schweizer Telefonnummern bestehen aus einer dreistelligen Vorwahlnummer (Ortsvorwahl) und einer siebenstelligen Rufnummer. Bei Anrufen innerhalb der Schweiz wählen Sie zunächst die Vorwahl (z. B. 031 für Bern), selbst wenn Sie sich innerhalb desselben Ortsnetzes befinden.

Um eine Schweizer Nummer aus dem Ausland anzurufen, wählen Sie die Landesvorwahl für die Schweiz (+41), dann die Ortsvorwahl ohne Null (z. B. 31 für Bern), anschliessend die siebenstellige Rufnummer. 076, 078 und 079 sind die Vorwahlen der Mobilfunknetze. Denken Sie daran: Hier fallen höhere Verbindungskosten an.

Die wichtigsten Spezialnummern

Zusätzlich gibt es in der Schweiz zahlreiche Spezialnummern. Die wichtigsten:

- **0800 Gratisnummer:** Keine Verbindungsgebühren für den Anrufer. Der Inhaber der Gratisnummer übernimmt diese Kosten.
- **084x Gebührenteilungsnummer:** Einheitliche Verbindungsgebühr bis maximal 8,07 Rappen pro Minute für den Anrufer. Die Differenz zu den effektiv angefallenen Gebühren sowie allfällige Zuschläge trägt der Nummerninhaber.
- **090x Mehrwertdienstnummer:** 0900er-Nummern werden häufig für Kunden-Hotlines genutzt, aber auch für Erotik-Dienste und andere – teilweise dubiose – Angebote. Seien Sie mit diesen Nummern vorsichtig! Verbindungen zu einer 090x-Nummer können schnell einmal sehr teuer werden. Zudem können sich die Tarife während

SOS-Nummern

117	Polizei
118	Feuerwehr
144	Sanität, Ambulanz
140	Strassen-Pannenhilfe
143	Telefonseelsorge
145	Notfallberatung bei Vergiftungen
147	Kinder-/Jugendnotruf
1414	Rettungs-Helikopter (vor allem im Gebirge)

des Gesprächs ändern. Es gelten aber Preisobergrenzen: 100 Franken für die Grundgebühren/10 Franken pro Minute/400 Franken pro Verbindung.

Internetzugang: Preise und Leistung variieren

Der Zugang ins Internet ist auf verschiedene Arten bei verschiedenen Anbietern möglich. Weit verbreitet sind in der Schweiz ADSL (Breitband) und Internet via TV-Kabel. Beide Verbindungen bieten eine schnelle Datenübertragung zu einem monatlichen Pauschalpreis.

Einen Zugang zum Internet gibts bei allen Telefonanbietern (siehe Kasten Seite 52). Das ADSL-Standardangebot (5000/500 Kbits/s) kostet überall rund 50 Franken im Monat. Oft ist damit aber die Verpflichtung verbunden, auch über den gewählten Anbieter zu telefonieren. Das Modem erhält man beim Abschluss eines Abovertrags meist gratis. Achtung: In der Regel verpflichtet man sich mit einem Abo, während mindestens 12 Monaten beim gewählten Anbieter über ADSL zu surfen. Letzteres gilt auch für den Internetzugang via TV-Kabel.

Auch bei den Internetanbietern variieren Preis, Kapazität und Leistung. Wer sich über Angebote und Preise informieren will, wirft am besten einen Blick auf die Vergleichstabellen von Comparis und Teltarif (siehe Kasten oben). Für Fragen rund ums Internet ebenfalls zu empfehlen ist die Adresse **www.providerliste.ch**.

> **TIPP**
>
> ### Wer vergleicht, kann sparen
>
> Ob Festnetz oder Mobiltelefonie: In der Schweiz gibt es zahlreiche Telekom-Dienstleister mit unterschiedlichen Angeboten und Gebührenstrukturen. Die Vielfalt der Preispläne macht es für den Konsumenten schwierig, das jeweils günstigste Angebot für seine Bedürfnisse zu finden.
>
> Eine grosse Hilfe dabei sind die Online-Vergleichsdienste **www.comparis.ch** und **www.teltarif.ch**. Hier sehen Sie auf einen Blick, mit welchem Festnetzanbieter Sie am günstigsten ins Ausland telefonieren, ob sich ein Handy-Abo mit Flatrate für Sie tatsächlich lohnt und welches Prepaid-Angebot die attraktivsten Tarife bietet.
>
> Nicht nur die Telefonkosten lassen sich im Internet vergleichen. Auf den genannten Websites finden Sie auch Vergleichstabellen für Internet-Provider und den digitalen TV-Empfang.

TV und Radio: Empfang ist gebührenpflichtig

Wer in der Schweiz Radio hört oder Fernsehen schaut, muss grundsätzlich Empfangsgebühren bezahlen. Dabei spielt es keine Rolle, welche Programme Sie hören oder schauen und auf welche Art sie empfangen werden.

Die Empfangsgebühren werden pro Haushalt entrichtet, nicht etwa pro Gerät. Familien, Wohngemeinschaften oder Paare, die im selben Haushalt leben, bezahlen die Gebühren also nur einmal – egal wie viele Geräte sie insgesamt betreiben. Privathaushalte zahlen für den Radioempfang monatlich Fr. 14.10 und für den Fernsehempfang Fr. 24.40 (Stand 2010).

Wenn Sie Geräte besitzen, mit denen Sie Radio- oder TV-Programme empfangen können, müssen Sie sich bei der Billag anmelden (siehe Kasten unten). Die Billag zieht im Auftrag des Bundes die Radio- und Fernsehempfangsgebühren ein. Die Gebührenrechnung erhalten Sie vierteljährlich.

Tipp: Neuzuzügern sei dringend geraten, die Anmeldung prompt zu erledigen. Ertappte Schwarzseher und -hörer werden mit Bussgeld bestraft. Die Busse kann bis zu 5000 Franken betragen.

Detaillierte Infos – auch zum gewerblichen und kommerziellen Radio- und TV-Empfang – finden Sie auf der Homepage des Bundesamts für Kommunikation Bakom unter www.bakom.admin.ch → Themen → Radio und Fernsehen.

Digital-TV: In der Schweiz noch wenig verbreitet

Die meisten Schweizerinnen und Schweizer schauen übers lokale Kabelnetz analoges Fernsehen. Dies ist mit rund 25 Franken pro Monat (Stand 2010) die günstigste Variante. Wer mehr Sender empfangen will, kann eine Satellitenanlage installieren oder digitales Fernsehen bei Cablecom (Digital TV) oder Swisscom (Swisscom TV) abonnieren.

Um Fernsehen digital zu empfangen, braucht es ein TV-Gerät mit einer DigiCard (CI+) oder ein Zusatzgerät (Set-Top-Box), dessen Miete ist bei beiden Anbietern im monatlichen Abopreis inbegriffen.

Für die digitalen Fernsehangebote müssen die Kunden tief in die Tasche greifen: Bei der Swisscom kostet das günstigste Angebot Fr. 46.50 monatlich. Wer sich für die Set-Top-Box mit Harddisk zum Aufnehmen entscheidet, zahlt pro Monat 10 Franken mehr.

Bei der Cablecom ist der Einstieg ins digitale Fernsehen bereits für Fr. 31.20 pro Monat möglich. Die teuerste Variante mit einem HD-Recorder kommt auf rund 68 Franken.

Im monatliche Abopreis inbegriffen ist jeweils der Kabelanschluss von Cablecom beziehungsweise der Telefonanschluss von Swisscom inklusive ADSL-Internetzugang.

Beide Angebote umfassen ein Grundpaket von über 100 deutsch- und fremdsprachigen TV- und Radiosendern. Wem das nicht genügt, der kann zusätzliche TV-Senderpakete abonnieren, zum Beispiel Sportprogramme, fremdsprachige Sender sowie Kino-, Erotik und Kinderfilme.

Radio und TV anmelden

Für den gebührenpflichtigen Radio- und Fernseh-Empfang müssen Sie sich bei der Billag anmelden. Das geht am schnellsten online unter www.billag.ch.

Für Fragen und Auskünfte wenden Sie sich an folgende Adresse:
Billag AG
Contact Center
Postfach
CH-1701 Freiburg
Infoline: 0844 834 834
Ausland: +41 844 834 834
Fax: +41 (0) 26 414 91 91
E-Mail: info@billag.com

Details zu den Grundangeboten und Zusatzoptionen finden Sie auf den Internetseiten der Anbieter unter **www.cablecom.ch** und **www.swisscom.ch**.

Satellitenschüssel auf dem Dach: Erst den Vermieter fragen

Digitales Fernsehen kann man auch ohne ein Abo von Cablecom oder Swisscom geniessen. Über Satellit (z. B. Astra, Hotbird) lassen sich Hunderte von Programmen in bester digitaler Ton- und Bildqualität empfangen. Dafür erforderlich sind eine Satellitenantenne sowie ein DVB-S-Empfänger.

Achtung: Wenn Sie als Mieter eine von aussen gut sichtbare Satellitenschüssel installieren möchten, müssen Sie den Vermieter zuerst um Erlaubnis fragen.

Abfallentsorgung: Müll trennen lohnt sich

Schweizerinnen und Schweizer sind Weltmeister im Mülltrennen und Recycling von allen möglichen Materialien. Ob Glas- oder Pet-Flaschen, Karton, Altpapier, Aludosen, Batterien oder Sperrmüll: Der Schweizer sortiert und entsorgt seinen Abfall vorbildlich.

Das macht auch Sinn, denn die Müllabfuhr ist nicht kostenlos. Für jeden Kehrichtsack, den man vors Haus stellt oder in den Container wirft, wird eine sogenannte Sackgebühr erhoben (siehe Kasten oben). Wichtig: Volle Müllsäcke dürfen erst am Tag der Kehrichtabfuhr vors Haus gestellt werden.

> **STICHWORT**
>
> ### Sackgebühr
>
> Fast überall in der Schweiz werden die Gebühren für die Müllabfuhr nach dem Verursacherprinzip erhoben. Das funktioniert so: Sie müssen für Ihren Haushaltmüll die «offiziellen» Kehrichtsäcke der Stadt oder Gemeinde verwenden. Diese Säcke sind in lokalen Geschäften erhältlich, die Kehrichtgebühr ist im Kaufpreis inbegriffen.
>
> Wenn Sie Ihren Abfall in einem normalen Müllsack vors Haus stellen, wird die Müllabfuhr den Sack stehen lassen. Kommt dies häufiger vor, kann ein lokaler Müll-Detektiv den Kehrichtsünder aufspüren und ein Bussgeld für das unerlaubte Deponieren von Abfall verhängen. In kleineren Gemeinden, die keine offiziellen Müllsäcke haben, müssen Sie Gebührenmarken kaufen und auf die Kehrichtsäcke kleben.
>
> Abfallsäcke gibt es in verschiedenen Grössen: 17 Liter, 35 Liter, 60 Liter und 100 Liter. Gebührensäcke und -marken muss man in Verkaufsgeschäften meistens an der Kasse verlangen.

▪ **Flaschen, Dosen:** Das Entsorgen von Altglas, Alu- und Konservendosen ist kostenlos. In allen Gemeinden gibt es Sammelstellen mit Containern für solche wiederverwertbaren Abfälle. In vielen grösseren Verkaufsgeschäften stehen zudem Sammelboxen für Pet-Flaschen und alte Batterien.

▪ **Altpapier und Karton** werden in regelmässigen Abständen von der Gemeinde eingesammelt. Alles, was man tun muss, ist das Papier oder den Karton zu einem Bündel zusammenzuschnüren und am Sammeltag frühmorgens vors Haus zu stellen.

▪ **Biomüll:** In zahlreichen Orten findet einmal pro Woche die sogenannte «Grünabfuhr» statt. Dabei werden die grünen Container mit Biomüll geleert und die Kompostsäcke der Kleinhaushalte mitgenommen. Diese speziellen Säcke bestehen aus einem Material, das beim Kompostieren samt Inhalt verrottet.

In den Biomüll gehören Garten- und Rüstabfälle, Kaffeesatz, Teekraut, verwelkte Blumensträusse. Aber: Nicht in den Biomüll gehören Fleisch, gekochte Speisereste, Vogelsand, Katzenstreu, Asche, Staubsaugerbeutel samt Inhalt.

■ **Sperrmüll:** Alte Möbel, Matratzen und andere sperrige Gegenstände zählen zum Sperrmüll, in der Schweiz auch Sperrgut genannt. Fast alle Gemeinden haben ein eigenes Reglement zur Entsorgung von Sperrmüll. In einigen Orten werden brennbare Materialien mehrmals pro Jahr von der Müllabfuhr eingesammelt, andernorts muss man den Sperrmüll selber zur Sammelstelle bringen. Je nach Grösse und Gewicht des Sperrguts wird eine kleine Entsorgungsgebühr verlangt.

Tipp: Oft nehmen Geschäfte alte Möbel und Matratzen beim Kauf neuer gleichartiger Ware gegen einen kleinen Entsorgungsbeitrag zurück. Dankbare Abnehmer für guterhaltene Möbel sind zudem Brockenhäuser oder die Caritas.

■ **Textilien und Schuhe:** Alte Schuhe und Kleider können an vielen Orten in speziellen Containern deponiert werden. Zudem organisieren diverse gemeinnützige Organisationen in regelmässigen Abständen Kleidersammlungen. Den Sammelsack für Schuhe und Kleider finden Sie im Briefkasten.

In die Textilsammlung gehören nur saubere Kleider und Schuhe, die noch getragen werden können, ausserdem Bettwäsche, Duvets, Kissen, Gürtel und Taschen.

■ **Altmetall:** Für alte Töpfe und andere Gegenstände aus Metall gilt Ähnliches wie für Sperrmüll. Wenn

---

Was geschieht mit dem toten Haustier?

Einzelne kleine Tiere bis zu einem Gewicht von 10 Kilogramm darf man laut Gesetz auf Privatgrund begraben. Wellensittiche, Katzen, Hamster oder kleinere Hunde kann man also problemlos im eigenen Garten beerdigen. Bei grösseren Haustieren ist dies nicht erlaubt. Wer ein Tier, das mehr als 10 Kilogramm wiegt, im Garten vergräbt, macht sich strafbar.

Ebenso verboten ist es, verstorbene Haustiere im Wald, am Wegrand oder sonstwo auf öffentlichem Grund zu begraben – unabhängig von Grösse und Gewicht des Tieres.

Wenn ein Haustier stirbt, bringt man es am besten zu seinem Tierarzt. Hat der Besitzer keinen besonderen Wunsch, übergibt es der Arzt der öffentlichen Entsorgung. Es wird zur Kadaversammelstelle gebracht und dort verbrannt.

Der Besitzer kann seinen Liebling aber auch in einem Tierkrematorium einäschern oder auf einem Tierfriedhof bestatten lassen.

die Gemeinde eine Altmetallsammlung durchführt, wird meist verlangt, dass alle Fremdmaterialen (z. B. Topfgriffe aus Kunststoff) vorgängig abmontiert werden.

■ **Elektrogeräte:** Im Kaufpreis von elektronischen und elektrischen Geräten ist eine vorgezogene Entsorgungsgebühr enthalten. Verkaufsgeschäfte sind verpflichtet, alte Geräte kostenlos zurückzunehmen – und zwar auch dann, wenn man kein neues Gerät kauft.

■ **Sondermüll:** Abfall, der Chemikalien oder Gifte enthält, darf nicht im normalen Haushaltskehricht oder gar über die Toilette entsorgt werden. Farben, Lacke, Spritzmittel für Pflanzen usw. gelten als Sondermüll. Reste solcher Substanzen können in Verkaufsgeschäfte zurückgebracht werden. Gleiches gilt auch für Medikamente, Leuchtstoffröhren, Energiesparlampen, Batterien und Akkus.

4 Arbeit
Was ausländische Arbeitskräfte wissen sollten

Ob Baufirmen, Krankenhäuser, Banken oder internationale Grosskonzerne: Der Schweizer Arbeitsmarkt ist auf Berufsleute aus dem Ausland angewiesen. Allerdings: Auch in der Schweiz liegen die Jobs nicht auf der Strasse. Gute Chancen haben vor allem gut ausgebildete Fachkräfte mit Berufserfahrung.

Die jüngste Rezession hat die Länder der EU hart getroffen, und auch an der Schweiz ist die Wirtschaftskrise nicht spurlos vorübergegangen. Kurzarbeit, Betriebsschliessungen und Entlassungen sind auch hier ein Thema. Allerdings: Im Vergleich mit den umliegenden Staaten ist die Arbeitslosenrate in der Schweiz relativ gering. Im Februar 2010 verzeichnete die Statistik des Bundesamts für Wirtschaft (Seco) 4,4 Prozent Abeitslose. Die Statistik zeigt aber auch, dass in der Schweiz vor allem Ausländer von der Arbeitslosigkeit betroffen sind. Hier erreichte die Quote 8,6 Prozent.

Für ausländische Arbeitskräfte liegen also auch in der Schweiz die Jobs nicht auf der Strasse. Doch nach wie vor gibt es in zahlreichen Branchen offene Stellen. Gesucht werden vor allem Personen mit guter Ausbildung, speziellen Kenntnissen und Berufserfahrung.

Vom ausländischen Arbeitnehmer wird erwartet, dass er die Landessprache beherrscht – also je nach Sprachregion Deutsch, Französisch oder Italienisch spricht (siehe Seite 9). Zusätzliche Fremdsprachenkenntnisse sind in vielen Berufen von Vorteil.

Zugang zum Arbeitsmarkt: EU-Bürger sind im Vorteil

Die Schweizer Einwanderungspolitik stützt sich auf ein duales System: Auf der einen Seite haben Arbeitnehmer aus den meisten EU-Ländern freien Zugang zum

---

STICHWORT

Grenzgänger

Als Grenzgänger gelten Ausländer, die ihren Hauptwohnsitz im Ausland haben, jedoch in der Schweiz arbeiten. Grenzgänger müssen mindestens ein Mal pro Woche an ihren Hauptwohnsitz zurückkehren. Wer sich unter der Woche in der Schweiz aufhält, muss sich bei der Aufenthaltsgemeinde als Wochenaufenthalter anmelden. Grenzgänger erhalten die Grenzgängerbewilligung G (siehe Seite 33).

■ Grenzgänger aus den EU-17/Efta-Staaten (siehe Kasten Seite 32) können überall in der Schweiz eine selbständige oder unselbständige Erwerbstätigkeit ausüben.

■ Bei Grenzgängern aus den Staaten der EU-Osterweiterung (siehe Kasten Seite 32) muss der Wohn- und Arbeitsort in einer fest definierten Grenzzone liegen. Über die genaue Ausdehnung der Grenzzone informieren die kantonalen Arbeitsmarktbehörden.

■ Staatsangehörige aus Drittstaaten müssen über ein dauerhaftes Aufenthaltsrecht in einem Nachbarstaat der Schweiz verfügen und seit mindestens sechs Monaten ständigen Wohnsitz in der benachbarten Grenzregion im Ausland haben. Die Bewilligung ist nur für die Grenzregion des Kantons gültig.

Schweizer Arbeitsmarkt. Auf der anderen Seite schränken restriktive Bedingungen die Einwanderung von Angestellten aus Nicht-EU-Staaten ein.

Das gilt für Bürger der «alten» EU-Staaten

Seit dem 1. Juni 2007 benötigen Bürger der Efta und der EU-17-Staaten (siehe Kasten Seite 32) keine Arbeitsbewilligung mehr. Sie können ihren Arbeits- und Wohnort in der Schweiz frei wählen und jederzeit wechseln. Sie können sich in der Schweiz auch selbständig machen (siehe Seite 79 f.).

Bürger der Efta- und der «alten» EU-Staaten dürfen sich während drei Monaten ohne Bewilligung in der Schweiz aufhalten und hier arbeiten. Es besteht jedoch eine Meldepflicht von Seiten des Arbeitgebers. Details dazu finden Sie unter **www.bfm.admin.ch** → Themen → Personenfreizügigkeit → Meldeverfahren.

Dauert die Erwerbstätigkeit länger als drei Monate, ist eine Aufenthaltsbewilligung erforderlich. Diese muss der Neuzuzüger noch vor Stellenantritt bei der Einwohnerkontrolle seiner Wohngemeinde beantragen (siehe Seite 31 f.).

Das gilt für Bürger aus Staaten der EU-Osterweiterung

Für Staatsangehörige der EU-Osterweiterung (Estland, Lettland, Litauen, Polen, Slowakei, Slowenien, Ungarn, Tschechien, Rumänien und Bulgarien) ist der Zugang zum Schweizer Arbeitsmarkt vorläufig noch gewissen Einschränkungen unterworfen. Bürger dieser Staaten benötigen beim erstmaligen Antritt einer Stelle in jedem Fall eine Arbeitsbewilligung. Und diese wiederum ist nicht so einfach zu erhalten.

Möchte zum Beispiel ein Pole in der Schweiz arbeiten, muss er als Erstes einen Arbeitgeber finden, der ihm einen Job anbietet. Danach kann der Arbeitgeber für ihn bei der zuständigen Ausländerbehörde eine Aufenthaltsgenehmigung beantragen.

Jedes Bewilligungsgesuch wird vorgängig eingehend geprüft. Dabei müssen mehrere Voraussetzungen erfüllt sein:

IN DIESEM KAPITEL

- 60 Zugang zum Arbeitsmarkt: Vorteile für EU-Bürger
- 62 Stellensuche: So finden Sie einen Job
- 64 Erfolgreich bewerben: Darauf kommt es an
- 68 Bewerbung per E-Mail: Das ist zu beachten
- 70 Anerkennung von Berufsdiplomen
- 71 Der Lohn ist Verhandlungssache
- 73 Arbeitsvertrag: Die wichtigsten Punkte
- 76 Lohn bei Krankheit und Unfall
- 77 Mutterschaftsschutz im Arbeitsgesetz
- 78 Kündigung: Das sind die Modalitäten
- 79 Selbständige Tätigkeit
- 80 Berufspraktikum als Stagiaire
- 81 Studieren an einer Schweizer Hochschule

Ratgeber zum Thema

Zu den in diesem Kapitel behandelten Themen finden Sie weitere Infos in folgenden Ratgebern:
- Saldo-Ratgeber: «Arbeitsrecht: Was Angestellte wissen müssen»
- K-Tipp-Ratgeber: «Erfolgreich als Kleinunternehmer»

- **Inländervorrang:** Der Schweizer Arbeitgeber muss nachweisen, dass er für die Stelle trotz intensiver Suche auf dem inländischen Arbeitsmarkt keine geeignete Arbeitskraft (Schweizer oder andere im Arbeitsmarkt integrierte EU-Bürger) gefunden hat.
- **Kontrolle der Lohn- und Arbeitsbedingungen:** Diese müssen den orts- und branchenüblichen Verhältnissen entsprechen.
- **Kontingente:** Es steht nur eine gewisse Anzahl von Bewilligungen zur Verfügung. Diese dürfen nicht ausgeschöpft sein.

Sind diese Bedingungen erfüllt, kann eine Bewilligung erteilt werden. Der ausländische Mitarbeiter erhält dann vom Arbeitgeber eine sogenannte Zusicherung der Aufenthaltsbewilligung. Nach der Einreise in der Schweiz kann er damit bei der Ausländerbehörde seine Aufenthaltspapiere beantragen (siehe Seite 31 ff.).

TIPP

Zur Arbeitssuche in die Schweiz

Staatsangehörige aus EU/Efta-Ländern dürfen sich während drei Monaten ohne Bewilligung in der Schweiz aufhalten, um eine Stelle zu suchen. Es genügt eine Anmeldung bei der Wohngemeinde.

Falls die Suche länger dauert, haben EU/Efta-Bürger Anspruch auf eine Kurzaufenthaltsbewilligung für weitere drei Monate. Diese Bewilligung kann auf maximal zwölf Monate verlängert werden, dafür ist aber der Nachweis seriöser Arbeitsbemühungen nötig und es muss eine begründete Aussicht auf eine Stelle bestehen.

Für die Stellensuche können auch Ausländer die Dienstleistungen der Regionalen Arbeitsvermittlungszentren (RAV) nutzen (siehe Kasten Seite 64).

Das gilt für Bürger aus Nicht-EU-Staaten

Dieselben restriktiven Bedingungen gelten für Bürger aus Staaten, die nicht der EU angehören. Aus sogenannten Drittstaaten werden auf dem Schweizer Arbeitsmarkt nur gut qualifizierte Arbeitskräfte zugelassen, welche die Schweizer Wirtschaft dringend benötigt – und auch dies nur in beschränkter Zahl. In aller Regel sind dies Führungskräfte und Spezialisten mit einem Hochschulabschluss und langjähriger Berufserfahrung.

Detaillierte Infos zum Thema finden Sie unter **www.bfm.admin.ch** → Themen → Arbeit/Arbeitsbewilligungen.

Stellensuche: So finden Sie Ihren Traumjob

Stellenangebote werden in Fachzeitschriften und Tageszeitungen publiziert. Komfortabler gestaltet sich jedoch die Stellensuche übers Internet (siehe Kasten Seite 63). Jobportale ermöglichen eine gezielte Stellensuche nach bestimmten Kriterien wie Branche oder Region. Auf einigen Online-Plattformen können Stellensuchende zudem ihren Lebenslauf veröffentlichen. Mit ein bisschen Glück wird so vielleicht ein Personalverantwortlicher darauf aufmerksam, und man findet auf diesem Weg seine Traumstelle.

Auch ein Blick auf die Internetseiten möglicher Arbeitgeber kann sich lohnen: Viele grössere Firmen veröffentlichen freie Stellen auf ihren Webseiten. Oft besteht die

> **TIPP**
>
> ### Jobportale im Internet
> Die meisten Stellenangebote werden heute im Internet publiziert. Diverse Jobportale ermöglichen eine gezielte Suche nach Branchen und/oder Region. Eine Auswahl:
> www.jobs.ch
> www.jobsuchmaschine.ch
> www.speed.ch
> www.jobpilot.ch
> www.jobup.ch
> www.jobscout24.ch
> www.jobwinner.ch
> www.stepstone.ch
> www.stellenmarkt.ch
> www.stellefant.ch
> www.alpha.ch
> www.nzzexecutive.ch

Möglichkeit, sich per E-Mail zu bewerben (siehe Seite 68 f.).

Wer für ein bestimmtes Unternehmen arbeiten möchte, der kann es auch mit einer Spontanbewerbung versuchen. Dabei schickt man eine komplette Bewerbungsmappe an ein Unternehmen, ohne sich konkret auf eine Stelle zu bewerben. Wird eine Stelle mit dem entsprechenden Profil frei, bestehen gute Chancen, dass die Personalabteilung Kontakt aufnimmt.

Nicht zuletzt können bei der Stellensuche persönliche Beziehungen sehr hilfreich sein. Nutzen Sie deshalb auch ihre privaten und beruflichen Kontakte zu Freunden und Bekannten in der Schweiz.

Öffentliche und private Stellenvermittler

Neben Stellenauschreibungen in der Presse und im Internet existieren in der Schweiz öffentliche und private Stellenvermittler. Vor allem für die Besetzung von Führungspositionen, in der Schweiz «Kader» genannt, schalten Unternehmen häufig Personalagenturen ein. Etliche Vermittler schreiben freie Stellen auch im Internet aus – auf ihren eigenen Webseiten oder auf grösseren Jobportalen.

Für die öffentliche Arbeitsvermittlung ist in der Schweiz das

> **STICHWORT**
>
> ### Eures: Das europäische Netzwerk zur beruflichen Mobilität
>
> Die Schweiz beteiligt sich an der europäischen Stellenbörse Eures, der 31 Länder angehören. Alle nationalen Arbeitsämter Europas veröffentlichen ihre Stellenangebote auf der Eures-Homepage. Im Moment sind rund 880 000 Stellen ausgeschrieben. Eine Suchmaske mit Gliederung in Berufsgruppen und Funktionen hilft beim Suchen. Es besteht auch die Möglichkeit, ein Stellengesuch mit eigenem Lebenslauf ins Netz zu stellen.
>
> Jedes Land, das an Eures beteiligt ist, stellt spezialisierte Berater zur Verfügung, die Sie per E-Mail kontaktieren können. Diese Experten können Fragen zum jeweiligen nationalen Arbeitsmarkt beantworten.
>
> Unter der Rubrik «Leben und arbeiten» bietet die Eures-Website zudem umfangreiche Informationen über Lebens- und Arbeitsbedingungen in den einzelnen Mitgliedsstaaten.
> http://ec.europa.eu/eures

Staatssekretariat für Wirtschaft (Seco) zuständig. Das Seco selbst ist aber nicht die Anlaufstelle für Arbeitssuchende, diese Funktion übernehmen die Regionalen Arbeitsvermittlungszentren (siehe Kasten unten).

Viele Arbeitssuchende wenden sich an einen privaten Stellenvermittler oder an eine Personalverleihfirma. Diese Unternehmen benötigen in der Schweiz eine Bewilligung für ihre Vermittlertätigkeit. Sie vermitteln nicht nur zeitlich begrenzte Arbeitseinsätze, sondern auch Festanstellungen.

Das Verzeichnis der privaten Arbeitsvermittlungs- und Personalverleihbetriebe finden Sie unter www.treffpunkt-arbeit.ch.

Die Bewerbung: So erhöhen Sie Ihre Chancen

Ein Bewerbungsdossier für die Schweiz unterscheidet sich unwesentlich von Bewerbungen, die man im europäischen Ausland üblicherweise verschickt. Die Mappe enthält in der Regel ein Bewerbungsschreiben (Begleitbrief oder Motivationsschreiben), einen Lebenslauf mit Foto und Kopien aller Arbeitszeugnisse und berufsrelevanten Diplome und Zertifikate.

Alle Dokumente müssen in einer Landessprache abgefasst sein (Deutsch, Französisch oder Italienisch), abhängig von der Sprachregion, in der das Unternehmen ansässig ist (siehe Seite 9 f.). Internationale Unternehmen akzeptieren unter Umständen auch Bewerbungen in Englisch. Wenn Dokumente für die Bewerbung übersetzt werden müssen, sollte man diese beglaubigen lassen.

Halten Sie sich stets vor Augen: Auf ein attraktives Stelleninserat melden sich möglicherweise Hunderte von Bewerbern. Eine übersichtliche und sorgfältig gestaltete Bewerbungsmappe trägt dazu bei, dass Ihre Bewerbung in der Masse der eingereichten Dossiers positiv heraussticht.

Meistens wird in Stelleninseraten klar umschrieben, welche Qualifikationen verlangt werden und welche Unterlagen der potenzielle Arbeitgeber von einem Bewerber verlangt. Sind die Formulierungen des Inserates unklar, erkundigen Sie sich telefonisch nach den Details.

STICHWORT

Regionale Arbeitsvermittlungszentren RAV

Die regionalen Arbeitsvermittlungszentren (RAV) sind die erste Anlaufstelle bei Arbeitslosigkeit und Stellensuche. Die RAV stehen auch Stellensuchenden aus dem Ausland offen.

Jedes RAV beschäftigt spezialisierte Personalberater, die vertraut sind mit den Bedürfnissen der regionalen Wirtschaft. Sie beraten bei der Stellensuche, klären die Chancen für eine bestimmte ausgeschriebene Stelle ab und geben Bewerbungsunterlagen weiter, wenn Ausbildung und Qualifikation stimmen. Zudem bieten die RAV auch Schulungen und Weiterbildungsmöglichkeiten an.

Jedes RAV führt eine Liste der gemeldeten Stellen in der Region. Die Jobangebote werden auch im Internet auf der Homepage der RAV publiziert. Dort kann man die Liste gezielt nach Beruf und/oder Kanton durchsuchen. Auf der Website finden Sie zudem die Adressen aller RAV und aller Arbeitsämter.
www.treffpunkt-arbeit.ch

TIPP

Erfolgreich bewerben

Wie formuliert man ein überzeugendes Bewerbungsschreiben? Was gehört in den Lebenslauf? Wie meistern Sie souverän ein Vorstellungsgespräch? Zahlreiche Tipps für eine erfolgreiche Bewerbung finden Sie im Internet, zum Beispiel auf folgenden Seiten:
www.karriere.ch
www.jobs.ch
http://karriere-journal.monster.de
www.treffpunkt-arbeit.ch
www.europass.cedefop.europa.eu
(Vorlagen für Lebensläufe in diversen Sprachen)

Bewerbungsschreiben

Das Bewerbungsschreiben entscheidet in vielen Fällen, ob ein Dossier überhaupt näher angesehen wird. Nur wenn der Brief informativ und überzeugend ist, weckt er das Interesse des Empfängers. Kurze, prägnante Briefe haben mehr Chancen als ausschweifende Abhandlungen. Eine Gliederung in drei bis vier Abschnitte auf einer A4-Seite ist optimal.

Eine persönliche Anrede macht sich immer besser als «Sehr geehrte Damen und Herren». Wenn aus dem Inserat der Name des Adressaten nicht hervorgeht, sollten Sie dies mit einem Anruf bei der Firma klären.

Nehmen Sie Bezug auf das Stelleninserat und begründen Sie, warum Sie sich für diesen Job interessieren. Im Bewerbungsbrief gilt es, den Empfänger zu überzeugen, dass gerade Sie die optimale Besetzung sind für die ausgeschriebene Stelle. Halten Sie sich stets das Anforderungsprofil der Stellenausschreibung vor Augen. Scheuen Sie sich nicht, die Vorzüge und Qualifikationen, die Sie für diesen Job mitbringen, hervorzuheben.

Unbedingt zu vermeiden sind Allerweltsformulierungen und banale Floskeln wie: «Ich möchte mich beruflich verändern.» Auch wenn man bei Bewerbungsschreiben stets nach demselben Muster vorgeht: Jeder Brief muss jeweils exakt auf die Firma und den Job zugeschnitten sein. Entsteht der Eindruck, dass ein Standardschreiben kopiert wurde, landet die Bewerbung sofort bei den Absagen.

Lebenslauf

Kernstück jeder Bewerbung ist der Lebenslauf oder das Curriculum Vitae, kurz: CV. Für jeden Lebenslauf gelten drei goldene Regeln: Einfach, klar und präzise sollte er sein. Standard ist in der Schweiz ein tabellarischer Lebenslauf mit den folgenden Angaben:
- Persönliche Daten: Name, Vorname, Telefonnummer, Geburtsjahr, Staatsangehörigkeit, Familienstand
- Berufserfahrung und Praktika
- Aus- und Weiterbildung (Schule, Studium, Beruf)
- Besondere Kenntnisse (Fremdsprachen, EDV)
- Besondere Interessen, Engagement in der Freizeit
- Refererenzen

Ein moderner Lebenslauf wird heute in umgekehrter chronologischer

Reihenfolge geschrieben – die jüngsten beruflichen Stationen, Ausbildungen und Praktika werden jeweils zuerst genannt. Maximal zwei A4-Seiten sollten für den Lebenslauf genügen.

Der Personalchef wird den Lebenslauf genau unter die Lupe nehmen. Für Arbeitgeber ist der berufliche Werdegang sehr wichtig, weil er Auskunft über praktisches Wissen gibt – und darüber, wie häufig jemand eine Stelle wechselt.

In erster Linie sollte der Lebenslauf lückenlos sein. Lücken lassen stets die Frage offen, ob die Bewerberin oder der Bewerber etwas zu verbergen hat. Wer mehrere Monate nicht gearbeitet hat, sollte dafür eine plausible Erklärung geben und diese Zeit sinnvoll dokumentieren, zum Beispiel mit Auslandaufenthalt, Mutterschaftspause oder Weiterbildung.

Auch häufige Stellenwechsel sollte man begründen können. Personalchefs betrachten sprunghafte Lebensläufe ohne «roten Faden» eher skeptisch. Wer den Job häufig wechselt und in vielen Sparten tätig war, gilt nicht etwa als flexibel – der Personalverantwortliche wird dies als «Ziellosigkeit» des Kandidaten deuten.

Arbeitszeugnisse

Arbeitszeugnisse haben in der Schweiz einen hohen Stellenwert. Sie vermitteln dem Arbeitgeber einen Eindruck, wie die Leistung und das Verhalten eines Bewerbers an früheren Arbeitsplätzen waren. Zudem belegen sie, dass die Angaben im Lebenslauf nicht frei erfunden sind. Es ist deshalb wichtig, dass man von allen Arbeitszeugnissen eine Kopie beilegt und damit die beruflichen Tätigkeiten lückenlos belegen kann.

Das Internet als Karriere-Killer

Soziale Netzwerke im Internet wie Facebook, MySpace, Xing oder StudiVZ boomen. Doch solche Plattformen bergen auch Risiken. Ob dümmliche Kommentare oder peinliche Fotos – das Netz vergisst nichts.

Das wissen auch Personalchefs in Unternehmen, die auf der Suche nach geeigneten Mitarbeitern sind. Viele durchforsten bei Bewerbungen das Internet nach Spuren, die ein Kandidat im Netz hinterlassen hat. Manche haben auch selber einen Account bei den beliebtesten Plattformen, um die Profile möglicher Anwärter genauer unter die Lupe zu nehmen.

Wer im Web unterwegs ist, sollte deshalb sehr vorsichtig sein mit dem Einstellen von persönlichen Informationen, kommentierenden Blogs und privaten Fotos.

Doch die Communities bieten auch Chancen. Die Internetplattform Xing ist ein virtueller Business-Club mit über acht Millionen Mitgliedern in allen Ländern der Welt. Wer bei Xing einen Account hat, kann ein Profil mit seinen Business- und Kontaktdaten anlegen. Damit ist für jedes Mitglied eine gezielte Suche nach Kontakten, Mitarbeitern, Jobs oder Aufträgen möglich.

Diplome/Berufszertifikate
Schweizer Arbeitgeber legen Wert auf Fachdiplome und Zertifikate, die über die Qualifikation des Bewerbers Auskunft geben. In die Bewerbungsmappe gehören aber nur Kopien von jenen Diplomen, die relevant für den neuen Job sind.

Achtung: Nicht alle ausländischen Berufsdiplome werden in der Schweiz anerkannt. Details dazu lesen Sie auf Seite 70 f.

Bei einigen Bewerbungen reichen die üblichen Unterlagen nicht aus. In gewissen Berufen werden Arbeitsproben verlangt (z. B. bei Grafikern, Fotografen oder Journalisten).

Referenzen
Wenn eine Bewerbung in die engere Wahl kommt, holen viele Personalchefs bei einem früheren Arbeitgeber Auskünfte über den Kandidaten ein. Den höchsten Stellenwert haben dabei die Aussagen von ehemaligen Vorgesetzten. In der Regel gibt man in der Bewerbung drei Referenzpersonen an mit Namen, Funktion und Kontaktdaten. Man sollte diese aber vorgängig anfragen, ob sie bereit sind, eine Referenz abzugeben.

Der Personalchef darf nur jene Personen kontaktieren, die in der Referenzliste aufgeführt sind. Anderweitig Auskünfte ohne Zustimmung des Bewerbers einzuholen, ist durch das Datenschutzgesetz untersagt. Und: Die Referenzpersonen dürfen nur Angaben zur Leistung und zum Verhalten am Arbeitsplatz machen. Über die Bedingungen des Arbeitsvertrags und den Lohn darf der frühere Arbeitgeber nichts verraten. Dies würde die Verhandlungsposition des Bewerbers schwächen.

Das Bewerbungsgespräch gut vorbereiten
Wer zu einem Vorstellungsgespräch eingeladen wird, hat die erste grosse Hürde gemeistert. Nun gilt es, die Chance optimal zu nutzen und auch in der direkten Begegnung zu punkten. Damit dies gelingt, ist eine gründliche und gezielte Vorbereitung unerlässlich.

Informieren Sie sich möglichst umfassend über die Firma. Es macht keinen guten Eindruck, wenn jemand beim Bewerbungs-

---

FRAGE

Neuer Job:
Muss ich sagen, ob ich krank bin?

Ich habe mich um eine Stelle als Sekretärin beworben. Muss ich beim Bewerbungsgespräch sagen, dass ich wegen Depressionen in ärztlicher Behandlung bin?

Nein. Sofern Sie trotz Ihrer Krankheit normal arbeiten können, müssen Sie dem zukünftigen Arbeitgeber nichts von Ihrer Depression mitteilen. Sie müssen auch keine Auskunft über frühere Unfälle und Krankheiten oder über den allgemeinen Gesundheitszustand geben.

Anders ist es, wenn es sehr wahrscheinlich ist, dass die Krankheit – oder auch allfällige Unfallfolgen – Ihre Leistung beeinträchtigen wird. Dann müssen Sie dies sagen. Wer zum Beispiel wegen einer Krankheit alle zwei Stunden eine Pause braucht, muss darüber informieren. Ein Lagerarbeiter muss ein schweres Rückenleiden angeben. Eine Sekretärin hingegen darf Rückenbeschwerden verschweigen, sofern sie kein Problem mit stundenlangem Sitzen hat.

gespräch keine Ahnung vom potenziellen Arbeitgeber hat. Produktepalette, Mitarbeiterzahl, Geschäftsphilosophie und Ähnliches findet man in der Regel auf der Homepage des Unternehmens.

Personalverantwortliche stellen meist einige Standardfragen, zum Beispiel: Wo liegen Ihre Stärken und Schwächen? Welches sind Ihre Berufsziele und Visionen? Welche persönlichen Qualitäten können Sie ins Unternehmen einbringen? Auf solche und ähnliche Fragen sollten Sie eine überzeugende Antwort parat haben. Wichtig ist auch, dass Sie sich über Ihre Gehaltvorstellungen im Klaren sind (siehe Seite 71 f.).

Während des Gesprächs sollten Sie nicht nur in der passiven Rolle verharren. Auch Sie dürfen Fragen stellen. Das ist sogar erwünscht. Daraus sieht der Gesprächspartner, wie stark sich jemand für die zu besetzende Stelle wirklich interessiert und wie weit jemand fähig ist, Eigeninitiative zu entwickeln.

Bewerben per E-Mail: Darauf ist zu achten

Besonders bei grösseren Unternehmen sind Bewerbungen per E-Mail mittlerweile gang und gäbe. Viele Firmen veröffentlichen ihre Stellenangebote auf ihrer Website und bieten dort auch die Möglichkeit für Spontanbewerbungen.

Allerdings: Die Angabe einer Mail-Adresse in einem Stelleninserat bedeutet nicht immer, dass man sich online bewerben kann. Wenn in der Ausschreibung ausdrücklich eine schriftliche Bewerbung per Post gewünscht wird, ist der E-Mail-Kontakt nur für Rückfragen gedacht. Im Zweifel sorgt eine telefonische Nachfrage in der Personalabteilung für Klarheit.

Besonders für Spontanbewerbungen gilt: Mit einem Anruf beim Unternehmen lässt sich der richtige Ansprechpartner erruieren. So landet die Bewerbung garantiert in der richtigen Mailbox und geht nicht unter in einer Sammeladresse wie info@unternehmen.ch.

Ohne Aufwand und Sorgfalt geht es auch online nicht

Grundsätzlich gelten bei einer Online-Bewerbung dieselben Regeln wie bei einer Bewerbung per Post (siehe Seite 64 ff.). Ohne Aufwand und Sorgfalt geht es auch online nicht. Zusätzlich sollte der E-Mail-Bewerber aber auch auf Details achten, die bei einer Papier-Bewerbung keine Rolle spielen, wie zum Beispiel das Format und die Grösse der Dateien (siehe Checkliste Seite 69).

Ob klassisch auf Papier oder digital per Mail: Ein Bewerbungs- oder Motivationsschreiben, der Lebenslauf und das letzte Zeugnis oder Diplom gehören in jede Bewerbung. Doch so umfangreich wie die Bewerbung per Post muss die Online-Bewerbung nicht sein. Der Grund liegt vor allem darin, dass man die Dateigrösse begrenzen sollte. Deshalb ist es sinnvoll, bei den Dokumenten eine Auswahl zu treffen und nur die wichtigsten Zeugnisse und Zertifikate mitzuschicken.

CHECKLISTE

Online-Bewerbungen: So steigern Sie Ihre Chancen

Bei Bewerbungen per E-Mail sollten Sie folgende Punkte beachten:
- Verwenden Sie eine neutrale, seriöse E-Mail-Adresse.
- Formulieren Sie eine aussagekräftige Betreffzeile.
- Finden Sie mit einem Anruf bei der Firma heraus, wer der Ansprechpartner ist.
- Formulieren Sie das Bewerbungsschreiben ebenso sorgfältig wie für eine schriftliche Bewerbung.
- Fassen Sie alle Unterlagen (Lebenslauf, Zeugnisse, Diplome) in einem Dokument im PDF-Format zusammen.
- Verschicken Sie keine Word- und Excel-Dokumente.
- Versenden Sie auf keinen Fall wahllos Serienbriefe.

Tipp: Schicken Sie die Bewerbung zur Kontrolle erst einmal an sich selber oder an einen Bekannten, bevor sie an das Unternehmen geht.

Als Anhang sind PDF-Dokumente zu bevorzugen, weil PDF ein Standardformat ist und nachträglich nicht verändert werden kann. Word- oder Excel-Dateien sollte man wenn möglich vermeiden. Völlig ungeeignet für Bewerbungen ist eine Power-Point-Präsentation.

Idealerweise fügt man den Lebenslauf und weitere Dokumente zu einer einzigen PDF-Datei zusammen. Wird die Datei zu gross, kann man die Bewerbung auch auf mehrere Dokumente verteilen. Mehr als drei Dateien im Anhang sollten es allerdings nicht sein.

Bewerbungs-Mail: Form und Inhalt müssen stimmen

So oder so ist Sorgfalt oberstes Gebot: Tippfehler und schief eingescannte Dokumente hinterlassen keinen guten Eindruck. Wer ein Foto mitschicken möchte, integriert es am besten in den Lebenslauf.

Das eigentliche Bewerbungsschreiben kann man als E-Mail-Text oder als PDF-Dokument absenden. Entscheidend ist hier, dass es kurz und aussagekräftig abgefasst ist. Auch wenn es sich «nur» um ein E-Mail handelt: Die formalen Anforderungen sind die gleichen wie bei der schriftlichen Bewerbung (siehe Seite 64 ff.). Eine saloppe Anrede wie «Hallo Herr Müller», durchgehende Kleinschreibung oder zwinkernde Smileys sind in einem Bewerbungs-Mail komplett fehl am Platz.

Die E-Mail-Adresse des Bewerbers muss seriös wirken. Obskure oder anonyme Absender-Adressen wie superman@bluewin.ch oder 666@yahoo.de sollte man unbedingt vermeiden.

Und: Personalabteilungen mögen keine Serienbriefe. Sie werden schnell erkannt und landen im (elektronischen) Papierkorb. Wer an einem Job ernsthaft interessiert ist, sollte sich die Mühe machen, für jede Stellenausschreibung ein individuelles E-Mail zu verfassen.

Anerkennung von Berufsdiplomen

Grundsätzlich können EU-Bürger frei wählen, in welchem Beruf sie in der Schweiz tätig sein wollen. Die meisten Berufe sind nicht reglementiert, das heisst: Sie können ohne Auflagen der Behörden ausgeübt werden. In der Regel genügt eine Arbeitsbewilligung.

So kann zum Beispiel jeder als Bäcker, Verkäufer oder Coiffeur arbeiten. Es liegt allein am Arbeitgeber, ob er einen Bewerber mit oder ohne entsprechende Qualifikation berücksichtigen will.

Für gewisse Berufe ist ein anerkanntes Diplom notwendig

Daneben gibt es aber einige reglementierte Berufe, für deren Ausübung ein staatlich anerkanntes Diplom, ein Zeugnis oder ein Fähigkeitsausweis notwendig ist (z. B. Optiker, Lehrer, Physiotherapeut). Damit ein Diplom in einem anderen Staat anerkannt werden kann, müssen Inhalt und Dauer der Ausbildung mindestens den Standards des jeweiligen Gastlandes entsprechen.

Erfüllt ein EU-Diplom die schweizerischen Standards nicht, können zusätzliche Bedingungen für die Berufsausübung gestellt werden, etwa der Besuch eines Lehrgangs, eine Eignungsprüfung oder der Nachweis von Berufserfahrung.

Zuständig für die Anerkennung von Berufsdiplomen sind je nach Berufsgruppe unterschiedliche Ämter, Berufsverbände und Institutionen. Erste Anlaufstelle für Bewerber mit ausländischen Diplomen ist die Nationale Kontakt-

Gilt mein Berufsdiplom in der Schweiz?

Als Erstes ist abzuklären, ob der Beruf, den Sie in der Schweiz ausüben möchten, reglementiert ist. Als reglementiert gelten Berufe, für deren Ausübung ein Diplom, ein Zeugnis oder Fähigkeitsausweis verlangt wird. Auskunft erteilt die nationale Kontaktstelle im Bundesamt für Berufsbildung und Technologie BBT.

Das BBT ist nicht zuständig für Hochschulabschlüsse und für den Bereich Lehrerbildung. Man wird Sie an die zuständige Stelle für die Diplomanerkennung verweisen. Nähere Infos dazu finden Sie auch auf dem Merkblatt (E1) auf der Homepage des BBT unter www.bbt.admin.ch → Themen → Internationale Diplomanerkennung → Anerkennung ausländischer Diplome.

Unter der gleichen Adresse finden Sie auch den Kurzfragebogen (E2), den Sie zusammen mit der Kopie Ihres Diploms ans BBT senden müssen. Wenn das Diplom oder der Berufsausweis nicht in Deutsch, Französisch, Italienisch oder Englisch abgefasst wurde, ist zusätzlich eine beglaubigte Übersetzung des Diploms erforderlich.

Ihre Unterlagen senden Sie ans BBT. Sie erhalten nach der Vorprüfung ein ausführliches Gesuchsformular und ein Informationsschreiben über das weitere Verfahren.

Die Adresse:
Bundesamt für Berufsbildung und Technologie
Kontaktstelle Diplomanerkennung
Effingerstrasse 27
3003 Bern
Tel. +41 (0)31 322 28 26
E-Mail: kontaktstelle@bbt.admin.ch
www.bbt.admin.ch

stelle im Bundesamt für Berufsbildung und Technologie BBT (siehe Kasten Seite 70).

Einige akademische Diplome werden automatisch anerkannt
Für sieben Berufe erfolgt die Anerkennung praktisch automatisch. Hierzu zählen Ärzte, Zahnärzte, Tierärzte, Apotheker, Krankenpfleger, Hebammen und Architekten mit einem EU-Diplom. Automatisch anerkannt wird jedoch nur die Grundausbildung, nicht aber eine Spezialisierung. Obwohl die Anerkennung dieser Berufe garantiert ist, müssen Bewerber für diese Berufe immer noch ihre Diplome einreichen, damit die Anerkennung bestätigt wird.

Detaillierte Informationen zum Thema Diplomanerkennung finden Sie in der Broschüre «EU-Diplome in der Schweiz», gratis zu beziehen unter www.europa.admin.ch → Dienstleistungen → Publikationen.

Der Lohn: Wer geschickt verhandelt, ist im Vorteil

Die Schweiz zählt weltweit zu den Ländern mit dem höchsten Lohnniveau. Das gilt allerdings auch für die Lebenskosten.

Im Jahr 2008 haben Schweizer Angestellte pro Monat im Mittel rund 5800 Franken brutto verdient. Dabei besteht jedoch ein grosses Lohngefälle zwischen den Branchen. Deutlich über dem Mittelwert lagen die Saläre in der chemischen Industrie mit rund 7800 Franken, im Bereich Forschung und Entwicklung mit 8000

> **TIPP**
> **Löhne online vergleichen**
> Welche Lohnforderung ist für eine bestimmte Funktion in einer bestimmten Branche angemessen? Dies zu beantworten ist schwierig, denn ein direkter Vergleich fehlt in der Regel. Denn auch das gehört zur Schweiz: Man spricht nicht gerne über Geld – schon gar nicht über die persönlichen finanziellen Verhältnisse.
> Damit Sie ungefähr abschätzen können, welches Salär Sie an der neuen Stelle erwarten dürfen, können Sie Schweizer Durchschnittslöhne für verschiedene Branchen und Berufe im Internet vergleichen. Dabei hilft der Lohnrechner des Schweizer Gewerkschaftsbundes unter www.lohn-sgb.ch.

Franken und bei den Banken mit 9100 Franken. Am unteren Ende der Lohnskala stehen Angestellte wie Friseure oder Putzkräfte mit 3700 Franken.

Grosse Lohnunterschiede gibt es auch bei den Regionen. Das höchste Lohnniveau für Topstellen findet sich regelmässig in den Regionen Zürich mit rund 12 700 Franken, der Nordwestschweiz mit rund 11 700 Franken und der Genferseeregion mit rund 10 900 Franken. Die tiefsten Löhne werden im Tessin gezahlt.

Interessant ist: Die Nachfrage nach hochqualifizierten ausländischen Arbeitskräften treibt die Löhne in die Höhe – das gilt vor allem bei Jobs mit höchstem Anforderungsniveau. Hier verdienen niedergelassene Ausländer im Schnitt 861 Franken mehr als Schweizer. Anders bei den Stellen mit tiefem Anforderungsniveau. Dort verdienen Schweizer rund 600 Franken mehr als Ausländer mit B-Bewilligung.

Die Höhe des Lohns ist Verhandlungssache

In der Schweizer Privatwirtschaft existieren keine gesetzlich vorgeschriebenen Mindestlöhne. Bei den Angestellten im öffentlichen Dienst ist das anders. Bei ihnen gibt es lohnmässig klare gesetzliche Vorgaben, die allerdings auch immer einen gewissen Spielraum offenlassen. Minimallöhne gibt es auch in Gesamtarbeitsverträgen einiger Branchen, etwa in der Hotellerie und im Baugewerbe. Sie sind aber häufig so tief angesetzt, dass Angestellte davon kaum einen Nutzen haben. Kommt hinzu, dass weniger als die Hälfte aller Arbeitnehmer einem Gesamtarbeitsvertrag unterstehen, der überhaupt Minimallohnvorschriften kennt.

Für die meisten Angestellten gilt: Der Lohn ist so gut, wie er ausgehandelt wurde. Jeder muss selbst dafür sorgen, aus seinen beruflichen Qualifikationen und Erfahrungen Kapital zu schlagen. Es kommt also auf das Verhandlungsgeschick an – und vor allem auf den Arbeitsmarkt. In Branchen, in denen Arbeitskräfte fehlen, lässt sich ein guter Lohn viel leichter aushandeln. Gesucht sind vor allem hochqualifizierte Angestellte und solche mit Spezialkenntnissen. Wer zu diesen Kategorien gehört, hat bei den Lohnverhandlungen gute Karten in der Hand.

Der Monatslohn ist meist die beste Variante

Wer mit seinem künftigen Chef den Lohn für den neuen Job aushandelt, sollte nach Möglichkeit einen Monatslohn verlangen. Das bringt einige Vorteile: Ferien- und Kurzabsenzen sind klar geregelt und Vollzeitangestellte bekommen alle Feiertage ausbezahlt. Wer sich hingegen im Stunden- oder Tageslohn bezahlen lässt, bekommt nicht in jedem Fall Lohn, wenn er während der Arbeitszeit zum Arzt muss. Auch für Feiertage bezahlt hier der Arbeitgeber nichts. Aber: Der Lohn muss in jedem Fall mindestens teilweise bezahlt werden, wenn der Arbeitnehmer verunfallt, krank ist oder eine Arbeitnehmerin ein Kind bekommt (siehe Seite 76 ff.).

TIPP

13. Monatslohn statt Gratifikation

In vielen Schweizer Unternehmen ist es üblich, dass die Angestellten am Ende des Jahres einen 13. Monatslohn oder eine Gratifikation erhalten. Wenn dies bei der Vertragsverhandlung zur Sprache kommt, sollten Sie unbedingt darauf achten, dass im Vertrag nicht von einer Gratifikation sondern klar vom 13. Monatslohn die Rede ist.

Denn der 13. Monatslohn ist ein fester Lohnbestandteil, eine Gratifikation jedoch nicht. Das bedeutet: Wer seine Stelle während des laufenden Jahrs aufgibt oder antritt, hat für die Dauer der geleisteten Dienstzeit Anspruch auf einen entsprechenden Anteil des 13. Monatslohns.

Eine Gratifikation hingegen ist eine freiwillige Sonderleistung des Arbeitgebers. Er kann beliebig bestimmen, ob er eine Gratifikation zahlen will und in welcher Höhe.

Übrigens: Der Lohn, den Sie mit dem Arbeitgeber vereinbaren, ist der Bruttolohn. Davon werden noch die obligatorischen Sozialversicherungsbeiträge abgezogen (siehe Kasten Seite 94).

Der Arbeitsvertrag: Die wichtigsten Punkte

In der Schweiz existieren verschiedene Formen von Arbeitsverträgen: Einige Branchen kennen Gesamtarbeitsverträge, und für gewisse Berufsgruppen gibt es Normalarbeitsverträge (siehe Kasten Seite 74). Am üblichsten ist jedoch der Einzelarbeitsvertrag, der zwischen einem Arbeitgeber und einem einzelnen Mitarbeiter individuell ausgehandelt wird.

In aller Regel werden Arbeitsverträge schriftlich abgeschlossen – obwohl dies aus rechtlichen Gründen gar nicht nötig wäre. Es ist jedoch dringend zu empfehlen, den Arbeitsvertrag schriftlich abzufassen und darin die wichtigsten Punkte verbindlich zu regeln (siehe Kasten unten).

Für alle Fragen, die im Einzelarbeitsvertrag nicht klar geregelt sind, kommen die gesetzlichen Bestimmungen des Schweizerischen Obligationenrechts (OR) zum Tragen. Aber: Die Gesetzesartikel gelten in der Regel nur dann, wenn im Vertrag nichts anderes vereinbart wurde – ansonsten gilt der Vertrag.

Neben dem OR gibt es in der Schweiz auch ein Arbeitsgesetz. Es enthält Bestimmungen zum Schutz der Beschäftigten bei der Arbeit, so zum Beispiel Vorschriften über die zulässige Höchstarbeitszeit, zur Sonntags- und Nachtarbeit sowie spezielle Bestimmungen für Jugendliche und Frauen.

Obligationenrecht und Arbeitsrecht gelten nicht automatisch

CHECKLISTE

Arbeitsvertrag: Diese Fragen müssen geregelt sein

- **Arbeitszeit:** Normale Arbeitszeit pro Woche.
- **Höhe des Lohns:** Nach Möglichkeit Monatslohn festlegen. Stunden- oder Taglöhne sind bei Absenzen unvorteilhaft.
- **13. Monatslohn:** Das Gesetz sieht keinen 13. Monatslohn vor, deshalb muss er unbedingt vertraglich vereinbart werden. Möglichst keine unbestimmten Begriffe wie «Gratifikation» im Vertrag verwenden.
- **Lohnfortzahlung bei Krankheit und Unfall:** Wenn immer möglich sollte vom Betrieb eine Krankentaggeldversicherung abgeschlossen werden.
- **Teuerungsausgleich:** Das Gesetz sieht keinen Teuerungsausgleich vor. Wenn im Vertrag nichts vereinbart ist, besteht kein Anspruch auf eine Teuerungszulage.
- **Ferienanspruch:** Sofern nichts anderes abgemacht wird, gilt das gesetzliche Minimum von vier Wochen.
- **Länge der Kündigungsfrist:** Im Gesetz sind nur die Mindestkündigungsfristen festgelegt. Längere Kündigungsfristen müssen per Vertrag vereinbart werden.
- **Konkurrenzverbotsklausel vermeiden:** Ohne ein vertragliches Konkurrenzverbot ist jeder Arbeitnehmer nach Vertragsende bei der Stellensuche frei. Ein Konkurrenzverbot schränkt das berufliche Fortkommen stark ein.

auch für Angestellte im öffentlichen Dienst oder Beamte von Gemeinden, Bund und Kantonen. Ihre Arbeitsbedingungen sind in Personalgesetzen und Angestelltenreglementen geregelt, die von Bund, Kantonen und Gemeinden erlassen werden.

Was im Gesetz steht, darf nicht unterlaufen werden

Grundsätzlich können die Vertragsbedingungen frei ausgehandelt werden. Zum Schutz der Angestellten müssen jedoch einige Bestimmungen dem gesetzlichen Minimalstandard entsprechen. Dies gilt insbesondere für den Ferienanspruch, die Lohnzahlung im Krankheitsfall oder die Modalitäten einer Kündigung.

In diesen Punkten kann der Arbeitsvertrag nur zu Gunsten des Arbeitnehmers von den gesetzlichen Vorgaben abweichen, aber nicht zu seinem Nachteil. Es können zum Beispiel mehr als vier Wochen Ferien vereinbart werden, aber nicht weniger. Eine solche Vertragsbestimmung wäre ungültig.

Die Höchstarbeitszeit muss eingehalten werden

Im Allgemeinen ist die Normalarbeitszeit im Arbeitsvertrag festgehalten. Arbeitnehmer und Arbeitgeber sollten sich an diese vereinbarten Zeiten halten. Überstunden dürfen nur unter besonderen Umständen angeordnet werden.

Das Arbeitsgesetz erlaubt 45 Wochenstunden für die Industrie, den Dienstleistungssektor und für das Verkaufspersonal in Detailhandelsbetrieben mit 50 oder mehr Angestellten. In den übrigen Berei-

---

STICHWORT

Gesamtarbeitsvertrag und Normalarbeitsvertrag

■ **Gesamtarbeitsverträge:** In einigen Branchen oder einzelnen Betrieben gelten Gesamtarbeitsverträge (GAV), die zwischen den Arbeitgeber- und Arbeitnehmerorganisationen abgeschlossen worden sind. Ein GAV enthält Minimalvorschriften, die der Arbeitgeber auf jeden Fall einhalten muss.

Aber: In der Regel gilt ein GAV nur für jene Arbeitnehmer, die Mitglied einer vertragsschliessenden Gewerkschaft sind oder einem Berufsverband angehören. Ausnahme: In einem Einzelarbeitsvertrag wurde die Anwendung eines bestimmten GAV vereinbart.

Einige GAV gelten für die ganze Branche, egal, ob die Beschäftigten oder die Arbeitgeber in Verbänden organisiert sind. Dies ist dann der Fall, wenn ein GAV für «allgemeinverbindlich» erklärt wird. Die bekanntesten der allgemeinverbindlichen GAV sind jene für das Gastgewerbe und für das Bauhauptgewerbe.

Eine Liste der allgemeinverbindlich erklärten GAV finden Sie unter **www.seco.admin.ch** → Themen → Arbeit → Arbeitsrecht.

■ **Normalarbeitsverträge:** Neben Einzel- und Gesamtarbeitsverträgen gibt es auch noch sogenannte Normalarbeitsverträge (NAV). Sie werden von Kantonen oder vom Bund erlassen, um einzelne Berufsgruppen zu schützen. So gilt zum Beispiel in der ganzen Schweiz ein Vertrag für Assistenzärzte in privaten Anstellungsverhältnissen. Die Bestimmungen in diesen Verträgen gelten dann, wenn zwischen Arbeitgebern und den Angestellten nichts anderes vereinbart wurde.

chen beträgt die Höchstarbeitszeit sogar 50 Stunden pro Woche. Die Höchstarbeitszeit darf grundsätzlich nicht überschritten werden. Allerdings: Eine Reihe von Gesetzesbestimmungen machen einen wöchentlichen Höchstarbeitseinsatz von mehr als 50 Wochenstunden möglich.

Überstunden sind zu entschädigen

Grundsätzlich gilt die vereinbarte oder die gesetzlich vorgeschriebene Arbeitszeit. Wirtschaftliche und organisatorische Gründe geben dem Arbeitgeber aber das Recht, Überstunden anzuordnen. Sie müssen jedoch Ausnahme bleiben und für den Arbeitnehmer zumutbar sein.

Wer Überstunden leistet, hat Anspruch auf einen Lohnzuschlag oder auf Kompensation. Der Anspruch verjährt nach fünf Jahren. Ist im Arbeitsvertrag nichts Besonderes vereinbart, hat der Arbeitnehmer Anspruch auf den Lohn plus einen Zuschlag von mindestens 25 Prozent. Vertraglich kann zum Beispiel auch geregelt sein, dass die Überstunden durch Freizeit zu kompensieren sind. Zulässig sind aber auch Arbeitsverträge, bei denen eine gewisse Anzahl Überstunden im Lohn inbegriffen sind.

Leitende Angestellte haben nur dann Anspruch auf Überstundenentschädigung, wenn dies ausdrücklich im Vertrag festgehalten ist. Sonst gilt für sie, dass die Mehrarbeit bereits mit einem höheren Grundlohn abgegolten ist.

> **STICHWORT**
>
> ### Zeitzuschlag
>
> Wer regelmässig nachts arbeitet, hat Anspruch auf zusätzliche Ruhezeiten. Das ist seit 2003 gesetzlich vorgeschrieben. Angestellte, die mehr als 25 Nachteinsätze pro Jahr leisten, erhalten einen sogenannten Zeitzuschlag von 10 Prozent.
>
> Das heisst konkret: Für sechs Stunden Nachtarbeit erhalten die Beschäftigten zusätzlich 36 Minuten bezahlte Freizeit. Diese Zeit muss zwingend in Form von Ruhezeit, Freitagen oder Ferien bezogen werden und darf nicht mit Geld entschädigt werden. Auch Angestellte im Stundenlohn erhalten den Zeitzuschlag nur in Form von bezahlter Ruhezeit und nicht als Lohnzuschlag.

Der Ferienanspruch wird vom Gesetz gut geschützt

Jeder Angestellte hat Anspruch auf mindestens vier Wochen bezahlte Ferien pro Jahr. Wer noch nicht 20 ist, sogar auf fünf Wochen. Gesamt- und Einzelarbeitsverträge können den Ferienanspruch grosszügiger gestalten. Viele Unternehmen gewähren Beschäftigten, die über 50 Jahre alt sind, fünf Wochen Ferien. Damit sind sie grosszügiger, als das Gesetz es vorschreibt.

Verbreitet ist der Irrtum, Teilzeitbeschäftigte hätten nur Anspruch auf reduzierte Ferien. Richtig ist: Auch wer nur in einem 50-Prozent-Pensum angestellt ist, hat Anspruch auf mindestens vier Wochen Ferien. Selbstverständlich entspricht der Lohn, der in den Ferien bezahlt wird, dem vereinbarten Arbeitspensum.

Per Gesetz haben Ferien der Erholung zu dienen. Arbeitnehmer haben deshalb das Recht, mindestens zwei Wochen zusammenhängend Ferien zu machen. Sie sind nicht verpflichtet, Ferien tageweise zu beziehen. Und: Wer während der Ferien krank wird, darf die Ferien nachholen.

Ferienansprüche dürfen grundsätzlich nicht durch Lohn kompensiert werden. Ausnahmen sind erlaubt, zum Beispiel am Ende eines Arbeitsverhältnisses, wenn nicht mehr sämtliche Ferien bezogen werden können.

Lohn bei Krankheit: Gesetz regelt nur das Minimum

Wer krank ist und nicht zur Arbeit erscheinen kann, muss dies dem Arbeitgeber sofort melden. In aller Regel verlangt der Arbeitgeber ab dem dritten Krankheitstag ein ärztliches Zeugnis.

Für eine gewisse Zeit haben kranke Angestellte Anspruch darauf, dass ihnen der Lohn weiter gezahlt wird. Wie lange kranke Berufstätige wie viel Lohn erhalten, ist allerdings ganz unterschiedlich. Es hängt vom Arbeitsvertrag, von der Dauer des Arbeitsverhältnisses und sogar vom Wohnort ab.

Das Gesetz bietet nur wenig Regeln für den Fall, dass Angestellte krank werden:

Anspruch auf Lohn bei Krankheit hat, wer mehr als drei Monate beim gleichen Arbeitgeber gearbeitet hat oder für länger als drei Monate eingestellt worden ist. Dann muss der Arbeitgeber im ersten Anstellungsjahr während mindestens drei Wochen den Lohn weiter bezahlen.

Wer schon länger beim gleichen Arbeitgeber arbeitet, hat Anspruch auf längere Lohnfortzahlung. Je nach Region dauert die Lohnfortzahlung aber unterschiedlich lang. In Zürich etwa erhalten Arbeitnehmende ab dem zweiten Dienstjahr acht Wochen Krankheit bezahlt. Mit jedem Dienstjahr erhöht sich die Lohnfortzahlung um eine zusätzliche Woche.

Viele Arbeitgeber regeln krankheitsbedingte Absenzen grosszügiger, als es das Gesetz vorsieht, etwa indem sie für ihre Angestellten freiwillig eine Taggeldversicherung abschliessen. Das hat den Vorteil, dass der Lohn auch bei längerer Krankheit gezahlt wird. Die Betroffenen erhalten dann – in der Regel bis zu zwei Jahre lang – 80 Prozent ihres Gehalts.

Tipp: Arbeitnehmer sollten wissen, wie der Betrieb krankheitsbedingte Absenzen regelt. Fragen Sie schon beim Aushandeln des Arbeitsvertrags nach, ob eine Taggeldversicherung besteht.

Lohn bei Unfall: Angestellte sind bessergestellt

Bei Unfällen ist die Lohnfortzahlung für die Angestellten klarer und vorteilhafter geregelt als bei Krankheit. Alle Beschäftigten, selbst solche, die nur ein Mini-Pensum absolvieren, sind gegen Berufsunfälle und Berufskrankheiten versichert. Abschliessen muss diese Versicherung der Arbeitgeber. Er ist es auch, der die volle Prämie übernehmen muss. Diese Versicherungspflicht gilt auch für private Arbeitgeber, die einmal pro Woche für eine Stunde eine Putzfrau für sich arbeiten lassen.

Zwei Drittel der Angestellten sind bei der Schweizerischen Unfallversicherungsanstalt Suva versichert, die restlichen bei privaten Gesellschaften. Die Suva und die Privatversicherer unterstehen dem Bundesgesetz über die obligatorische Unfallversicherung (UVG).

Wer mindestens acht Stunden pro Woche bei einem Arbeitgeber beschäftigt ist, ist auch für Unfälle in der Freizeit versichert. Ebenfalls abgesichert sind Arbeitslose, die Taggelder bei der Arbeitslosenversicherung beziehen.

Die Prämie für die Nichtberufsunfallversicherung (NBU) kann der Arbeitgeber vom Lohn abziehen.

Wer verunfallt, erhält sämtliche Heilungskosten bei Ärzten, Zahnärzten, Physiotherapeuten, Chiropraktoren und in der allgemeinen Abteilung eines Spitals bezahlt. Versicherte haben freie Arzt- und Spitalwahl. Sie müssen keine Franchise oder Selbstbehalte zahlen.

Dazu übernimmt die Unfallversicherung Taggelder, Invaliden- und Hinterlassenenrenten. Verunfallte erhalten mindestens 80 Prozent des bisherigen Lohns. Manche Betriebe zahlen freiwillig den vollen Lohn aus (Details zur Unfallversicherung siehe Seite 142 f.).

Lohn auch bei der Betreuung kranker Kinder

Anrecht auf Lohn haben Angestellte nicht nur dann, wenn sie selber krank sind. Väter und Mütter dürfen notfalls bis zu drei Tage bei vollem Lohn zu Hause bleiben, wenn

Mutterschaftsschutz im Arbeitsgesetz

Das Arbeitsgesetz stellt zum Schutz der Gesundheit von Müttern Vorschriften auf:
■ Der Arbeitgeber muss die Arbeitsbedingungen für Schwangere und Stillende so gestalten, dass ihre Gesundheit und die des Kindes nicht beeinträchtigt wird.
■ Gefährliche und besonders beschwerliche Arbeiten sind schwangeren Frauen und stillenden Müttern nur unter Bedingungen erlaubt oder sogar ganz untersagt. Die Details werden in der Mutterschutzverordnung des Eidgenössischen Volkswirtschaftsdepartements geregelt.
■ Schwangere Frauen dürfen keine Überstunden leisten.
■ Schwangere Frauen und stillende Mütter dürfen nur mit ihrem Einverständnis weiterbeschäftigt werden.
■ Acht Wochen vor der Geburt dürfen Schwangere abends und nachts – zwischen 20 Uhr und 6 Uhr – nicht beschäftigt werden.
■ In den ersten acht Wochen nach der Geburt gilt ein generelles Beschäftigungsverbot.
■ Nach der Geburt hat die Arbeitnehmerin Anspruch auf einen Mutterschaftsurlaub von mindestens 14 Wochen.
■ Bis zur 16. Woche nach einer Geburt dürfen Mütter in jedem Fall nur mit ihrem Einverständnis beschäftigt werden, sie dürfen aber unter keinen Umständen abends oder nachts arbeiten.
■ Stillenden Müttern ist die erforderliche Zeit zum Stillen freizugeben.
■ Die Stillzeit im Betrieb gilt als Arbeitszeit. Verlässt die Arbeitnehmerin den Betrieb zum Stillen, zählt die Hälfte der Abwesenheit als Arbeitszeit.
■ Frauen, die wegen Schwangerschaft und Geburt abends und nachts nicht arbeiten dürfen, muss der Arbeitgeber gleichwertige Arbeit zuweisen oder sie unter Bezahlung von 80 Prozent ihres Lohnes freistellen.

sie kranke Kinder betreuen müssen. Auch andere nahe Angehörige dürfen kurzfristig während der Arbeitszeit gepflegt werden, sofern sich nicht so schnell eine andere Betreuungsmöglichkeit organisieren lässt.

Solche Absenzen müssen aber möglichst kurz gehalten werden. Das heisst: Es muss innert nützlicher Frist eine Betreuung organisiert werden.

Lohn bei Schwangerschaft und Geburt

Nach Gesetz richtet sich die Lohnzahlungspflicht bei Schwangerschaft nach den gleichen Vorschriften wie bei Krankheit (siehe Seite 76). Das heisst, die Ansprüche werden grösser, je länger das Arbeitsverhältnis gedauert hat.

Nach der Niederkunft haben erwerbstätige Mütter während maximal 14 Wochen Anspruch auf Taggelder der Mutterschaftsversicherung. Die Details dazu finden Sie auf Seite 110 f.

STICHWORT

Probezeit

Im Normalfall wird ein Arbeitsvertrag auf unbestimmte Zeit abgeschlossen. Dann gilt der erste Monat als Probezeit, sofern im Arbeitsvertrag nichts anderes vereinbart wurde. Die Probezeit kann auf maximal drei Monate ausgedehnt werden. Es kann aber auch ganz darauf verzichtet werden.

Während der Probezeit kann das Arbeitsverhältnis mit einer Kündigungsfrist von sieben Tagen jederzeit auf Ende Woche aufgelöst werden. Wird der Arbeitnehmer während der Probezeit krank oder verunfallt er, so verlängert sich die Probezeit um die Dauer der Krankheit.

Kündigung: Termine und Fristen müssen eingehalten werden

Ein Arbeitsvertrag kann von beiden Parteien ohne Angabe von Gründen jederzeit auf Ende Monat gekündigt werden. Dabei sind gesetzliche oder vertragliche Fristen einzuhalten. Die Kündigungsfristen müssen für Arbeitnehmer und Arbeitgeber gleich sein und sollten im Vertrag aufgeführt sein. Die Länge der Kündigungsfristen richtet sich nach dem Dienstjahr.

Gemäss Gesetz gilt nach der Probezeit: Ein Monat Kündigungsfrist während des ersten Dienstjahres, zwei Monate während des zweiten bis neunten Dienstjahrs und drei Monate ab dem zehnten Dienstjahr.

Wurde ein befristeter Vertrag abgeschlossen, endet das Arbeitsverhältnis ohne Kündigung, sobald der vereinbarte Zeitpunkt erreicht ist. Arbeitet man hingegen im gegenseitigen Einverständnis stillschweigend weiter, ist der befristete Vertrag in einen unbefristeten übergegangen.

Die Kündigung gilt erst ab dann, wenn sie zur Kenntnis genommen wird – konkret: Wenn ein eingeschriebener Brief abgeholt wird oder hätte abgeholt werden können.

Sperrfristen und Kündigungsschutz

Nach Ablauf der Probezeit besteht für Arbeitnehmer zudem ein Kündigungsschutz aufgrund von sogenannten Sperrfristen. Ist der Arbeitnehmer im Militär oder Zivilschutz, krank oder verunfallt, darf ihm der Arbeitgeber in dieser Zeit nicht kündigen. Schutzzeiten gelten auch für Schwangere und Mütter, die soeben geboren haben.

Das Gesetz nennt zudem eine ganze Reihe von weiteren Bestimmungen zum Schutz vor missbräuchlichen Kündigungen. Dazu zählen unter anderem:

- Kündigung wegen einer Eigenschaft, die einen Teil der Identität einer Person ausmacht, wie Geschlecht, Herkunft, Nationalität, Homosexualität usw., sofern diese Eigenschaft nicht in einem Zusammenhang mit dem Arbeitsverhältnis steht.
- Kündigung wegen Ausübung eines verfassungsmässigen Rechts wie Zugehörigkeit zu einer bestimmten politischen Partei oder Religion usw.
- Kündigung wegen Mitgliedschaft bei einem Arbeitnehmerverband (Gewerkschaft).
- Rachekündigung, zum Beispiel weil ein Mitarbeiter sich gegen betriebliche Missstände zur Wehr gesetzt hat.

Selbständigkeit:
Arbeiten auf eigenes Risiko

Die Personenfreizügigkeit ermöglicht es Bürgern aus den EU/Efta-Ländern (ausser Rumänien und Bulgarien), in der Schweiz eine selbständige Tätigkeit auszuüben.

Der Unternehmer muss bei der Anmeldung seine selbständige Tätigkeit nachweisen können. Dies kann auf verschiedene Arten geschehen: Zum Beispiel mit der bereits gelösten Mehrwertsteuernummer, einem Businessplan oder dem Eintrag ins Handelsregister. Eine weitere Bedingung: Die selbständige Tätigkeit muss existenzsichernd sein. Die kantonalen Migrations- und Arbeitsmarktbehörden können Auskunft zu den notwendigen Belegen geben (Adressen siehe Anhang Seite 172 ff.).

Gelingt der Nachweis einer selbständigen Erwerbstätigkeit, wird eine Aufenthaltsbewilligung für fünf Jahre erteilt. Die Behörde kann zu einem späteren Zeitpunkt prüfen, ob die selbständige Tätigkeit effektiv, dauerhaft und existenzsichernd ist. Sind diese Bedingungen nicht gegeben, kann eine Bewilligung widerrufen werden.

Selbständigerwerbende müssen sich darüber klar sein: Sie haben keinen Anspruch auf Arbeitslosenentschädigung (siehe Seite 111 f.). Wenn das Projekt scheitert und der Unternehmer von der Sozialhilfe abhängig wird, verliert er auch sein Aufenthaltsrecht. Wenn er dies vermeiden will, steht es ihm frei, eine Stelle als Arbeitnehmer anzutreten.

Diese Möglichkeit steht aber nur Bürgern der «alten» EU-Staaten offen. Alle übrigen Staatsbürger brauchen vorläufig noch eine Bewilligung, wenn sie in der Schweiz von der Selbständigkeit in ein Angestelltenverhältnis wechseln wollen.

Angestellt oder selbständig?
Die AHV redet mit

Nicht jeder, der keinen Chef hat, ist deswegen selbständig erwerbend – zumindest nicht in den Augen der Sozialversicherungen. Auch wenn jemand gemäss Vertrag selbständig arbeitet, kann ihn die AHV sozialversicherungsrechtlich als Lohnabhängigen betrachten. Zwar kann jede erwerbstätige Person bei der AHV-Kasse beantragen, in Zukunft als selbständig erwerbend registriert zu sein. Doch die Ausgleichskasse entscheidet über die Anfrage und stimmt ihr zu – oder nicht. Die AHV-Kassen haben dafür zahlreiche genau definierte Kriterien zur Hand.

Für den Status «selbständig» sprechen unter anderem folgende Faktoren: Selbständigerwerbende treten nach aussen mit eigenem Firmennamen auf. Sie verfügen über eigene Geschäftsräume, stellen in eigenem Namen Rechnung und tragen ihr eigenes wirtschaftliches Risiko. Sie entscheiden selbst, wie sie sich organisieren, ob sie Aufträge annehmen und ob sie Arbeiten an Dritte weitergeben. Zudem sind Selbständigerwerbende in der Regel für mehrere Auftraggeber tätig.

Schattenseiten der beruflichen Selbständigkeit

Berufliche Selbständigkeit ist für viele verlockend. Doch daraus ergeben sich auch Konsequenzen, die es zu bedenken gilt:

■ Wer angestellt ist, zahlt Beiträge an die Arbeitslosenversicherung, Selbständige müssen dies nicht tun. Selbständigerwerbende dürfen sich auch nicht freiwillig gegen Arbeitslosigkeit versichern – was bittere Folgen hat: Nur Angestellte haben Anspruch auf Leistungen der Arbeitslosenversicherung.

■ Angestellte sind ab einem Einkommen von 20 520 Franken (Stand 2010) obligatorisch in einer Pensionskasse versichert. Selbständigerwerbende sind nicht verpflichtet, sich der beruflichen Vorsorge anzuschliessen – aber sie dürfen (siehe Seite 101 ff.).

■ Angestellte sind automatisch gegen Betriebsunfall und – falls sie mehr als acht Stunden pro Woche bei einem Arbeitgeber arbeiten – gegen Unfälle in der Freizeit versichert, Selbständigerwerbende hingegen nicht.

■ Angestellte haben bei Krankheit Anspruch auf Weiterzahlung des Lohnes oder auf die Zahlung von Taggeldern gemäss Kollektiv-Krankentaggeld-Versicherung des Betriebes. Selbständigerwerbende sollten freiwillig eine Unfallversicherung sowie eine Krankentaggeld-Versicherung abschliessen.

Berufspraktikum: Als Stagiaire in die Schweiz

Junge Berufsleute können im Rahmen eines internationalen Austauschprogramms (Stagiaires-Programm) ein bis zu 18 Monate langes Praktikum bei einem Schweizer Unternehmen absolvieren.

Die Schweiz hat mit rund 30 Staaten sogenannte Stagiaires-Abkommen geschlossen. Das gibt jungen Berufsleuten die Möglichkeit, ihre beruflichen und sprachlichen Kenntnisse in der Schweiz zu erweitern.

Für viele junge Bürger von Nicht-EU-Ländern ist die Teilnahme am Stagiaires-Programm vorläufig die einfachste Möglichkeit, zu einer Schweizer Aufenthalts- und Arbeitsbewilligung zu kommen. Als Stagiaire erhalten Bürger folgender Staaten eine Aufenthalts- und Arbeitsbewilligung: Argentinien, Australien, Bulgarien, Japan, Kanada, Monaco, Neuseeland, Philippinen, Polen, Rumänien, Russland, Slowakei, Südafrika, Tschechien, Ukraine, Ungarn, USA.

Stagiaires aus den «alten» EU-Ländern profitieren von der Personenfreizügigkeit. Sie benötigen keine Arbeitserlaubnis für ein Berufspraktikum in der Schweiz.

Für die Teilnahme am Stagiaires-Programm gelten folgende Bedingungen:

- Stagiaires müssen 18 bis 35 Jahre alt sein (Ausnahmen: Australien, Neuseeland, Polen, Russland und Ungarn: Höchstalter 30).
- Sie müssen eine abgeschlossene Ausbildung von mindestens zwei Jahren vorweisen können.
- Die Stagiaires-Einsätze müssen im erlernten Beruf respektive im Studiengebiet erfolgen. Teilzeitarbeit oder die Ausübung einer selbständigen Tätigkeit sind nicht erlaubt.
- Stagiaires müssen einen orts- und branchenüblichen Lohn erhalten.

Ihre Arbeitsbewilligung müssen Stagiaires selber beantragen. Dazu müssen sie in ihrem Heimatland ein Gesuch einreichen. Die Adressen der zuständigen Stellen und weitere Infos finden Sie unter **www.swissemigration.ch** → Themen → Stagiaires-Programme → Ausländische Stagiaires.

Studium an einer Schweizer Universität

Schweizer Hochschulen verlangen von den Studierenden ein eidgenössisch anerkanntes Maturitätszeugnis oder einen gleichwertigen ausländischen Ausweis. Die Hochschulen entscheiden in eigener Kompetenz über die Zulassung zum Studium. Wer über kein voll anerkanntes Zeugnis verfügt, muss eine Aufnahmeprüfung bestehen.

Wenn Sie in der Schweiz studieren möchten, sollten Sie die gewählte Universität frühzeitig kontaktieren. Informieren Sie sich über die Zulassungsbedingungen und Anmeldefristen (siehe Kasten unten).

Eine Aufenthaltserlaubnis erhalten Sie, wenn Sie nachweisen, dass Sie eine Krankenversicherung abgeschlossen haben und Ihren Lebensunterhalt aus eigenen Mitteln bestreiten können. Ausserdem müssen Sie die Immatrikulationsbestätigung vorlegen.

Als Student dürfen Sie maximal 15 Stunden pro Woche ohne spezielle Bewilligung arbeiten. Ehepartner und Kinder, für die Sie aufkommen, dürfen mit Ihnen in der Schweiz leben (siehe Seite 34).

TIPP

Hochschulen im Internet

Eine Übersicht der Schweizer Hochschulen, Studienangebote, Gebühren, Zulassungsbedingungen, Anmeldefristen und viele weiterführende Links finden Sie auf der Homepage der Rektorenkonferenz der Schweizer Universitäten **www.crus.ch**.

5 Familie und Schule
Das Wichtigste zu Kindern und Partnerschaft

Das Familienleben ist in der Schweiz grundsätzlich Privatsache. Auf nationaler Ebene findet Familienpolitik nur am Rande statt. Das bedeutet: Eltern mit Kindern sind mehr oder weniger auf sich alleine gestellt. Finanzielle Unterstützung vom Staat gibt es nur in bescheidenem Umfang.

Schweizer Frauen mussten fast 50 Jahre lang für einen bezahlten Mutterschaftsurlaub kämpfen. Erst seit 2005 erhalten Mütter, die nach der Geburt nicht arbeiten, während 14 Wochen ein Taggeld. Die Entschädigung beträgt 80 Prozent des durchschnittlichen Erwerbseinkommens vor der Geburt des Babys (siehe Seite 110).

Von Gesetzes wegen gibt es bis heute keinen Anspruch auf bezahlten Vaterschaftsurlaub. Er basiert ausschliesslich auf Freiwilligkeit der Arbeitgeber.

Kindergeld: Zuschüsse für Familien

Kinder- beziehungsweise Familienzulagen sind durch kantonale Gesetze geregelt. Ein Rahmengesetz des Bundes schreibt jedoch Minimalbeträge vor: Die Kinderzulage muss mindestens 200 Franken betragen. Für Jugendliche in der Ausbildung ist eine Ausbildungszulage obligatorisch, sie beträgt im Minimum 250 Franken.

13 Kantone beschränken sich auf dieses vom Staat vorgegebene Minimum. Die anderen nutzen die Möglichkeit, Familien mit Kindern im Schul- und Ausbildungsalter stärker zu unterstützen. Dies gilt insbesondere für alle Westschweizer Kantone.

Die Kinderzulagen fliessen normalerweise bis zum vollendeten 16. Altersjahr, für Erwerbsunfähige bis 20. Ausbildungszulagen gibt es für Jugendliche bis zum vollendeten 25. Lebensjahr.

Der Arbeitgeber zahlt die Familienzulagen

Auch Teilzeitbeschäftigte haben Anspruch auf Kinderzulagen, sofern ihr Lohn mindestens der halben AHV-Rente (Stand 2010: mindestens 570 Franken pro Monat) entspricht. In 13 Kantonen erhalten auch Selbständigerwerbende Kinderzulagen.

Die Zulagen werden vom Arbeitgeber ausbezahlt und können fünf Jahre lang nachgefordert werden. Der Anspruch auf Kinderzulagen entsteht und erlischt grundsätzlich mit dem Lohnanspruch. Das heisst: An Arbeitslose werden keine Kinderzulagen ausbezahlt. Sie erhalten aber zusätzlich zur Arbeitslosenentschädigung einen Zuschlag, der den gesetzlichen Kinderzulagen entspricht.

Neun Kantone richten zudem einmalige Geburts- und Adoptionszulagen im Bereich zwischen 1000 und 2000 Franken aus. Voraussetzung dafür ist normalerweise ein fester Wohnsitz in der Schweiz.

Detaillierte Infos für alle Kantone finden Sie im Internet unter **www.bsv.admin.ch** → Themen → Familie/Familienzulagen.

Kinderbetreuung: Tagesplätze sind rar

Ob Doppelverdiener oder Alleinerziehende: Die Zahl der berufstätigen Mütter ist in den letzten Jahren stark gestiegen. Vielerorts herrscht deshalb ein akuter Mangel an Betreuungsplätzen für Kinder, die es erlauben, Familie und Beruf unter einen Hut zu bringen.

Mangelware sind vor allem öffentliche Betreuungseinrichtungen. Meist sind es private Organisationen, die eine familienexterne Betreuung anbieten.

In den öffentlichen und in subventionierten privaten Einrichtungen sind die Tarife nach dem Einkommen der Eltern abgestuft (Sozialtarife). Bei den rein privaten Angeboten muss hingegen der volle Preis bezahlt werden. Für einen Ganztages-Krippenplatz sind das rund 100 Franken pro Kind und Tag. Immerhin können die Kosten für die Kinderbetreuung bei den Steuern abgezogen werden.

Betreuungseinrichtungen für unterschiedliche Bedürfnisse

Bei den Angeboten besteht eine grosse Vielfalt. Sie unterscheiden sich vor allem durch die Art der Betreuung und die jeweiligen Öffnungszeiten. Eine Übersicht über familienergänzende Betreuungsangebote finden Sie im Internet (siehe Kasten rechts). Über Betreuungseinrichtungen am Wohnort kann die Gemeinde Auskunft geben.

- **Kinderkrippen** sind professionell geleitete Einrichtungen für Kinder ab drei Monaten und bieten eine Betreuung von bis zu 12 Stunden. Für viele Krippen bestehen lange Wartelisten. Aufgrund der grossen Nachfrage und des akuten Mangels an Plätzen hat der Bund ein Impulsprogramm ins Leben gerufen. Damit unterstützt der Staat die Schaffung von neuen Betreuungsplätzen.
- **Kinderhütedienste** bieten in der Regel eine Halbtagesbetreuung an.

IN DIESEM KAPITEL

- 82 Kindergeld: Zuschüsse für Familien
- 83 Kinderbetreuung: Tagesplätze sind rar
- 84 Vorschulerziehung: Der Kindergarten
- 85 Das Schweizer Schulsystem
- 88 Heirat in der Schweiz und im Ausland
- 89 Der Familienname nach der Heirat
- 90 Heirat und Aufenthaltsbewilligung
- 90 Güterstände in der Ehe: Wem gehört was?
- 91 Das Scheidungsverfahren
- 91 Gleichgeschlechtliche Paare: Die eingetragene Partnerschaft

---

TIPP

Kinderbetreuung

Sie suchen einen Krippenplatz oder eine Tagesmutter? Hier finden Sie Infos und Adressen:
- www.kinderbetreuung-schweiz.ch
- www.krippenverband.ch
- www.tagesfamilien.ch
- www.tagesschulen.ch
- www.profamilia.ch → Hilfe → Vereinbarkeit Beruf und Familie → Familienergänzende Betreuungsmöglichkeiten
- www.redcross.ch → Entlastung/Soziale Dienste
- www.bsv.admin.ch → Praxis → Familienergänzende Kinderbetreuung

- **Spielgruppen** sind private Angebote für Mädchen und Knaben im Vorkindergartenalter.
- **Tagesfamilien:** Diese Art der Betreuung ist für Kinder im Vorschul- und Schulalter gedacht. Tageseltern mit eigenen Kindern, in der Regel Frauen, nehmen die Kinder bei sich zu Hause auf. Es kann eine Ganz- oder Halbtagesbetreuung vereinbart werden.
- **Tagesschulen** bieten ein ganztägiges Angebot und verbinden den Unterricht mit der schulexternen Betreuung.
- **Kinder- und Schülerhorte** zählen zu den schulergänzenden Betreuungsstrukturen für die Zeit vor und nach dem Unterricht.
- Viele Gemeinden bieten auch **Mittagstische** an. Diese betreuten Verpflegungsmöglichkeiten unterliegen der Verantwortung der Schule oder privaten Institutionen.

Vorschulerziehung: Der Kindergarten

Bevor die Kinder in der Schweiz eingeschult werden, gehen sie mindestens ein Jahr lang in den Kindergarten. Der Besuch des Kindergartens ist kostenlos und in vielen Gemeinden obligatorisch. Üblich ist ein Pensum von sechs Halbtagen.

Beim Eintritt in den Kindergarten ist der Nachwuchs in der Regel zwischen fünf und sechs Jahre alt. Eine geplante Reform der Volksschule sieht jedoch vor, das Eintrittsalter auf vier Jahre herabzusetzen. Zudem sollen zwei Jahre Kindergarten in der ganzen Schweiz obligatorisch werden.

Der Besuch des Kindergartens spielt eine wichtige Rolle in der Vorschulerziehung. Jedes Kind wird gemäss seinem Entwick-

---

STICHWORT

Schulferien: Das sind die Termine

Ein Schuljahr dauert von Mitte August bis Anfang Juli. Dazwischen liegen Herbst-, Weihnachts-, Sport-, Frühjahrs- und Sommerferien (insgesamt rund 13 Wochen). Die Ferientermine sind jedoch in den Kantonen unterschiedlich geregelt. Sie können sogar innerhalb eines Kantons von Gemeinde zu Gemeinde variieren.

Die Feriendaten finden Sie auf der Website der Schweizerischen Konferenz der kantonalen Erziehungsdirektoren (EDK): www.edk.ch → Bildungssystem CH → Kantonsumfragen → Ferienlisten. Hier gibt es auch zusätzliche Infos zum Bildungssystem.

An Hochschulen dauert das akademische Jahr vom 1. August bis zum 31. Juli des folgenden Jahres. Die Lehrveranstaltungen im Herbstsemester (1. August bis 31. Januar) beginnen in der Regel in der Woche 38 und enden in der Woche 51. Im Frühjahrssemester (1. Februar bis 31. Juli) finden die Vorlesungen von Woche 8 bis zur Woche 22 statt.

Weitere Infos gibts auf der Website der Rektorenkonferenz der Schweizer Universitäten (CRUS): www.crus.ch → Studieren in der Schweiz → Studentisches Leben → Hochschulkalender.

lungsstand und seinen Bedürfnissen unterstützt und gefördert. Erzieherische Schwerpunkte sind Selbständigkeit sowie Sozial- und Sachkompetenz. Die Kinder sollen dadurch fit gemacht werden für den Schuleintritt.

Ob ein Kind reif ist für die Schule, beurteilt in der Regel die Lehrperson des Kindergartens. In einigen Kantonen führen Kindergärtnerinnen oder Schulpsychologen Reifetests durch. Manchmal entscheiden letztlich die Eltern, ob sie ihr Kind in die Schule schicken wollen oder damit noch zuwarten.

Das Schweizer Schulsystem

Die Schweiz hat kein einheitliches Schulsystem. Der Bund und die Kantone teilen sich die Verantwortung für das Bildungswesen, wobei die Kantone bei der Volksschule weitgehende Autonomie haben.

Das führt dazu, dass die Schulen in jedem Kanton anders organisiert sind: Schulstufen, Lehrpläne und Lehrmittel sehen überall etwas anders aus. Teilweise sind die Unterschiede so markant, dass ein Schulwechsel über die Kantonsgrenze hinweg mit einigen Hürden verbunden sein kann.

Auf nationaler Ebene verankert ist die Garantie auf freie Schulbildung, der Beginn eines Schuljahres im August und der hohe Anspruch, der an Bildung und Betreuung des Nachwuchses gestellt wird. Die obligatorische Schulzeit beträgt neun Jahre. Der Besuch der Volksschule ist kostenlos.

> **TIPP**
>
> ### Eine Schule suchen
>
> In der Regel teilt die lokale Schulbehörde die Kinder einer Klasse im nächstgelegenen Schulhaus zu. Wenn Sie mit schulpflichtigen Kindern in die Schweiz ziehen, sollten Sie möglichst frühzeitig mit der Wohngemeinde Kontakt aufnehmen.
>
> Für andere Schulen wie Gymnasien, Fachhochschulen etc. wenden Sie sich am besten direkt an die entsprechende Schule. Bringen Sie Ihre Aufenthaltsbewilligung und den Nachweis einer Krankenversicherung mit.

Trotz dezentraler Regelung sind die Schulsysteme in den Kantonen ähnlich aufgebaut: Auf die Primarschule (vier bis sechs Jahre) folgen drei bis vier Jahre Sekundarschule mit unterschiedlichen Leistungsstufen.

Integrationsklassen für fremdsprachige Kinder

In der Schweiz gibt es vier Sprachregionen, in denen deutsch, französisch, italienisch oder rätoromanisch gesprochen wird (siehe Seite 9 ff.). An den Schulen wird in der jeweiligen Landessprache unterrichtet. Alle Kinder lernen mindestens zwei Fremdsprachen, in der Regel ist dies eine zweite Landessprache und Englisch.

Für ausländische Kinder, die dem Schulunterricht wegen mangelnder Sprachkenntnisse nur schlecht folgen können, gibt es in vielen Gemeinden Integrations- und Eingliederungsklassen. Ziel dieser Klassen ist es, die Sprachkenntnisse der Kinder und Jugendlichen zu verbessern und ihnen die Integration in den schweizerischen

> **STICHWORT**
>
> **Jokertage**
>
> Kinder müssen grundsätzlich am Unterricht teilnehmen und können nur in bestimmten Ausnahmefällen vom Unterricht dispensiert werden. Die Eltern müssen dafür ein Gesuch bei der Schule einreichen.
>
> In zahlreichen Gemeinden gewährt die Schule zwei Jokertage pro Schuljahr. Das bedeutet: Eltern können an zwei Tagen pro Jahr ihr Kind ohne Dispensationsgrund von der Schule nehmen, sie müssen dies aber der Lehrperson vorgängig mitteilen.

Alltag zu ermöglichen. Anschliessend können sie in die Regelklassen übertreten.

Kinder mit einer Behinderung oder mit Lern- und Verhaltensproblemen haben Anspruch auf eine entsprechende Sonderschulung. Sofern dies möglich ist, werden die Kinder in normalen Klassen integriert und mit sonderpädagogischen Massnahmen gefördert und unterstützt.

Die Primarstufe

Der Wechsel vom Kindergarten zur Primarschulstufe erfolgt ohne Prüfung. In der Regel sind die Kinder beim Eintritt in die Primarschule sieben Jahre alt.

Der Unterricht findet am Vormittag und Nachmittag statt; üblicherweise gehen die Schülerinnen und Schüler über Mittag nach Hause. Für Kinder mit einem langen Schulweg organisieren die Gemeinden ein gemeinsames Mittagessen und Betreuung.

Am Mittwoch- und Samstagnachmittag ist schulfrei, je nach Kanton auch der ganze Samstag.

In den meisten Kantonen dauert die Primarschule sechs Jahre, in vier Kantonen fünf Jahre und in zwei Kantonen vier Jahre.

Die Sekundarstufe I

Der Übergang von der Primarstufe in die Sekundarstufe I ist unterschiedlich geregelt: In einigen Kantonen gibt es eine Prüfung, in anderen zählt das Zeugnis der letzten Klasse oder die Entscheidung liegt bei den Eltern.

Für die Sekundarstufe I existieren verschiedene Modelle: Mit wenigen Ausnahmen ist die Sekundarstufe I in Schultypen oder Abteilungen mit unterschiedlichen Anforderungen aufgegliedert. Das heisst: Die Schüler besuchen ihrer Leistung entsprechende Klassen.

Die Abteilungen mit Grundansprüchen (Realschule) bereiten auf weniger anspruchsvolle Berufsausbildungen vor. Die Abteilungen mit erweiterten Anforderungen sind in den meisten Kantonen in zwei weitere Typen unterteilt: einen Typ mit gehobenen Ansprüchen und einen Typ mit mitt-

> **STICHWORT**
>
> **Privatschulen**
>
> Die gesamte obligatorische Schulzeit kann auch an einer Privatschule absolviert werden. Privatschulen haben in der Schweiz eine lange Tradition und geniessen einen guten Ruf weit über die Landesgrenzen hinaus. Dies hat allerdings seinen Preis. Eltern, die ihren Sohn oder ihre Tochter in eine Privatschule oder eine internationale Schule schicken möchten, müssen für das Schulgeld selber aufkommen.
>
> Adressen von Privatschulen und Internaten finden Sie unter www.swiss-schools.ch, www.avdep.ch und www.agep.ch.

leren Ansprüchen. Die Schultypen mit gehobenen Ansprüchen bereiten im Allgemeinen auf weiterführende Schulen vor (Maturitätsschule, Kollegium, Gymnasium), jene mit mittleren Anforderungen auf anspruchsvollere Berufsausbildungen.

In den meisten Kantonen dauert die Sekundarstufe I drei Jahre, in den übrigen Kantonen vier oder fünf Jahre.

Sekundarstufe II: Berufslehre oder weiterführende Schule

Nach neun Schuljahren ist die obligatorische Schulzeit zu Ende. Die Jugendlichen haben nun die Wahl zwischen einer weiterführenden Schule oder einer Berufsausbildung. Allgemeinbildende Schulen sind Gymnasien oder Kantonsschulen, welche die Jugendlichen mit einer Matura (Abitur) abschliessen. Damit ist ein Studium an einer höheren Fachschule oder einer universitären Hochschule möglich.

Die weniger lang dauernde allgemeinbildende Fachmittelschule (FMS) ermöglicht den Besuch einer höheren Fachschule oder einer Fachhochschule.

Die meisten Schweizer Schüler beginnen nach der obligatorischen Schulzeit eine drei- bis vierjährige Berufsausbildung, die mit einem national anerkannten Diplom abgeschlossen wird. Die Berufslehre (kurz: Lehre) umfasst einen praktischen Teil in einem Lehrbetrieb und einen theoretischen Teil in der Berufsschule, die tage- oder blockweise besucht wird.

> **STICHWORT**
>
> ### Schulnoten: So wird bewertet
>
> Lehrpersonen bewerten die Leistungen der Schüler in der Regel mit Noten. Die Skala reicht von 1 bis 6.
> **Wichtig zu wissen:** In der Schweiz ist 6 die beste Note, 1 die niedrigste.
>
> **6** = sehr gut
> **5** = gut
> **4** = genügend
> **3** = ungenügend
> **2** = schlecht
> **1** = sehr schlecht
>
> Auch Halbe Noten sind möglich, zum Beispiel 4,5 oder 4–5 (vier bis fünf). Bei Bewertungen, die nicht im Zeugnis auftauchen, können weitere Abstufungen verwendet werden, zum Beispiel –6 (bis sechs = 5,75) oder 5– (fünf bis = 5,25).
>
> In den ersten Schuljahren verzichten Lehrpersonen manchenorts auf Noten und verfassen einen Lernbericht, der über die Leistung des Schülers Auskunft gibt. Ein Zeugnis oder einen Lernbericht bekommen die Schülerinnen und Schüler in der Regel zweimal pro Jahr, jeweils am Ende eines Semesters. Die Lehrer beurteilen das Arbeits-, das Lern- und das Sozialverhalten. Diese Beurteilung entscheidet über den Übertritt in die nächste Klasse.

Freiwillig ist der parallele Besuch einer Berufsmittelschule (BMS), die mit der Berufsmatura abgeschlossen wird. Über die BMS ist der Zugang für ein Studium an einer Fachhochschule oder an einer universitären Hochschule möglich.

Antworten auf juristische Fragen im Zusammenhang mit Elternschaft, Kindern und Jugendlichen finden Sie im Saldo-Ratgeber «Die Rechte von Eltern und Kind». Sie können das Buch über Telefon 044 253 90 70 oder unter www.saldo.ch bestellen.

Heiraten in der Schweiz: Die zivile Trauung

Wer in der Schweiz heiraten will, muss volljährig, also mindestens 18 Jahre alt sein. Die künftigen Eheleute dürfen nicht miteinander verwandt sein – davon ausgenommen sind Cousin und Cousine. Bei bevormundeten Personen muss der gesetzliche Vertreter einer Heirat zustimmen.

Für die Trauung reichen Sie beim Zivilstandsamt am Wohnsitz der Braut oder des Bräutigams ein Gesuch ein. Zusätzlich muss das Paar in einem Gespräch mit dem Zivilstandsbeamten darlegen, dass es alle Voraussetzungen für eine Heirat erfüllt.

Dem Gesuch sind diverse Dokumente beizulegen. Welche Papiere benötigt werden, ist je nach Heimatstaat der Braut oder des Bräutigams verschieden. Am besten erkundigen Sie sich möglichst frühzeitig beim zuständigen Zivilstandsamt. Dokumente, die nicht in Deutsch, Französisch oder Italienisch abgefasst sind, bedürfen einer beglaubigten Übersetzung. Es ist ratsam, für die Beschaffung und allfällige Übersetzung der Papiere genügend Zeit einzuplanen.

Wenn alle notwendigen Dokumente vorliegen, überprüft die Behörde im sogenannten Ehevorbereitungsverfahren das Gesuch und teilt den Brautleuten schriftlich mit, ob die Trauung erfolgen kann.

TIPP

Eheschliessung im Ausland

Wer im Ausland heiraten möchte, muss die Vorschriften jenes Landes beachten, in dem die Heirat geplant ist. Eine Heirat im Ausland ist deshalb oft mit viel Papierkram verbunden. Detaillierte Informationen über das Vorgehen und die benötigten Dokumente sind bei den ausländischen Vertretungen des betreffenden Staates (Botschaft, Konsulat) in der Schweiz erhältlich.

Damit die im Ausland geschlossene Ehe im Heimatstaat der Eheleute anerkannt wird, müssen bestimmte rechtliche Voraussetzungen erfüllt sein. Zudem sind für die Anerkennung der Ehe diverse Dokumente nötig. Am besten erkundigen Sie sich vor der Abreise beim Zivilstandsamt Ihres Heimatortes, welche Dokumente Sie nach der Heirat vorlegen müssen.

Die Änderung des Zivilstands müssen Sie unmittelbar nach der Eheschliessung melden. In der Regel ist dafür im Land der Heirat das Konsulat oder die Botschaft des Heimatstaates zuständig. Dort geben Sie den Eheschein im Original nebst weiteren verlangten Dokumenten ab.

Falls notwendig, sorgt die Auslandvertretung für die Übersetzung und Beglaubigung der ausländischen Dokumente und leitet diese an die zuständigen Behörden im Heimatland weiter.

Weitere Informationen für die Eheschliessung im Ausland sind auf einem Merkblatt des Bundesamts für Justiz zusammengefasst. Sie finden es unter www.bj.admin.ch → Themen → Gesellschaft → Zivilstand → Merkblätter.

Der Termin für die Trauung ist frühestens zehn Tage und spätestens drei Monate nach Abschluss des Vorbereitungsverfahrens.

In der Regel findet die Heirat in jenem Zivilstandsamt statt, bei dem die Brautleute ihr Gesuch eingereicht haben. Wer an einem anderen Ort die Ringe tauschen möchte, kann gegen Gebühr eine Trauungsermächtigung verlangen. Mit diesem Dokument kann man in jedem beliebigen Standesamt der Schweiz heiraten.

Für die zivile Trauung muss das Brautpaar zwei mündige Zeugen mitbringen. Nach dem Ja-Wort wird die Ehe im Eheregister eingetragen. Hier müssen die Frischvermählten und die Trauzeugen unterschreiben. Im Anschluss an die Trauung gibt der Zivilstandsbeamte das Familienbüchlein ab und – sofern gewünscht – den für eine kirchliche Trauung notwendigen Eheschein.

Der Familienname nach der Heirat

Bereits vor der Heirat müssen sich künftige Ehepartner auf einen Familiennamen einigen. Diesen Namen werden auch die gemeinsamen Kinder tragen. Das Schweizerische Zivilgesetzbuch lässt folgende Möglichkeiten zu:

■ Nach der Heirat tragen beide den Namen des Mannes als Familiennamen. Das ist automatisch der Fall, wenn das Paar nichts anderes wünscht.

■ Beide tragen nach der Heirat den Namen der Frau. Dazu muss das Paar vor der Heirat bei der zuständigen Behörde des Wohnsitzkantons eine Bewilligung einholen.

■ Wer als Ehefrau oder Ehemann nicht auf seinen ledigen Namen verzichten möchte, kann ihn dem Familiennamen voranstellen. Den Wunsch nach einem solchen Doppelnamen muss das Paar dem Zivilstandsamt mitteilen.

■ Eheleute können neben dem Familiennamen im Alltag auch den so genannten Allianznamen verwenden: An erster Stelle steht der Familienname, der voreheliche Name wird mit einem Bindestrich angefügt. Der Allianzname ist kein amtlicher Name und wird deshalb nicht im Zivilstandsregister eingetragen. Auf Wunsch kann er jedoch im Pass stehen.

Die Namensführung einer verheirateten Person mit Wohnsitz in der Schweiz untersteht grundsätzlich schweizerischem Recht. Ausländische Staatsangehörige haben aber die Möglichkeit, den Namen nach ihrem Heimatrecht zu führen.

> **TIPP**
>
> **Die Auswirkungen der Ehe**
>
> Eine Ehe verändert nicht nur die persönliche, sondern auch die wirtschaftliche und rechtliche Situation von zwei Menschen. Sie wirkt sich auf den Namen der Eheleute, die Aufenthaltsbewilligung des ausländischen Partners, den Erwerb des Schweizer Bürgerrechts, Erbfolge und Nachlassregelung sowie die Sozialversicherungen aus.
>
> Eine ausführliche Broschüre über Eheschliessung und Erbrecht ist beim Eidgenössischen Justiz- und Polizeidepartement in allen vier Landessprachen erhältlich. Download unter **www.ejpd.admin.ch** → Themen → Gesellschaft → Zivilstand → Heirat.

Heirat und Aufenthaltsbewilligung

Durch die Heirat mit einem Schweizer oder einer Schweizerin hat ein Ausländer bzw. eine Ausländerin Anrecht auf eine Aufenthaltsbewilligung (Ausweis B). Diese Aufenthaltsbewilligung ist direkt an die Ehe gekoppelt. Der Ausweis enthält unter Aufenthaltszweck den Vermerk «Ehegatte einer Schweizer Bürgerin/Ehegattin eines Schweizer Bürgers». Die Aufenthaltsbewilligung wird in der Regel jährlich erneuert, solange der Aufenthaltszweck – also die Ehe – besteht.

EU-Bürger profitieren von der vollen Personenfreizügigkeit: Ihr Aufenthaltsrecht besteht unabhängig vom Ehepartner und vom Zivilstand (siehe Seite 31).

Wer den B-Ausweis aufgrund der Heirat erhalten hat, der kann eine Arbeitsbewilligung beantragen und eine Erwerbstätigkeit aufnehmen. Die Aufenthaltsbewilligung ermöglicht Ausländern grundsätzlich auch den Familiennachzug (siehe Kasten Seite 34).

Nach fünf Ehejahren erhalten Ehepartner eines Schweizers oder einer Schweizerin die Niederlassungsbewilligung C, sofern sie während dieser Zeit ununterbrochen in der Schweiz gelebt haben. Dieser Ausweis berechtigt zum zeitlich unbeschränkten Aufenthalt in der Schweiz.

Trennung kann zum Verlust der Aufenthaltsbewilligung führen

Hält die Ehe keine fünf Jahre, müssen Ausländerinnen und Ausländer bei einer Trennung oder Scheidung damit rechnen, dass ihre Aufenthaltsbewilligung nicht mehr erneuert wird. Der Entscheid liegt im Ermessen der zuständigen Migrationsbehörden des Wohnkantons.

Die Güterstände in der Ehe: Was gehört wem?

Das Ehegüterrecht bestimmt, was während der Ehe wem gehört und wie das Vermögen bei Scheidung oder Tod aufgeteilt wird. Das Gesetz sieht verschiedene Möglichkeiten vor, diese Fragen zu beantworten. Sie haben die Wahl zwischen folgenden drei Güterständen:

- **Errungenschaftsbeteiligung:** Ohne Ehevertrag gilt in der Ehe von Gesetzes wegen die Errungenschaftsbeteiligung. Diese wird deshalb als «ordentlicher Güterstand» bezeichnet. Bei der Errungenschaftsbeteiligung haben Frau und Mann grundsätzlich getrennte Vermögen. Der Vermögenszuwachs während der Ehe (z. B. aus Löhnen, Zinsen, Versicherungsleistungen) wird als Errungenschaft bezeichnet. Bei Auflösung des Güterstandes, insbesondere bei Tod oder Scheidung, wird die Errungenschaft zusammengerechnet. Von dieser Summe erhalten beide Partner je die Hälfte.
- **Gütergemeinschaft:** Bei der Gütergemeinschaft gibt es drei Vermögen: jenes der Frau, jenes des Mannes und eines, das beiden zusammen gehört. Was zum gemeinsamen Gut gerechnet wird, regelt der Ehevertrag. Bei Auflösung des Güterstandes erhält jeder die Hälfte des gemeinsamen Vermögens.
- **Gütertrennung:** Bei der Gütertrennung gibt es kein gemeinsames Vermögen. Beide Eheleute bleiben während der Ehe und bei Auflösung des Güterstandes alleinige Eigentümer ihrer Vermögen und Ersparnisse. Auch dieser Güterstand muss mit einem Ehevertrag vereinbart werden.

Die Behörden prüfen unter anderem folgende Fragen:
- Wie lange hat die Ehe gedauert?
- Hat das Paar während der Ehe zusammengelebt?
- Gibt es gemeinsame Kinder?
- Wie gut ist der ausländische Partner in der Schweiz integriert?
- Sind beide in der Lage, finanziell unabhängig zu leben?
- Gibt es Hinweise, dass die Ehe nur eingegangen worden ist, um einer Person den Aufenthalt in der Schweiz zu ermöglichen?

Die gleiche Regelung gilt übrigens auch für Ausländer-Ehen, wenn ein Ehepartner mit der Niederlassungsbewilligung (C-Ausweis) in der Schweiz lebt.

Ausführliche Informationen über binationale Ehen finden Sie unter www.binational.ch.

Die Scheidung: Kurz und möglichst schmerzlos

Die Auflösung einer Ehe ist im Scheidungsrecht geregelt. Wollen beide Partner im gegenseitigen Einvernehmen wieder eigene Wege gehen, können sie beim zuständigen Gericht im Wohnkanton die Scheidung beantragen.

Über die wirtschaftlichen Folgen (Unterhaltsbeiträge, Alimente, Aufteilung des Vermögens usw.) und die elterliche Sorge für die Kinder schliessen sie eine Vereinbarung ab. Das Gericht hört das Paar an, prüft den Scheidungswillen und die gemeinsame Vereinbarung, und spricht die Scheidung aus.

Kann sich ein Paar nicht über alle Modalitäten der Scheidung einigen, beurteilt das Gericht die umstrittenen Punkte.

Wenn ein verheiratetes Paar zwei Jahre getrennt lebt, kann ein Partner auch gegen den Willen des anderen die Scheidung beantragen. Vor Ablauf dieser Frist kann die Scheidung nur verlangt werden, wenn die Weiterführung der Ehe für einen Partner aus schwerwiegenden Gründen unzumutbar ist.

Alles Wichtige zum Scheidungsrecht steht im Saldo-Ratgeber «Trennung und Scheidung». Sie können das Buch über Telefon 044 253 90 70 oder im Internet unter www.saldo.ch bestellen.

Gleichgeschlechtliche Partnerschaft

Gleichgeschlechtliche Paare können in der Schweiz nicht heiraten. Aber sie können ihre Lebensgemeinschaft auf dem Zivilstandsamt eintragen lassen. Voraussetzung ist jedoch, dass einer der beiden Partner das Schweizer Bürgerrecht besitzt oder Wohnsitz in der Schweiz hat. Eine im Ausland gültig eingetragene Partnerschaft wird in der Schweiz anerkannt, wenn sie den schweizerischen Rechtsprinzipien entspricht.

Paare, die in einer eingetragenen Partnerschaft leben, sind rechtlich in vielen Bereichen den Ehegatten gleichgestellt, so etwa bei den Leistungen der Pensionskasse. Einige weitere Beispiele:
- Sie erhalten im Pensionalter eine Paarrente statt zweier Einzelrenten. Die AHV-Rente für beide

Partner zusammen ist niedriger als zwei Einzelrenten.
- Beim Tod des Partners haben sie dieselben gesetzlichen Erb- und Pflichtteile wie Verheiratete. Zudem müssen sie in den meisten Kantonen keine Erbschaftssteuern zahlen.
- Sie werden gemeinsam besteuert und profitieren vom günstigeren Ehepaartarif.
- Ist einer der beiden Partner Ausländer, gelten bezüglich Aufenthaltsrecht die gleichen Regelungen wie für Ehepaare (siehe Seite 90 f.).

Jeder Partner behält sein eigenes Vermögen
Männer und Frauen, die in einer eingetragenen Partnerschaft leben, behalten ihren bisherigen Namen und ihr Bürgerrecht. Beim Besitz gilt grundsätzlich die Gütertrennung. Das heisst: Jeder Partner behält nach der Auflösung der Partnerschaft, was ihm gehört. Anschaffungen, die gemeinsam getätigt wurden, werden geteilt.

Eine andere Aufteilung ist durch einen notariell beurkundeten Vertrag möglich – etwa gemäss der Errungenschaftsbeteiligung. Das während der Partnerschaft erwirtschaftete Vermögen der beiden Partner wird dann wie bei der Ehe nach der Auflösung je hälftig geteilt (siehe Kasten Seite 90).

Geht die Beziehung in die Brüche, folgt die Trennung ähnlichen Regeln wie eine Scheidung: Die Partner können die Auflösung der Partnerschaft gemeinsam beim Gericht beantragen. Einseitig kann die Auflösung verlangt werden, wenn die Partner zum Zeitpunkt der Klage seit mindestens einem Jahr getrennt leben.

Adoption oder künstliche Befruchtung ist untersagt
Analog zur Ehe werden die während der Dauer der Partnerschaft erworbenen Pensionskassenleistungen hälftig geteilt. Es können zudem Unterhaltsbeiträge festgesetzt werden, etwa dann, wenn der eine Partner hauptsächlich im gemeinsamen Haushalt oder Betrieb tätig war und deshalb schwer wieder eine Arbeit findet.

Die eingetragene Partnerschaft ist eine rechtliche Basis für eine Zweierbeziehung, nicht aber für eine Familie. So dürfen lesbische und schwule Paare auch weiterhin kein Kind adoptieren.

5
Familie und Schule

6 Sozialwerke und private Versicherung
In allen Lebenslagen gut geschützt

Das System der sozialen Sicherheit ist in der Schweiz vielschichtig und ein Stückwerk aus vielen Komponenten. Dennoch bietet es einen guten Schutz: Von der Geburt bis zum Tod zahlen die Sozialversicherungen eine Vielzahl von Leistungen.

In der Schweiz gibt es elf nationale Sozialwerke, jedes hat sein eigenes Bundesgesetz. Mit den staatlichen Versicherungen sind die Risiken Alter, Tod, Invalidität, Mutterschaft, Arbeitslosigkeit, Unfall und Krankheit abgedeckt.

Die schweizerischen Sozialversicherungen sind in der Regel durch Beiträge der Versicherten finanziert. Die Beiträge werden aufgrund des Lohns, des Einkommens oder des Vermögens berechnet. Bei den meisten Beiträgen beteiligen sich auch die Arbeitgeber je zur Hälfte (siehe Kasten unten).

Zu den Sozialversicherungen gehört im Prinzip auch die obligatorische Kranken- und Unfallversicherung (siehe Seite 124 ff.). Die Kosten dafür trägt aber jeder Versicherte allein. Die öffentliche Hand gewährt jedoch Versicherten mit bescheidenem Einkommen Unterstützungsbeiträge.

Altersvorsorge: Das Konzept der drei Säulen

Die Altersvorsorge ruht in der Schweiz auf drei Säulen: der staatlichen (1. Säule), der beruflichen (2. Säule) und der privaten Vorsorge (3. Säule). Mit dem 3-Säulen-Konzept soll es möglich sein, im Alter, bei Invalidität und bei Tod für

Die Lohnabzüge für die Sozialwerke

Wird von der AHV-Beitragspflicht gesprochen, ist damit immer auch die Beitragspflicht an die Invalidenversicherung (IV) sowie an die Erwerbsersatzordnung (EO) gemeint. Die Beiträge an diese Sozialversicherungswerke werden gemeinsam erhoben und direkt vom Lohn abgezogen, ebenso der Beitrag an die Arbeitslosenversicherung (ALV).

Sozialversicherung	Arbeitnehmer	Arbeitgeber	Total
AHV	4,2 %	4,2 %	8,4 %
IV	0,7 %	0,7 %	1,4 %
EO	0,15 %	0,15 %	0,3 %
ALV [1]	1,0 %	1,0 %	2,0 %
Total [2]	6,05 %	6,05 %	12,1 %

Ein Angestellter mit einem Jahreslohn von 65 000 Franken bezahlt 5,05 Prozent an die AHV/IV/EO (Fr. 3282.50 pro Jahr) und 1 Prozent an die Arbeitslosenversicherung (650 Franken pro Jahr). Gleich viel bezahlt ihr Arbeitgeber.

[1], [2] bei einem Verdienst bis 126 000 Franken   Angaben: Stand 2010

sich oder die Hinterbliebenen den gewohnten Lebensstandard aufrechtzuerhalten.

- **Die 1. Säule** umfasst die AHV/IV. Zur staatlichen Vorsorge zählen die Alters- und Hinterlassenenversicherung (AHV) sowie die Invalidenversicherung (IV). Zusammen mit allfälligen Ergänzungsleistungen (EL) soll die obligatorische 1. Säule den Existenzbedarf im Alter, bei Invalidität oder im Todesfall sichern.
- **Die 2. Säule** umfasst die berufliche Vorsorge. Die Pensionskassen sind dafür zuständig, dass der bisherige Lebensstandard über das reine Existenzminimum hinaus garantiert ist. Die 1. und die 2. Säule sollen zusammen mindestens 60 Prozent des zuletzt bezogenen effektiven Jahreslohnes sichern.
- **Die 3. Säule** umfasst die private Vorsorge. Es handelt sich dabei um freiwilliges Sparen für das Alter. Bis zu einem bestimmten Betrag ist es steuervergünstigt (siehe Seite 104 f.).

IN DIESEM KAPITEL

- 94 Altersvorsorge: Das Konzept der drei Säulen
- 95 1. Säule: Die Alters- und Hinterlassenenversicherung AHV
- 96 Überblick Schweizer Sozialversicherungen
- 99 AHV im Ausland beziehen
- 100 Hinterlassenenrenten der AHV
- 101 Hilflosenentschädigung der AHV
- 101 2. Säule: Die berufliche Vorsorge
- 104 3. Säule: Die private Vorsorge
- 106 Die Invalidenversicherung
- 108 Ergänzungsleistungen der AHV und IV
- 108 Sozialhilfe
- 110 Die Mutterschaftsversicherung
- 111 Die Arbeitslosenversicherung ALV
- 112 Private Versicherungen: Das ist beim Abschluss zu beachten
- 115 Die Privathaftpflicht-Versicherung
- 116 Velovignette: Versicherung für Radfahrer
- 116 Die Hausratversicherung
- 119 Die Autoversicherung
- 121 Die Gebäudeversicherung
- 121 Die Gebäudewasser-Versicherung
- 121 Versicherungen für das Haus im Bau
- 122 Haftpflichtversicherung für Eigentümer
- 123 Sachversicherungen für Wohnungs- und Hausbesitzer

1. Säule: Die Alters- und Hinterlassenenversicherung AHV

Eine tragende Rolle im schweizerischen Sozialversicherungssystem hat die Alters- und Hinterlassenenversicherung AHV. Im Prinzip sind alle Personen, die in der Schweiz wohnen oder arbeiten, bei der AHV versichert und haben Anspruch auf Leistungen der AHV.

Die AHV-Beiträge werden direkt vom Lohn abgezogen (siehe Tabelle links) und vom Betrieb überwiesen. Das AHV-Gesetz kennt folgende Leistungen:

- Altersrente
- Hilflosenentschädigung
- Finanzierung von Hilfsmitteln

Ratgeber zum Thema

Zu den in diesem Kapitel behandelten Themen finden Sie weitere Infos in folgenden Ratgebern:
- Saldo-Ratgeber: «Gut vorsorgen: Pensionskasse, AHV und 3. Säule»
- K-Tipp-Ratgeber: «So sind Sie richtig versichert»

- Witwen- oder Witwerrente
- Waisenrente

Die beiden letzten Rentenarten werden auch Hinterlassenenrente genannt.

Organisatorisch eng mit der AHV verbunden ist die Invalidenversicherung (IV). Die IV-Beiträge werden ebenfalls durch die AHV-Ausgleichskassen erhoben; die Ausgleichskassen sind somit auch für die Auszahlung von IV-Renten zuständig (siehe Seite 106 ff.).

Obligatorisch in der AHV versichert sind:
- Frauen und Männer, die in der Schweiz erwerbstätig sind, also auch Grenzgänger und Ausländer mit Kurzarbeitsbewilligung.
- Personen, die in der Schweiz wohnen, also auch Nichterwerbstätige wie Studierende, Invalide, Rentnerinnen und Rentner, Hausfrauen und Hausmänner.

Beginn und Ende der AHV-Beitragspflicht

Alle Personen, die eine Erwerbstätigkeit ausüben, müssen Beiträge an die AHV leisten – und zwar grundsätzlich ab dem 1. Januar nach der Vollendung des 17. Altersjahrs. Schulferienjobs von Jugendlichen unter 17 sind also beitragsfrei: Erwerbstätige Jugendliche müssen erst ab dem 1. Januar nach ihrem 17. Geburtstag AHV-Beiträge entrichten.

Schweizer Sozialversicherungswerke im Überblick

Versicherung	Versicherte Risiken	Leistungen	Beitragspflicht für
AHV/IV (Seite 94 ff. und 106 ff.)	Alter, Tod, Invalidität	Gesetzlich garantierte Mindestrente im Alter, Invalidenrente, Witwen- und Waisenrente, Hilflosenentschädigung	Angestellte/Arbeitgeber, Selbständigerwerbende, Personen ohne Erwerbseinkommen
Ergänzungsleistungen EL (Seite 108 ff.)	Alter, Invalidität	Zusatzbeiträge zu AHV-/IV-Renten, die für den Lebensunterhalt nicht genügen	Staatliche Finanzierung
Berufliche Vorsorge/ Pensionskassen (Seite 101 ff.)	Alter, Tod, Invalidität	Altersrente oder Bezug des Alterskapitals vom individuellen Pensionskassen-Konto, Invalidenrente, Witwen- und Waisenrente	Angestellte/Arbeitgeber ab 20 520 Franken Jahreseinkommen
Arbeitslosenversicherung ALV (Seite 111 f.)	Arbeitslosigkeit	Arbeitslosenentschädigung	Angestellte/Arbeitgeber
Erwerbsersatzordnung EO (Seite 110)	Erwerbseinbussen bei Mutterschaft und Militärdienst	Entschädigung für Verdienstausfall	Angestellte/Arbeitgeber, Selbständige, Personen o. Erwerbseinkommen
Sozialhilfe (Seite 108)	Existenzminimum	Unterstützungsbeiträge in finanziellen Notlagen	Staatliche Finanzierung

> **FRAGE**
>
> ## Arbeitslos: Muss ich trotzdem AHV-Beiträge zahlen?
>
> **Ich habe meine Stelle verloren und bin nun arbeitslos. Bald wird mir meine erste Arbeitslosenentschädigung ausbezahlt. Sind dabei die AHV-Beiträge geschuldet?**
>
> **Ja.** Die Arbeitslosenentschädigung gilt laut Gesetz als massgebender Lohn. Mit Ausnahme der Beiträge an die Arbeitslosenversicherung müssen Sie als Arbeitsloser alle Sozialbeiträge bezahlen – wie wenn Sie arbeiten würden.
>
> Das bedeutet, dass Sie auch die Beiträge an die Invalidenversicherung (IV) und Erwerbsersatzordnung (EO) leisten müssen. Diese werden wie die AHV je zur Hälfte von der arbeitslosen Person und der Arbeitslosenversicherung finanziert. Insgesamt betragen Ihre Beiträge 5,05 Prozent (Stand 2010).

Für Nichterwerbstätige beginnt die Beitragspflicht am 1. Januar nach dem 20. Geburtstag.

Die Beitragspflicht endet, sobald man das ordentliche Rentenalter erreicht und die Erwerbstätigkeit aufgegeben hat. Für Männer beträgt das ordentliche Rentenalter 65 Jahre. Frauen werden in der AHV mit 64 pensioniert.

Alle Erwerbstätigen müssen AHV-Beiträge zahlen

Ob angestellt oder selbständig: Für die obligatorische Versicherung spielt es keine Rolle, in welchem Status eine Person arbeitet. Alle Erwerbstätigen sind obligatorisch der AHV unterstellt und haben damit Beiträge zu entrichten.

Entscheidender Unterschied: Bei Selbständigerwerbenden werden die Beiträge auf der Grundlage des steuerbaren Reineinkommens berechnet. Bei Angestellten muss – unabhängig vom Einkommen – der immer gleiche Prozentsatz an die AHV abgeliefert werden, nämlich 8,4 Prozent. Dieser Ansatz wird je zur Hälfte (je 4,2 Prozent) von Arbeitgebern und Arbeitnehmern bestritten. Die Beiträge an die AHV werden allen Angestellten direkt vom Lohn abgezogen (siehe Kasten Seite 94).

Jeder verdiente Franken ist der AHV zu melden

Sämtliche Bar- und Naturalbezüge gelten als Lohn oder als massgebendes Einkommen, auf das AHV-Beiträge zu zahlen sind. Ausnahme: Ist der Jahreslohn tiefer als 2200 Franken, werden die Beiträge nur erhoben, falls die versicherte Person dies verlangt.

Bei Putzfrauen und Haushalthilfen gilt dieser Freibetrag nicht. Sie müssen auf jeden verdienten Franken AHV-Beiträge zahlen. Wer seine Putzfrau oder das Kindermädchen nicht schwarz beschäftigen will, kann sie mit dem vereinfachten Verfahren bei der AHV-Ausgleichskasse anmelden. Infos dazu finden Sie unter **www.keineschwarzarbeit.ch** und **www.ahv.ch** (Merkblätter 2.06 und 2.07).

6 Sozialwerke, Private Versicherungen

> **TIPP**
>
> **Informationen zur AHV im Internet**
> **www.ahv.ch** – Hier gibts sämtliche Merkblätter und viele weiterführende Informationen. Zusätzlich finden Sie hier die Liste aller Ausgleichskassen mit Links auf deren Homepages.
> **www.bsv.admin.ch** – Diese Seite des Bundesamts für Sozialversicherungen enthält weitere Infos zur AHV und Antworten zu den häufigsten Fragen.
> **www.sozialversicherungen.admin.ch** – Hier findet man Zahlen zur AHV und alle Rentenskalen.

Einen mustergültigen Arbeitsvertrag für Putzfrauen und andere Haushalthilfen finden Sie im Internet unter **www.ktipp.ch** → Service → Musterbriefe.

Die Beiträge der Nichterwerbstätigen

Wer zwischen dem 20. Altersjahr und dem Pensionierungsalter nicht erwerbstätig ist (z. B. Frühpensionierte), muss ebenfalls Beiträge an die AHV/IV/EO abliefern. Der Betrag richtet sich im Wesentlichen

- nach der Höhe des Vermögens und/oder
- nach der Höhe des jährlichen Renteneinkommens. Hat eine Person nebst Vermögen noch ein Renteneinkommen, werden die mit dem Faktor 20 multiplizierten Renten zum Vermögen hinzugezählt.

Eine Ausnahme besteht für Studierende, die nicht erwerbstätig sind, und für Personen, die dauernd aus öffentlichen Mitteln oder von Dritten unterstützt werden. Diese bezahlen einen jährlichen Mindestbetrag von 460 Franken (inklusive IV und EO, Stand 2010).

Auch nichterwerbstätige Ehefrauen (oder Ehegatten) müssen theoretisch AHV-Beiträge bezahlen – ebenfalls abhängig von Vermögen und Renteneinkommen. Eine Beitragszahlung entfällt aber fast immer: Nämlich dann, wenn der erwerbstätige Ehepartner AHV-Beiträge in mindestens der doppelten Höhe des Mindestbeitrags – also mindestens 920 Franken pro Jahr – bezahlt hat. Dies entspricht einem Arbeitnehmerlohn von 9108 Franken pro Jahr.

Faktoren zur Berechnung der Altersrenten

Wie hoch die Altersrente dereinst ausfällt, hängt von verschiedenen Faktoren ab. Die Berechnung der ordentlichen Rente richtet sich

- nach den Beitragsjahren,
- nach den Jahres-Erwerbseinkommen, die auf den individuellen Konten bei den einzelnen Ausgleichskassen eingetragen sind,
- nach den Betreuungs- und Erziehungsgutschriften.

Im Jahr 2010 beträgt die minimale volle Altersrente 1140 Franken, die Maximalrente 2280 Franken. Voraussetzung für den Bezug einer Vollrente ist eine lückenlose Beitragsdauer ohne Fehljahre.

Konkret: Man muss ab dem ersten Jahr nach dem 20. Geburtstag bis zum 31. Dezember vor der Pensionierung jedes Jahr den Mindestbeitrag (920 Franken) einbezahlt haben.

Für die Maximalrente braucht es nicht nur genügend Beitragsjahre, sondern auch ein jährliches (aufgewertetes) Durchschnittseinkommen von 82 080 Franken (Stand 2009/2010).

Beitragslücken gibt es dann, wenn jemand erst im fortgeschrittenen Alter in die Schweiz kommt und eine Arbeit aufnimmt. Das ist etwa bei ausländischen Arbeitnehmerinnen und Arbeitnehmern der Fall. Einer Person, die erstmals mit 33 Jahren in die Schweiz einreist, eine Stelle antritt und mit 37 Jahren verunfallt, fehlen zum Unfallzeitpunkt 13 Beitragsjahre. Entsprechend gekürzt ist dann die Hinterlassenen- oder bei Invalidität die IV-Rente.

Während der Beitragszeit sind Nachzahlungen für maximal fünf Jahre möglich.

Erziehungs- und Betreuungsgutschriften

Beitragslücken können auch entstehen, wenn Mütter oder Väter wegen der Geburt ihrer Kinder ihren Job aufgeben und erwerbslose Jahre auf sich nehmen. Deshalb hat der Gesetzgeber den Anspruch auf Erziehungsgutschriften eingeführt.

Konkret: Den Versicherten werden für die Jahre, in denen sie Kinder unter 16 Jahren aufziehen, auf dem individuellen AHV-Konto je eine Erziehungsgutschrift gutgeschrieben. Bei Verheirateten werden unter Umständen beiden Elternteilen je hälftig Erziehungsgutschriften angerechnet.

Die AHV im Ausland beziehen

Ausländer und Ausländerinnen, die ihren Wohnsitz in der Schweiz haben, sind im Prinzip automatisch bei der AHV versichert. Im Fall ihres Todes haben auch ihre Hinterlassenen (Ehepartner, Kinder) einen Anspruch auf AHV-Leistungen; dies in der Regel unter der Voraussetzung, dass die Hinterlassenen in der Schweiz wohnen.

Für ausländische Arbeitnehmer, die im Alter die Schweiz in Richtung Heimatland verlassen, gelten zwischenstaatliche Abkommen. Mit zahlreichen Staaten hat die Schweiz solche Abkommen geschlossen. Sie besagen: Die Leistungen an deren Staatsbürger werden auch dann ausbezahlt, wenn diese in ihr Heimatland zurückkehren – natürlich unter der Voraussetzung, dass sie AHV-Beiträge bezahlt haben. Das gilt derzeit auch für alle Bürger von EU-Staaten (ausser Rumänien und Bulgarien).

Ausländerinnen und Ausländer, mit deren Heimatstaat die Schweiz kein Sozialversicherungsabkommen getroffen hat, erhalten die AHV-Rente nicht mehr, wenn sie die Schweiz definitiv verlassen. Sie können aber unter gewissen Voraussetzungen die einbezahlten AHV-Beiträge (Arbeitnehmer- und Arbeitgeberanteil) zurückfordern – allerdings ohne Zinsen. Der Rückvergütungsanspruch verjährt fünf Jahre nach der Pensionierung.

Mit diesen Staaten hat die Schweiz ein Sozialversicherungsabkommen abgeschlossen: Australien, Bosnien-Herzegowina, Bulgarien, Chile, alle Efta-Mitgliedstaaten (Island, Liechtenstein und Norwegen), Israel, Kanada/Quebec, Kroatien, Mazedonien, Philippinen, San Marino, Serbien/Montenegro, Türkei und USA (Stand 2009).

Falls Sie mehr wissen wollen: Beim Bundesamt für Sozialversicherungen und bei den AHV-Ausgleichskassen gibt es zum Thema verschiedene Infomaterialien. Dort finden Sie nebst detaillierten Infos auch die Adressen der zuständigen Stellen, an die Sie sich wenden können. Im Internet finden Sie Infos unter **www.bsv.admin.ch**.

Ähnliches gilt für Personen, die pflegebedürftige Verwandte (Eltern, Schwiegereltern, Grosseltern, Kinder, Stiefkinder oder Grosskinder) oder Geschwister betreuen. Sie erhalten eine Betreuungsgutschrift. Voraussetzung ist, dass die betreute Person in hohem Masse auf Pflege und Betreuung angewiesen ist.

Die Erziehungs- und Betreuungsgutschriften sind sowohl Zeit- als auch Beitragsgutschriften. Sie wirken sich somit in Beitragsjahren aus und sie erhöhen gleichzeitig das massgebende Einkommen.

Frühpensionierung und Aufschub der Rente

Alle Versicherten, die das Rentenalter erreichen, haben Anspruch auf eine Altersrente der AHV. Der Beginn des Rentenbezugs ist aber nicht stur an das ordentliche Rentenalter gebunden.

So kann die AHV-Rente bereits ein oder zwei Jahre vorher bezogen werden, wobei diese dann allerdings um 6,8 Prozent je Vorbezugsjahr gekürzt wird. Und: Wer die Rente vorbezieht, muss weiterhin Beiträge an die AHV zahlen. Allerdings beeinflussen solche AHV-Beiträge die Höhe der AHV-Rente nicht mehr. Diese Beitragspflicht entfällt übrigens, wenn der Ehepartner mindestens den doppelten Minimalbetrag zahlt.

Der Bezug der Rente kann aber auch ein bis fünf Jahre lang aufgeschoben werden. Das führt zu einer lebenslangen Erhöhung der Altersrente. Der Zuschlag wird umso höher, je später sich jemand pensionieren lässt. Bei einem Jahr Aufschub beträgt der Zuschlag 5,2 Prozent, bei fünf Jahren erhöht sich die Rente um 31,5 Prozent.

Freigrenze für AHV-Bezüger, die weiterarbeiten

Wer nach Erreichen des Rentenalters noch arbeitet, muss weiterhin Beiträge an die AHV/IV/EO zahlen. Allerdings gilt hier eine Freigrenze: Falls Sie nach der Pensionierung weiterarbeiten möchten, müssen Sie nur für jenen Teil des Einkommens Beiträge bezahlen, der die Summe von 16 800 Franken pro Jahr übersteigt; dies entspricht einem Monatslohn von 1400 Franken. Übrigens: Diese Beiträge beeinflussen die Höhe der Altersrente nicht mehr.

Die Hinterlassenenrenten der AHV

Stirbt jemand noch vor der Pensionierung, zahlt die AHV für den Ehepartner oder die Ehepartnerin sowie für die Kinder Hinterlassenenrenten.

■ **Witwenrente:** Eine Witwenrente erhalten alle verheirateten Frauen, die beim Tod ihres Mannes ein oder mehrere gemeinsame Kinder haben. Falls die Ehe kinderlos ist, hat die Ehefrau nur dann eine Witwenrente zugut, falls sie zum Zeitpunkt des Todes des Partners mindestens 45 Jahre alt ist und während mindestens fünf Jahren verheiratet war.

■ **Witwerrente:** Der Ehemann einer verstorbenen Frau erhält eine Witwerrente, wenn er für ein Kind bis zum 18. Altersjahr zu sorgen hat. Konkubinatspartner hingegen erhalten von der AHV keine Rente.

■ **Die Waisenrente:** Kinder haben nach dem Tod von Vater oder Mutter Anspruch auf eine Waisenrente. Sind beide Elternteile verstorben, wird eine doppelte Waisenrente ausbezahlt. Die Waisenrente wird in der Regel bis zum 18. Altersjahr vergütet. Befindet sich das Kind noch in Ausbildung, so wird die Rente bis zum Abschluss der Ausbildung, im Maximum aber bis zum 25. Altersjahr ausbezahlt.

Die Hilflosenentschädigung der AHV

Die AHV zahlt neben den bisher erwähnten Renten zusätzlich auch eine Hilflosenentschädigung. Sie geht an alle Personen (auch an Rentnerinnen und Rentner), die in schwerem oder mittelschwerem Grade hilflos sind. Dabei handelt es sich um dieselbe Leistung, die unter Umständen auch die Invalidenversicherung zahlt (siehe Seite 106 ff.).

Hilflos ist, wer dauernd die Hilfe von Drittpersonen beanspruchen muss, weil er Verrichtungen des alltäglichen Lebens (z. B. Ankleiden, Körperpflege, Essen, Toilettengang) nicht mehr alleine bewältigen kann.

Die AHV vergütet aber auch Sachleistungen wie Perücken, Hörgeräte, Augenprothesen usw. Anträge sind mit dem entsprechenden Anmeldeformular bei jener Ausgleichskasse einzureichen, die bereits die Rente ausbezahlt.

2. Säule:
Die berufliche Vorsorge

Die berufliche Vorsorge mit Einzahlungen in eine Pensionskasse ergänzt die AHV. Zusammen sollen die beiden Renten 60 Prozent des letzten Lohnes abdecken und Versicherten nach der Pensionierung die Fortsetzung des bisherigen Lebensstandards ermöglichen.

Mit ihren Pensionskassenbeiträgen bauen die Versicherten nicht nur ihre eigene Altersvorsorge auf. Sie versichern gleichzeitig auch die Risiken Tod und Invalidität.

Obligatorische Beitragspflicht für Angestellte

Angestellte sind ab einem Jahreseinkommen von 20 520 Franken (Stand 2010) beitragspflichtig. Die Versicherungspflicht beginnt frühestens mit der Vollendung des 17. Altersjahres. Bis 24 decken die Beiträge an die Pensionskassen nur die Risiken Tod und Invalidität ab, erst danach wird auch für die Altersrente gespart.

Pensionskassenbeiträge

So viele Lohnprozente vom versicherten Lohn gehen gemäss Gesetz im Normalfall an die Pensionskasse:

Altersjahr	Lohnprozente	Arbeitnehmeranteil [1]
25 bis 34	7 %	3,5 %
35 bis 44	10 %	5 %
45 bis 54	15 %	7,5 %
55 bis 64/65	18 %	9 %

[1] Annahme: Hälftige Aufteilung der Prämien zwischen Arbeitgeber und versicherter Person

In der Schweiz gibt es zahlreiche Pensionskassen – und jede hat ihr eigenes Reglement. Wer eine neue Stelle antritt, wird automatisch bei der Kasse seines Arbeitgebers versichert. Der Angestellte kann also nicht selber auswählen, in welche Pensionskasse er einzahlen will. Bei einem Stellenwechsel müssen Arbeitnehmer in der Regel auch die Kasse wechseln.

Die Beitragspflicht endet grundsätzlich zum Zeitpunkt der Pensionierung: bei Frauen nach dem 64., bei Männern nach dem 65. Altersjahr.

Selbständige haben keine Pensionskasse
Vom Pensionskassen-Obligatorium ausgenommen sind Selbständigerwerbende. Sie müssen sich also selbst um ihre berufliche Vorsorge kümmern. Zum Beispiel indem sie sich bei der Vorsorgeeinrichtung ihres Berufsverbandes versichern. Mit regelmässigen Einzahlungen in die 3. Säule (private Vorsorge) können sie fürs Alter zusätzlich vorsorgen (siehe Seite 104 ff.). Das gilt auch für Angestellte, die aufgrund ihres geringen Lohnes nicht unter das Versicherungsobligatorium fallen.

Ebenfalls nicht beitragspflichtig sind Arbeitnehmer mit einem auf höchstens drei Monate befristeten Arbeitsvertrag, Familienmitglieder, die im eigenen Familienbetrieb tätig sind, sowie Menschen, die gemäss IV zu mindestens 70 Prozent erwerbsunfähig sind.

Je höher die Einzahlungen, desto höher die Rente
Wer in die Pensionskasse einzahlt, baut mit seinen Beiträgen ein Alterskapital auf. Je mehr man im Verlauf seines Arbeitslebens auf seinem individuellen Pensionskassen-Konto anspart, desto höher fällt dereinst die Rente aus. Das Pensionskassenkapital muss zu einem vom Bundesrat festgelegten Mindestzinssatz verzinst werden (2010 bei 2 Prozent).

Im Unterschied zur AHV schreibt das Pensionskassengesetz nur die Minimalleistungen vor, die jede Kasse erbringen muss. Zusätzlich erlaubt es aber den Kassen, bessere – aber auch teurere – Versicherungslösungen als die gesetzliche Minimalvariante anzubieten. Dies wird in «Beamtendeutsch» auch als Überobligatorium bezeichnet (siehe Kasten links).

Als Basis für die Berechnung der Pensionskassenbeiträge dient der Jahreslohn. Auf der monatlichen Lohnabrechnung wird jeweils ein obligatorischer Mindest-Prozent-

---

STICHWORT

Obligatorium/Überobligatorium

Das berufliche Vorsorge-Gesetz (BVG) ist ein Minimalgesetz. Jede Pensionskasse muss mindestens die gesetzlich vorgeschriebenen Leistungen (Obligatorium) erbringen. Geht sie über die Minimalanforderungen hinaus, nennt man diese Leistungen überobligatorisch.

Mit den überobligatorischen Leistungen haben Versicherte die Chance, sich quasi eine Versicherung à la carte zuzulegen, sofern die Pensionskasse diese Möglichkeit zulässt. Das kostet allerdings höhere Prämien.

satz für PK-Beiträge abgezogen. Dieser Prozentsatz erhöht sich mit zunehmendem Alter des Versicherten (siehe Kasten Seite 101).

In der Regel zahlen Arbeitgeber und Arbeitnehmer je die Hälfte des PK-Beitrags. Im Jahr 2009 machten die Arbeitnehmer- und Arbeitgeberbeiträge zusammen durchschnittlich ca. 17,4 Prozent des Bruttolohnes aus.

Es ist auch möglich, in einem bestimmten Rahmen freiwillige Nachzahlungen in die Pensionskasse zu tätigen. Für Personen mit genügend Geld ist das eine gute Möglichkeit, Steuern zu sparen, denn die Nachzahlungen können vom steuerbaren Einkommen abgezogen werden.

Rentenbezug ist frühestens mit 58 Jahren möglich

Eine Altersrente der Pensionskasse wird grundsätzlich dann fällig, wenn das Pensionierungsalter erreicht ist – bei den Männern nach dem zurückgelegten 65. Altersjahr. Frauen werden heute nach dem zurückgelegten 64. Altersjahr ordentlich pensioniert.

Das Gesetz gibt den Kassen in diesem Punkt aber viel Freiheit: Sie dürfen ein anderes Pensionierungsalter einführen, und sie dürfen die Versicherten selber entscheiden lassen, wann sie in Pension gehen wollen. Das Alter für eine vorzeitige Pensionierung darf jedoch nicht unter 58 Jahren liegen.

Aber Achtung: Vorzeitige Pensionierung heisst auch Rentenkürzung. Es gilt die Faustregel, dass pro Jahr der vorzeitigen Pensionierung die Rente lebenslang um bis zu 7 Prozent kleiner wird. Wer einen Verlust vermeiden will, muss für die fehlenden Beitragsjahre spezielle Zahlungen an die Pensionskasse machen.

Auszahlung: Lebenslange Rente oder Kapital

Beim Bezug der Pensionskassengelder kann der Versicherte in der Regel wählen zwischen einer lebenslangen Rente oder einer einmaligen Auszahlung seines gesamten angesparten Pensionskassen-Kapitals.

Auch Vorbezüge der PK-Gelder sind in einigen Fällen möglich, zum Beispiel für den Kauf eines Eigenheims, für die Aufnahme einer selbständigen Tätigkeit oder beim definitiven Wegzug ins Ausland. Allerdings können Heimkehrer in EU- und EFTA-Staaten nur den überobligatorischen Teil ihrer Pensionskasse vorzeitig als Kapital beziehen. Der obligatorische Teil

---

TIPP

Vorzeitige Pensionierung: AHV nicht vergessen!

Wer sich von seiner Pensionskasse vorzeitig pensionieren lässt, muss darauf achten, dass die fehlenden Beitragsjahre bei der AHV/IV gedeckt sind. Sonst droht dort eine gekürzte Rente.

Dies gilt dann, wenn man sich so früh pensionieren lässt, dass zu diesem Zeitpunkt ein Vorbezug der AHV noch nicht möglich ist.

Folge: Wer eine ganze AHV-Rente will, muss bei einer vorzeitigen Pensionierung durch die Pensionskasse die AHV-Beiträge bis zum regulären AHV-Pensionierungsalter weiterzahlen.

bleibt bis zum ordentlichen Pensionierungsalter in der Kasse.

Die Pensionskassen zahlen auch Invaliden- sowie Witwen- und Waisenrenten. Zum Kreis der Begünstigten gehören – je nach Reglement der Kasse – auch Konkubinatspartner, wenn diese vorgängig der Kasse namentlich genannt wurden.

3. Säule:
Die private Vorsorge

Anders als AHV und Pensionskasse ist die 3. Säule eine freiwillige Angelegenheit. Als 3. Säule bezeichnet man allgemein das Sparen für das Alter. Allerdings gilt es hier zu unterscheiden. Denn die 3. Säule hat genaugenommen zwei Beine:
- die private, steuerbegünstigte Säule 3a und
- die private Säule 3b. Darunter fallen zum Beispiel das traditionelle Sparen mit dem Sparkonto oder mit einer Lebensversicherung.

Sparen mit der Säule 3a:
Eine lohnende Investition

Wer über das nötige Kapital verfügt, der kann auf ein Konto der Säule 3a steuerbegünstigt einzahlen. Die Säule 3a ist damit eine freiwillige Ergänzung zur 2. Säule, also zur obligatorischen Pensionskasse. Für Selbständigerwerbende, die ja in der Regel keiner Pensionskasse angeschlossen sind, ist die Säule 3a neben der AHV oft die einzige Altersvorsorge.

Unter Finanzratgebern gelten Einzahlungen in die Säule 3a als lohnendes Investment – aus drei Gründen:
- Auf 3a-Konten gibt es einen Vorzugszins, der sich deutlich von den normalen Zinsen für Sparkonten abhebt (siehe Kasten Seite 106).
- Die Säule 3a ist steuerbegünstigt (siehe Kasten unten), das erhöht die Rendite markant. Eine Faustregel besagt, dass ein Drittel der Einzahlung in Form von Steuerersparnis wieder zum Sparer zurückfliesst.
- Die Säule 3a ist ein langfristiges Sparinstrument. Das Geld ist «gebunden», steht also dem Sparer im Prinzip frühestens fünf Jahre vor Erreichen des AHV-Alters zur Verfügung. So kommt der Zinseszinseffekt voll zum Tragen.

TIPP

Steuern sparen mit der 3. Säule

Wer Gelder auf ein 3a-Konto einzahlt, darf diesen Betrag (bis zur erlaubten Höchstgrenze) in der Steuererklärung vom Einkommen abziehen. Das steuerbare Einkommen wird also kleiner, die Steuerrechnung fällt tiefer aus. Mehr noch: Die Guthaben in der 3. Säule müssen nicht als Vermögen deklariert werden, und auch Zins und Zinseszins beziehungsweise Kapitalerträge sind einkommens- und verrechnungssteuerfrei. Dabei gilt: Je mehr Einkommen eine Person hat, desto höher fällt die Steuerersparnis aus.

Eine Faustregel besagt: Die durch den Steuervorteil während der Aufbauzeit eingesparte Summe ist grösser als die Steuer, die bei der Auszahlung anfällt.

TIPPS

Die wichtigsten Tipps für die Säule 3a

- Bauen Sie die 3. Säule bei einer Bank auf und nicht bei einer Versicherung. So bleiben Sie flexibel und können auch mal ein Jahr aussetzen. Zudem gehen hier Ihre Einzahlungen zur Gänze aufs Konto. Wer mit der Versicherung spart, muss sich langjährig verpflichten. Steigt man frühzeitig aus, geht viel Geld verloren. Ausserdem schmälern Verwaltungskosten die Rendite.
- Zahlen Sie nach Möglichkeit Anfang Jahr ein, so profitieren Sie länger vom Vorzugszins.
- Die Einzahlungen in die Säule 3a sind freiwillig. Niemand ist verpflichtet, der Bank immer den gleichen Betrag zu zahlen. Wer zwischendurch ein oder auch mehrere Jahre aussetzt, erleidet dadurch keine besonderen Nachteile.
- Es ist erlaubt, zwei oder allenfalls mehr Konten für die 3. Säule zu eröffnen. Das erlaubt später einen gestaffelten Bezug des Geldes. Dadurch ist es in vielen Kantonen möglich, die Steuerprogression zu brechen (siehe Kasten Seite 156).

Beim Einzahlen gelten gewisse Regeln und Limiten

Voraussetzung für Zahlungen in die Säule 3a ist ein Erwerbseinkommen. Den Nichterwerbstätigen steht die 3. Säule demnach nicht offen. Das betrifft insbesondere Hausfrauen und Hausmänner sowie Invalide.

Hingegen dürfen auch Arbeitslose grundsätzlich in die 3. Säule einzahlen, denn auch Taggelder der Arbeitslosenversicherung gelten als Erwerbseinkommen. Einzahlungen sind generell erst dann nicht mehr erlaubt, wenn keine Taggelder mehr fliessen.

In die steuerlich begünstigte Säule 3a können Sparfreudige nicht à discrétion einzahlen:
- Erwerbstätige mit Pensionskasse dürfen pro Jahr maximal 6566 Franken einzahlen (Stand 2010).
- Erwerbstätige ohne Pensionskasse können bis 20 Prozent ihres Erwerbseinkommens einzahlen, maximal aber höchstens 32 832 Franken (Stand 2010).

Freiwillige Mehrzahlungen an die Säule 3a sind in keinem Fall zulässig. Zahlt man zu viel ein, wird das zuständige Steueramt den Sparer auffordern, bei der Bank den zu viel eingezahlten Betrag zurückzuverlangen.

Umgekehrt gilt: Wer in einem früheren Jahr den maximal erlaubten Betrag nicht eingezahlt hat, darf dies in einem späteren Jahr nicht nachholen.

Vorbezug der Gelder ist nur in Ausnahmefällen möglich

Die Vorteile der Säule 3a haben ihren Preis: Wer auf ein 3a-Konto einzahlt, kann über dieses Geld nicht mehr frei verfügen. Deshalb spricht man hier auch von der «gebundenen Vorsorge». Das Sparguthaben auf einem Säule-3a-Konto ist prinzipiell bis ins Alter gebunden. Der Bezug des Sparkapitals ist frühestens fünf Jahre vor Erreichen des AHV-Alters möglich. Männer dürfen also ihr Geld aus der Säule 3a ab Alter 60 beziehen, Frauen ab 59. Das gilt auch, wenn man vorher arbeitslos wird oder in ernsthafte Finanznöte gerät.

Nur in wenigen Ausnahmefällen ist ein Vorbezug von Geldern der 3. Säule möglich:

- Beim Kauf von selbst bewohntem Wohneigentum, für wertvermehrende Investitionen oder zur Rückzahlung von Hypotheken. Ein (Teil-)Vorbezug für Wohneigentum ist nur alle fünf Jahre möglich.
- Wenn sich jemand selbständig macht oder wenn eine selbständig erwerbende Person das Metier wechselt – wenn also zum Beispiel ein Coiffeur ein Restaurant eröffnet. Ein Bezug ist nur innerhalb des ersten Jahres nach dem Schritt in die Selbständigkeit beziehungsweise nach dem Wechsel des Metiers möglich.

- Wenn die Person zu mindestens 70 Prozent invalid wird und demzufolge eine ganze Rente der staatlichen Invalidenversicherung (IV) bezieht.
- Wenn die Person stirbt, können die Erben die Auszahlung des Kapitals verlangen.
- Wenn die Person die Schweiz definitiv verlässt.

Invalidenversicherung: Rente für Erwerbsunfähige

Wer aus gesundheitlichen Gründen ganz oder teilweise erwerbsunfähig wird, hat Anspruch auf eine Invalidenrente. Dabei spielt es keine Rolle, ob die Invalidität körperlicher oder psychischer Natur ist und ob sie durch Unfall, Krankheit oder Geburtsgebrechen verursacht wurde.

Ein wichtiges Prinzip: Eingliederung kommt vor Rente

Bei der Invalidenversicherung gilt der Grundsatz «Eingliederung kommt vor Rente». Deshalb bezahlt die IV zunächst diverse Eingliederungsmassnahmen. Dazu zählen Umschulung, Berufsberatung, Arbeitsvermittlung, Sonderschulung, Betreuung von Kindern sowie Abgabe von Hilfsmitteln. Unter Umständen kann die IV sogar eine Kapitalhilfe für den Start in die Selbständigkeit gewähren.

Während der Eingliederungsphase erhalten die Betroffenen Taggelder; in der Regel machen diese Taggelder 80 Prozent des zuletzt erzielten Erwerbseinkommens aus. Erst wenn sich zeigt,

---

TIPP

Die 3. Säule im Internet

www.ktipp.ch → Service → Aktuelle Zinsen – Hier erfahren Sie die aktuellen Zinssätze für das 3a-Konto von rund 20 Banken.

www.ktipp.ch → Service → Rechner – Hier finden Sie heraus, wie viel Geld Sie in x Jahren haben, wenn Sie regelmässig sparen. Und Sie erfahren, wie viel Sie jährlich einzahlen müssen, um ein bestimmtes Sparziel zu erreichen. Und Sie können berechnen, wie lange Sie nach der Pensionierung von einem vorhandenen Kapitalstock zehren können. Anhand Ihrer persönlichen Angaben können Sie hier auch berechnen lassen, wie sich Ihre Einzahlungen in die 3. Säule mildernd auf die Steuerrechnung auswirken.

dass eine Eingliederung in den Arbeitsprozess nicht möglich ist, darf eine IV-Rente ausbezahlt werden. Im Pensionierungsalter wird die IV-Rente durch die AHV-Rente abgelöst.

Höhe der Rente:
IV und AHV rechnen gleich

Zur Berechnung des IV-Rentenbetrages wird das gleiche System wie bei den AHV-Renten angewendet. Auch bei der IV bilden die Anzahl der Beitragsjahre und das Erwerbseinkommen die Grundlage für die Berechnung. Die ausbezahlten Beträge der IV-Renten sind gleich hoch wie jene der AHV. Die maximale Rente ist doppelt so hoch wie die minimale Rente.

Anspruch und Höhe der Invalidenrente richten sich aber auch nach dem Grad der Invalidität (siehe Kasten unten). Für den Grad der Invalidität ist jedoch nicht der eigentliche Gesundheitsschaden massgebend, sondern die Erwerbseinbusse, die ein Betroffener durch seine Beeinträchtigung erleidet. Aus der Erwerbseinbusse ergibt sich der Invaliditätsgrad in Prozenten.

Invaliditätsgrad und Höhe der IV-Rente

Invaliditätsgrad	Rentenanspruch
unter 40%	keine Rente
40 bis 49,9%	¼-Rente
50 bis 59,9%	½-Rente
60 bis 69,9%	¾-Rente
Ab 70%	volle Rente

TIPP
Anlaufstellen für IV-Bezüger

- Für die Abwicklung der IV-Versicherungsfälle sind die Kantone zuständig. Im Internet finden Sie die kantonalen IV-Stellen unter **www.iv-stelle.ch**. Auskünfte erteilen zudem:
- Pro Senectute, Tel. 044 283 89 89, **www.pro-senectute.ch**
- Pro Infirmis, Tel. 044 388 26 26, **www.proinfirmis.ch**
- Procap, Schweizerischer Invaliden-Verband, Tel. 062 206 88 88, **www.siv.ch**

Eine IV-Rente gibt es erst dann, wenn die versicherte Person während eines Jahres ohne wesentlichen Unterbruch durchschnittlich mindestens zu 40 Prozent arbeitsunfähig war und weiterhin zu mindestens 40 Prozent erwerbsunfähig bleiben wird. In der Regel erfolgt also die erste Zahlung frühestens ein Jahr nach Eintritt der Invalidität.

Hilfsmittel für Invalide und Kinderrenten

Die IV zahlt auch Hilfsmittel für Invalide, damit sie weiterhin einer Teilzeitarbeit nachgehen können. Dazu zählen Prothesen, orthopädische Spezialschuhe, Hörgeräte, künstliche Augen, Blindenführhunde, Rollstühle, Autos und Hilfsgeräte am Arbeitsplatz. Bezahlt sind auch Hilfsmittel für das Bewältigen des Alltags – beispielsweise Umbauten in der Wohnung.

Zusätzlich erhalten IV-Bezüger für jedes Kind (bis 18, falls in Ausbildung bis 25 Jahre) eine Kinderrente in der Höhe von 40 Prozent seiner IV-Rente.

Der Anspruch auf Ergänzungsleistungen

Für zahlreiche AHV- und IV-Versicherte reichen die Renten der AHV und der Invalidenversicherung für den Lebensunterhalt nicht aus. Oft fressen allein schon Miete und Krankenkassenbeiträge einen Grossteil der Rente weg.

Wenn dies der Fall ist, besteht ein Anspruch auf Ergänzungsleistungen (EL). Dabei handelt es sich weder um Fürsorgeleistungen noch um Almosen. Zusammen mit der AHV und IV gehören die Ergänzungsleistungen (EL) zum sozialen Fundament der Schweiz.

Der Grundsatz lautet: Wer einen Anspruch auf AHV- oder IV-Leistungen hat, kann Ergänzungsleistungen beantragen. Das gilt auch für Staatsangehörige von EU- und Efta-Ländern. Bürger aus Drittstaaten erhalten nur dann Ergänzungsleistungen, wenn sie seit mindestens zehn Jahren in der Schweiz wohnen.

Gesuche um Ergänzungsleistungen zur AHV und IV sind in der Regel bei der AHV-Zweigstelle (Ausgleichskasse) im Wohnkanton einzureichen.

So werden die Ergänzungsleistungen berechnet

Ergänzungsleistungen sollen die Lücke zwischen den Einnahmen und den Ausgaben schliessen und eine angemessene Existenz sichern. Das Gesetz definiert, was als Einnahmen und als Ausgaben anerkannt wird. Zu den Einnahmen zählen beispielsweise das Erwerbseinkommen, der Vermögensertrag, die AHV/IV-Renten und die Zahlungen der Pensionskasse.

Als Ausgaben werden im Wesentlichen ein Grundbetrag für den Lebensbedarf sowie ein Pauschalbetrag für die Krankenkassenprämien anerkannt:

STICHWORT

Sozialhilfe

Das letzte Auffangnetz in Notlagen ist die Sozialhilfe. Sie stellt das Existenzminimum sicher und soll ein menschenwürdiges Leben garantieren. Die Hilfe darf nicht von den Ursachen der Notlage abhängig gemacht werden.

Zum Existenzminimum gehören etwa die Kosten für den Lebensunterhalt (Essen, Kleider, etc.), die Miete sowie die Gesundheits- und Erziehungskosten für Kinder.

Sozialhilfe wird dann gewährt, wenn sich die bedürftige Person nicht selbst helfen kann und auch von Dritten, beispielsweise Verwandten, keine Unterstützung zu erwarten ist.

Sozialhilfe wird durch die Sozialbehörden der Gemeinde ausgerichtet. Bezogene Leistungen müssen in der Regel zurückerstattet werden, wenn sich die finanzielle Situation später wieder erholt.

Der Umfang der Unterstützung ist vom Einzelfall abhängig. Fast alle Kantone halten sich dabei an die Richtlinien der Schweizerischen Konferenz für Sozialhilfe SKOS, **www.skos.ch**.

- Der Pauschal-Grundbetrag für den Lebensbedarf beträgt für Alleinstehende 18 720 Franken und für Ehepaare 28 080 Franken (Stand 2010).
- Die Pauschale für die Krankenkassenprämie ist von Kanton zu Kanton unterschiedlich und liegt im Bereich zwischen 3072 Franken (Nidwalden) und 5436 Franken (Basel-Stadt, Stand 2010).
- Bei der Berechnung der Ausgaben werden auch die Mietkosten berücksichtigt. Für Alleinstehende wird ein Mietzins von maximal 13 200 Franken und für Paare von maximal 15 000 Franken pro Jahr angerechnet (Stand 2010).

Eine Faustregel besagt: Anspruch auf Ergänzungsleistungen besteht dann, wenn von den Einnahmen nach Abzug von Miete und Krankenkassenprämien weniger als 1500 Franken im Monat zur Verfügung stehen.

Wer Vermögen hat, muss davon zehren

Auch Personen, die über Vermögen verfügen, können Ergänzungsleistungen beantragen. Hier gilt ein Freibetrag von 25 000 Franken für Alleinstehende und 40 000 Franken für Ehepaare. Zusätzlich werden bei selbstbewohnten Liegenschaften 112 500 Franken nicht als Vermögen berücksichtigt.

Übersteigt das Vermögen diese Freibeträge, wirkt sich das bei der Berechnung der Ergänzungsleistung aus. Denn man geht davon aus, dass vermögende Rentner von ihren Ersparnissen zehren, um ihren Lebensunterhalt zu bestreiten. Ein bestimmter Teil des Vermögens wird deshalb als Einnahmen angerechnet (Vermögensverzehr).

Es bringt auch nichts, Teile des Vermögens frühzeitig den Kindern zu vererben oder gar zu verschenken. Denn für die Berechnung von Ergänzungsleistungen zur AVH/IV zählen nebst dem noch vorhandenen Vermögen auch Vermögenswerte, auf die «verzichtet worden ist», wie es im Gesetz heisst. Sogar wenn jemand sein gesamtes Vermögen durch risikoreiche Spekulationen an der Börse verliert, gilt das als «Vermögensverzicht». Es kann also vorkommen, dass man keine Ergänzungsleistungen erhält, obwohl das Vermögen gar nicht mehr da ist.

Die Zuschüsse für ungedeckte Krankheitskosten

Zusätzlich zu den monatlichen Ergänzungsleistungen gibt es auch Geld für bestimmte ungedeckte Krankheitskosten – etwa Franchise und Selbstbehalt der Krankenkassen, einfache Zahnbehand-

> **TIPP**
>
> **Erhalte ich Egänzungsleistungen?**
>
> Bei den AHV-Ausgleichskassen und IV-Stellen gibt es Merkblätter, mit deren Hilfe Sie selber provisorisch ausrechnen können, ob Sie einen Anspruch auf Ergänzungsleistungen haben. Diese und weitere Infos findet man auch im Internet unter **www.ahv.ch** → Merkblätter → Ergänzungsleistungen zu AHV und IV.

lungen, Hilfsmittel sowie für Transporte zum Behandlungsort und für Spitex-Leistungen. Hier gibt es maximale Beträge für die Vergütung: Bei Personen, die zu Hause wohnen, sind es 25 000 Franken für Alleinstehende und 50 000 Franken für Ehepaare bzw. eingetragene Partner.

Eine immer wichtigere Rolle spielen Ergänzungsleistungen, um bei Bezügern die Kosten im Alters- oder Pflegeheim zu decken. Auch hier werden die Einnahmen den Ausgaben (insbesondere Heimkosten) gegenübergestellt; die Differenz entspricht den Ergänzungsleistungen.

Mutterschaftsversicherung: Taggeld in der Babypause

Die Mutterschaftsversicherung ist Bestandteil der Erwerbsersatzordnung (EO). Diese zahlt einen Teil des Verdienstausfalls bei Erfüllung einer Dienstpflicht (Militär, Zivilschutz) und bei Mutterschaft.

Die Versicherung ist obligatorisch: Wie bei der AHV und IV müssen alle Erwerbstätigen EO-Beiträge zahlen (Arbeitgeber und Arbeitnehmer zusammen 0,3 Prozent des Bruttolohnes).

Die medizinischen Leistungen im Zusammenhang mit der Mutterschaft übernimmt die Grundversicherung der Krankenkasse (siehe Seite 126 ff.). Zusätzlich zahlt die Mutterschaftsversicherung Müttern während maximal 14 Wochen nach der Geburt ein Taggeld. Viele Arbeitgeber haben ihr Personal für eine längere Bezugsdauer versichert. Die Entschädigung beträgt 80 Prozent des durchschnittlichen Erwerbseinkommens vor der Geburt des Babys, jedoch höchstens 196 Franken pro Tag. Das entspricht einem Monatseinkommen von 7350 Franken (Stand 2010).

Der Anspruch auf Mutterschaftsentschädigung

Anspruch auf Mutterschaftsentschädigung haben Frauen, die zum Zeitpunkt der Geburt angestellt oder selbständigerwerbend sind. Einen Anspruch haben auch arbeitslose Frauen, die Arbeitslosengeld beziehen, und Frauen, die wegen Krankheit, Invalidität oder Unfall ein Taggeld einer Sozial- oder Privatversicherung erhalten.

Aber: Während des Bezuges der Mutterschaftsentschädigung werden andere Taggelder (Arbeitslosengeld, Invalidenrenten etc.) nicht ausbezahlt.

Für einen Anspruch auf Mutterschaftsentschädigung müssen Frauen vor der Niederkunft mindestens neun Monate lang in der AHV obligatorisch versichert und in dieser Zeit mindestens fünf Monate lang erwerbstätig gewesen sein. Versicherungs- und Beitragszeiten in einem EU/Efta-Land werden berücksichtigt.

Angestellte Mütter erhalten die Taggelder über den Arbeitgeber, alle anderen müssen sich bei der zuständigen AHV-Ausgleichskasse melden und erhalten die Zahlungen auch direkt von dort.

Adressen der Ausgleichsstellen und weitere Infos auf **www.ahv.ch** (Merkblatt 6.02).

Arbeitslosenversicherung: Taggeld bei Jobverlust

Die Arbeitslosenversicherung (ALV) unterstützt Betroffene bei Arbeitslosigkeit, bei Kurzarbeit und bei witterungsbedingten Arbeitsausfällen (z. B. im Baugewerbe). Auch bei Zahlungsunfähigkeit des Arbeitgebers springt die Arbeitslosenversicherung ein. Sie unterstützt zudem Massnahmen zur Verhütung von Arbeitslosigkeit.

Alle Angestellten in der Schweiz müssen bis zum Erreichen des Pensionsalters in die ALV einzahlen. Der Beitrag beträgt zwei Prozent des Bruttolohnes. Die Hälfte davon zahlt der Arbeitnehmer, die andere Hälfte der Arbeitgeber. Selbständigerwerbende können sich nicht versichern.

Wer in der Schweiz Arbeitslosengeld beziehen will, muss im Lauf der letzten zwei Jahre während mindestens zwölf Monaten gearbeitet haben, in der Schweiz wohnhaft sein und eine Arbeitsbewilligung haben. In einem EU/Efta-Land erarbeitete Beitragszeiten werden angerechnet.

Ausserdem müssen Bezüger von Arbeitslosengeld grundsätzlich für eine neue Arbeit zur Verfügung stehen und sich aktiv um einen neuen Job bemühen (siehe Kasten unten).

Die Leistungen der Arbeitslosenversicherung

Die Arbeitslosenentschädigung beträgt 70 Prozent des Durchschnittslohnes der letzten sechs Beitragsmonate. Falls der Versicherte in den letzten Monaten weniger verdient hat als üblich, basiert die Berechnung auf dem Durchschnittslohn der letzten zwölf Monate. Wer Kindern Unterhalt zahlen muss, erhält 80 Prozent.

Monatliche Einkommen über 10 500 Franken (126 000 Franken pro Jahr) und unter 500 Franken sind nicht versichert.

CHECKLISTE

Arbeitslos: Die ersten Schritte

- Wer einen Anspruch auf Arbeitslosenentschädigung geltend machen will, der muss sich beim lokalen Arbeitsamt oder bei einem regionalen Arbeitsvermittlungszentrum (RAV) melden. Das sollten Sie möglichst früh tun, spätestens aber am ersten Tag der Arbeitslosigkeit.
- Vom RAV werden Sie zu einem ersten Gespräch eingeladen und dort einem Berater zugeteilt. Anschliessend müssen Sie sich üblicherweise zwei Mal pro Monat zu weiteren Beratungs- und Kontrollgesprächen im RAV einfinden.
- Das RAV verlangt von Ihnen, dass Sie sich selber aktiv um Arbeit bemühen. Beginnen Sie schon während der Kündigungsfrist mit der Stellensuche. In der Regel müssen Sie pro Monat etwa zehn ernstgemeinte Bewerbungen schreiben und bei den Gesprächen im RAV Kopien Ihrer Arbeitsbemühungen (Bewerbungsunterlagen, Absagen) vorlegen.
- Stellensuchende tun gut daran, sich an die Auflagen des RAV zu halten. Sollte der Eindruck entstehen, jemand sei nicht sonderlich interessiert an einem neuen Job, können die Arbeitslosengelder gekürzt werden.

Die Arbeitslosenentschädigung wird in Form von Taggeldern ausgerichtet. Grundsätzlich ist die Bezugsdauer auf zwei Jahre und 400 Taggelder beschränkt. Wer über 55 Jahre alt ist und mindestens 18 Monate lang Beiträge gezahlt hat, erhält maximal 520 Taggelder.

Aufgepasst: Wenn Sie selber kündigen, ohne einen neuen Job in Aussicht zu haben, oder wenn Ihnen wegen eigenem Verschulden gekündigt wurde, kann das Arbeitslosengeld gekürzt werden. Das Gleiche gilt, wenn Sie während der Kündigungsfrist keine neue Stelle gesucht haben oder wenn Ihre Bemühungen während der Arbeitslosigkeit ungenügend sind.

Personen ohne Arbeit, die ihren Anspruch auf Arbeitslosenentschädigung ausgeschöpft haben, bezeichnet man als «ausgesteuert». Ihnen bleibt als letzter Rettungsanker noch die Sozialhilfe (siehe Kasten Seite 108).

TIPP

Freie Stellen im Internet

Das Staatssekretariat für Wirtschaft (Seco) führt unter **www.treffpunkt-arbeit.ch** eine Liste aller offenen Stellen, die den regionalen Arbeitsvermittlungszentren (RAV) gemeldet wurden. Die Liste lässt sich nach Berufsbezeichnungen und/oder Kantonen durchsuchen. Die Seite bietet zudem Infos und Tipps rund um das Thema Arbeitslosigkeit sowie Formulare zum Download. Hier finden Sie auch die Adressen aller Arbeitslosenkassen, aller Arbeitsämter sowie aller RAV.

Private Versicherungen: Der Weg zum Vertrag

Es gibt einige Versicherungen, die Neuzuzüger sofort abschliessen sollten oder gar von Gesetzes wegen abschliessen müssen. Freiwillig – aber sehr zu empfehlen – sind die Privathaftpflichtversicherung (siehe Seite 115 f.) und die Hausratversicherung (siehe Seite 116 ff.). Bei der Autoversicherung ist nur die Haftpflichtversicherung gesetzlich vorgeschrieben (siehe Seite 119). Die Gebäudeversicherung für Hauseigentümer ist in den meisten Kantonen obligatorisch (siehe Seite 121).

Die wichtigsten Regeln beim Abschluss einer Versicherung

Nur die nötigen Policen abschliessen und dafür nicht zu viel zahlen: Das ist das oberste Ziel für Versicherungskunden. Wichtig ist auch, ein paar entscheidende Grundprinzipien zu beachten:

■ Zuerst den Bedarf abklären

Wer sich richtig versichern will, sollte zu Beginn eine Risikoanalyse machen: Was kann mir, meiner Familie oder meinem Hab und Gut passieren? Würde dieses Ereignis meine finanzielle Existenz bedrohen? Oder könnte ich den Schaden problemlos selber tragen? Es gilt also, die grossen und folgenschweren Risiken von eher unbedeutenden Gefahren zu trennen.

Grosse Risiken sollten Sie unbedingt versichern, bei kleineren Bagatellrisiken können Sie sich die Versicherungsprämie sparen.

> **CHECKLISTE**
>
> ### Das ist beim Abschluss einer Versicherung zu beachten
>
> - Erkundigen Sie sich, ab wann der Versicherungsschutz beginnt. Das kann schon nach der Unterschrift unter den Antrag der Fall sein, spätestens aber dann, wenn Sie die Police erhalten.
> - Lassen Sie sich spezielle Abmachungen schriftlich bestätigen. Verlassen Sie sich nie auf mündliche Leistungszusagen des Versicherungsvertreters.
> - Unterschreiben Sie keinen Antrag, wenn Sie nicht die Versicherungsbedingungen (das Kleingedruckte) vor sich haben.
> - Haken Sie nach, wenn Sie etwas nicht ganz genau verstanden haben.
> - Prüfen Sie nach Erhalt die Police auf ihre Richtigkeit und ob sie das enthält, was Sie mit dem Kundenberater besprochen haben.
> - Achten Sie darauf, dass man Ihnen keine Vertragsbestimmungen unterjubelt, die für Sie ungünstig sind. Verlangen Sie sofort eine Berichtigung, falls Sie nicht einverstanden sind. Gemäss Gesetz haben Sie dafür vier Wochen Zeit.
> - Achten Sie auf die Laufzeit der Police und schliessen Sie keine langjährigen Verträge ab.
> - Halten Sie sich beim Ausfüllen des Antragsformulars äusserst genau an die Wahrheit. Wenn ein Versicherungsmakler das Formular für Sie ausfüllt, vergewissern Sie sich, dass die Antworten wahrheitsgetreu und vollständig sind.
> - Verlangen Sie eine Kopie Ihres Antrages. Dann wissen Sie, welche Angaben Sie bei Vertragsabschluss gemacht haben.

Überlegen Sie immer, ob ein allfälliger Schaden Ihr Haushaltbudget aus dem Lot bringen würde. Je kleiner diese finanzielle Bedrohung ist, desto weniger nötig ist ein Versicherungsschutz.

Mit anderen Worten: Vergessen Sie bei Versicherungsangeboten die verlockenden Werbesprüche. Prüfen Sie das Produkt einzig auf den Nutzen für Sie persönlich. Wenn Sie Ihre Versicherungen korrekt auf Ihre Bedürfnisse ausrichten, sind Sie nie über- oder unterversichert, und Sie zahlen auch nirgends Geld für Doppeldeckungen.

Tipp: Viele Versicherungsdeckungen lassen sich individuell nach dem Baukastensystem und mit unterschiedlichen Leistungsstufen zusammenstellen. Das bietet Ihnen sehr gute Möglichkeiten, auf Ihre persönlichen Bedürfnisse abgestellte Versicherungslösungen abzuschliessen.

▪ Prämien und Deckungsumfang vergleichen

Vor jedem Versicherungsabschluss sollte ein Prämienvergleich stehen. Der Konkurrenzkampf unter den Versicherungsgesellschaften hat zur Folge, dass Sie für praktisch gleichwertige Versicherungslösungen bis zur Hälfte der Prämie sparen können. Das finden Sie aber nur heraus, wenn Sie vor dem Abschluss mehrere Offerten einholen.

Der Prämienvergleich setzt voraus, dass Sie Gleiches mit Gleichem vergleichen und dass Sie überdies den offerierten Deckungsumfang genau studieren. Das ist mühsam – aber es lohnt sich. Scheuen Sie sich nicht, beim Versicherungsvertreter oder bei der Gesellschaft nachzufragen, falls Sie etwas nicht verstehen. Ganz wichtig: Schliessen Sie nur Versicherungen ab, die Sie verstehen. Und lesen Sie vor dem Abschluss die Vertragsbedingungen.

■ Beim Abschluss nichts übereilen

Die schlimmsten Fehler machen Leute, die überstürzt unterschreiben. Lassen Sie sich nie von einem Versicherungsvertreter unter Zeitdruck setzen. Viele aggressive Versicherungsverkäufer verlassen das Haus ungern ohne Unterschrift des Kunden oder der Kundin. Da gilt es, einen kühlen Kopf zu bewahren. Wenn Ihnen ein Versicherungsvertreter keine Bedenkzeit einräumt und dazu keine schriftlichen Unterlagen überreichen will, sollten Sie ihn sehr rasch aus der Wohnung weisen.

Bedenken Sie, dass Sie bei Versicherungsverträgen in aller Regel kein siebentägiges Rücktrittsrecht haben, von dem Konsumentinnen und Konsumenten sonst bei Haustürgeschäften profitieren können.

■ Machen Sie keine falschen Angaben

Halten Sie sich beim Ausfüllen des Antragsformulars äusserst genau an die Wahrheit. Das gilt zum Beispiel bei der Autoversicherung, wo die Prämien entscheidend vom Profil des häufigsten Fahrers abhängen, oder bei Zusatzversicherungen der Krankenkasse, wo man in der Regel einen Gesundheitsfragebogen ausfüllen muss.

Falls Sie hier eine falsche Angabe machen, so ist das Gesetz unerbittlich: Wenn die Gesellschaft davon erfährt, darf sie den Vertrag per sofort und auch rückwirkend auflösen.

Das kann zur Folge haben, dass Sie (wenn Kausalität vorliegt) für einen aktuellen Schaden kein Geld erhalten. Die Gesellschaft kann in einem solchen Fall sogar das Geld zurückverlangen, das sie Ihnen für einen früheren Schadenfall ausgezahlt hat. Und die bereits bezahlten Prämien sind verloren.

■ Keine langjährigen Verträge abschliessen

In den Sachversicherungen (zum Beispiel Hausrat oder Auto), aber auch bei der Haftpflicht- oder Rechtsschutz-Versicherung versuchen die Verkäufer nach wie vor, den Kundinnen und Kunden Verträge mit langen Laufzeiten zu verkaufen. Die Versicherungsgesellschaften behaupten auch gerne, eine zehnjährige Laufzeit sei «marktüblich». Der wahre Grund ist, dass die meisten Verkäufer bei langen Laufzeiten höhere Verkaufsprovisionen kassieren als bei Kurzfristverträgen.

Für die Kunden sind aber bei den Sachversicherungen einjährige Verträge mit stillschweigender Erneuerung vorteilhafter. So kann man jederzeit von anderen Angeboten profitieren. Die paar Franken, die Sie als Rabatt für einen langjährigen Vertrag erhalten, sind die lange Bindung nicht wert.

Die Privathaftpflicht-Versicherung: Wer keine hat, riskiert sein Vermögen

Die Privathaftpflicht-Versicherung ist zwar nicht obligatorisch, aber trotzdem kann niemand auf sie verzichten. Denn wer einem anderen Menschen einen Schaden zufügt, ihn also verletzt, oder wer fremdes Eigentum beschädigt, der haftet für den Schaden und allfällige Folgekosten mit seinem ganzen Vermögen und Einkommen.

Es braucht nur einen Moment der Unachtsamkeit und man fährt auf der Piste einen Skifahrer an, der unglücklich stürzt. Wenn es ganz schlimm kommt, trägt der Verunfallte bleibende Schäden davon und kann seinen Beruf nicht mehr ausüben, und der Verursacher muss sein Leben lang für die Kosten aufkommen – inklusive Schmerzensgeld und Lohnausfall. Das kann in die Millionen gehen, und wer keine Privathaftpflicht-Versicherung hat, ist dann ruiniert. Deshalb ist diese Police im Grunde ein Muss, obwohl sie freiwillig ist.

In diesen Fällen zahlt die Privathaftpflicht-Versicherung

Die Privathaftpflicht-Versicherung übernimmt Ansprüche von Dritten, denen die versicherte Person einen Körper- oder Sachschaden zugefügt hat. Wenn man berücksichtigt, gegen welche Kosten man sich damit absichern kann, sind die Prämien einer Privathaftpflicht-Versicherung günstig. Sie kostet pro Jahr zwischen 100 und 200 Franken und übernimmt im Schadensfall Zahlungen bis zur Höhe der vereinbarten Deckungssumme (meist 5 oder 10 Millionen Franken).

Bei Sachschäden ersetzt die Haftpflicht-Versicherung in der Regel den Zeitwert, also den Wieder-

---

FRAGE

Sind Schäden im eigenen Haushalt versichert?

Mein siebenjähriger Sohn hat zu Hause beim Spielen unseren teuren neuen Fernsehapparat umgeworfen. Das Gerät erlitt Totalschaden. Muss meine Privathaftpflicht-Versicherung den Schaden übernehmen?

Nein. Für derartige Schäden im eigenen Haushalt besteht kein Versicherungsschutz.

Grundsätzlich kommt eine Haftpflicht-Versicherung dann auf, wenn die versicherte Person einer *fremden* Person oder Sache einen Schaden zufügt und diesen ersetzen muss.

Die Privathaftpflicht-Versicherung zahlt hingegen nicht, wenn eine Person einer anderen, mit der sie zusammenwohnt, einen Schaden zufügt. Das gilt auch bei Konkubinatspaaren und anderen Mehrpersonenhaushalten – und auch dann, wenn diese Personen die Privathaftpflicht bei verschiedenen Gesellschaften abgeschlossen haben.

Auch wenn Sie etwa Ihre eigene wertvolle Porzellanvase fallen lassen oder wenn Ihr Ehegatte auf Ihre Sonnenbrille tritt, kommt die Privathaftpflicht-Versicherung nicht für den Schaden auf.

Der Hausratversicherung können Sie den Schaden ebenfalls nicht melden. Sie deckt nur Schäden am Hausrat, die Ihnen durch Feuer, Naturgewalten oder Diebstahl entstehen.

STICHWORT

Die Velovignette: Haftpflichtversicherung für Radfahrer

In der Schweiz sind Velofahrer per Gesetz verpflichtet, das Fahrrad mit einer gültigen Vignette zu versehen. Wer ohne gültige Vignette fährt, riskiert eine Busse von 40 Franken. Für Kinder im Vorschulalter gilt die Vignettenpflicht nicht, allerdings dürfen sie auch nicht auf öffentlichen Strassen fahren.

Klebt an einem Velo eine Vignette, so ist der Fahrer versichert für Schäden, die er Dritten zufügt. Es handelt sich also um eine Haftpflichtversicherung. Fehlt die Vignette am Velo, etwa weil sie gestohlen wurde oder weil sie (noch) im Portemonnaie steckt, gilt der Versicherungsschutz nicht. Der angerichtete Schaden bleibt also am Velofahrer hängen – selbst wenn er eine Kaufquittung für die Vignette vorlegen kann.

Für Schäden, die die Deckungslimite der Vignette übersteigen (in der Regel 2 Millionen Franken), kommt die Privathaftpflicht-Versicherung des Velofahrers auf – aber auch nur dann, wenn eine Vignette am Velo klebte.

Die Velovignette ist jeweils ein Jahr gültig. Sie muss spätestens ab 1. Juni am Fahrrad kleben. Vignetten gibts am Postschalter, bei Velohändlern, Verkehrsclubs und an den Kassen von Grossverteilern. Je nach Verkaufsstelle kostet eine Vignette zwischen 5 und 8 Franken.

---

beschaffungswert abzüglich Abnutzung/Amortisation. Oft verlangen die Versicherungen einen Selbstbehalt.

Die Versicherung ist aber auch bei kleineren Schäden nützlich, die im Alltag schnell einmal passiert sind. Zum Beispiel bei Schäden an der Mietwohnung, die über die normale Abnützung hinausgehen, wenn beim Ballspiel die Fensterscheibe des Nachbarn zu Bruch geht oder wenn der Hund jemanden beisst. Falls ein Gerichtsverfahren nicht zu vermeiden ist, zahlt die Versicherung auch allfällige Gerichts- und Anwaltskosten.

Bei Grobfahrlässigkeit gibt es weniger Geld

Bedingung für die Kostenübernahme ist in der Regel, dass der Schaden wegen Nachlässigkeit oder Unaufmerksamkeit des Versicherten entstanden ist. Nicht gedeckt sind absichtlich verursachte Schäden – etwa wenn der Sohn nachts eine fremde Hausfassade mit Graffiti verziert. Bei grober Fahrlässigkeit kürzen die meisten Gesellschaften die Leistungen ebenfalls. Das ist immer dann der Fall, wenn beim Verursacher des Schadens Drogen oder Alkohol im Spiel waren.

Die Hausratversicherung: Schutz für Hab und Gut

Ein schönes Heim will versichert sein. Wer Möbel, Kleider, Heimelektronik, Bücher und vieles andere mehr, was sich in der Wohnung befindet, versichert haben möchte – und das ist zu empfehlen –, schliesst eine Hausratversicherung ab.

Der Deckungsumfang der Hausratversicherung ist nicht vom Gesetz vorgegeben, sondern ergibt sich einzig aus den Versicherungsbedingungen – und die unterscheiden sich in etlichen Punkten von Gesellschaft zu Gesellschaft.

Wie bei allen Versicherungen gilt auch hier: Wer eine Hausratversicherung abschliessen möchte, sollte verschiedene Offerten einholen – ein Preisvergleich lohnt sich auf jeden Fall. Viele Versicherungen verlangen einen Selbstbehalt, der sich meist um 200 Franken bewegt.

Was in der Basisdeckung versichert ist

In einer Basisdeckung ist der Hausrat gegen Feuer/Elementarereignisse, Wasser und Diebstahl (Einbruch, Beraubung sowie «einfacher Diebstahl zu Hause») versichert. Mögliche Zusatzversicherungen sind Glasbruch, Diebstahlzusatz für den «einfachen Diebstahl auswärts» und Spezialitäten wie etwa höhere Versicherungssummen für Schmuck oder Geldwerte.

Zum Hausrat gehört – grob gesagt – alles, was man bei einem Umzug mitnimmt, inklusive gemietete und geleaste Sachen und Haustiere. Feste Einrichtungen wie zum Beispiel Türen, Fenster, Parkett, Waschbecken und Kücheneinrichtungen zählen hingegen nicht zum Hausrat eines Mieters. Sie gehören dem Haus- oder Wohnungsbesitzer, der sich als Eigentümer um eine entsprechende Versicherung kümmern muss.

Über die Hausratversicherung sind auch allfällige Folgeschäden versichert, also zum Beispiel Rauchschäden nach einem Brand oder Schäden durch Löschwasser oder Feuerlöscher. Oder defekte Türen oder Fenster nach einem Einbruch (das ist für Wohnungseigentümer wichtig).

Der Geltungsbereich der Hausratversicherung ist der Standort gemäss Police, also die Wohnung beziehungsweise das Haus – inklusive Keller, Garage, Einstellhalle, Balkon, Terrasse, Abstellraum, Treppenhaus, Gartensitzplatz, Garten und Dachboden.

Für Schäden am Hausrat, der sich vorübergehend ausserhalb des Geltungsbereichs befindet (etwa eine Kamera, die Sie mit sich tragen), sind die Leistungen in der Regel beschränkt.

Die Versicherung vergütet Schäden zum Neuwert

Beim Abschluss einer Hausratversicherung müssen Sie zuerst den Wert Ihrer Siebensachen überschlagen. Daraus ergibt sich die Versicherungssumme. Sie entspricht dem sogenannten Wiederbeschaffungswert der versicherten Gegenstände, oft auch Neuwert genannt. In einem Schadensfall erhalten Sie also jene Summe, die Sie ausgeben müssten, um einen gleichwertigen neuen Gegenstand zu kaufen.

Allerdings: Bei einigen Gegenständen, beispielsweise bei Sportgeräten wie Velo oder Skiausrüstung, bezahlen die Versicherungen nur den Zeitwert, machen also einen Abzug für die Abnutzung der Sache. Wer diese Gegenstände zum Neuwert versichern möchte, kann dies gegen einen Prämienaufschlag tun.

Eine Unterversicherung kann sehr teuer werden

Viele Leute unterschätzen den Wert ihres Hausrats und setzen die Versicherungssumme bei der Hausratversicherung zu tief an. Mit teuren Folgen: Bei einem Schaden kürzt die Versicherung die Zahlungen dann proportional.

Beispiel: Der Wert eines Hausrats beträgt 100 000 Franken, versichert ist er jedoch mit 80 000 Franken, die Unterversicherung beträgt also 20 Prozent. Wird nun bei einem Feuer Hausrat im Wert von 25 000 Franken beschädigt, ersetzt die Versicherung auch nur 80 Prozent des Schadens, also 20 000 Franken.

Es lohnt sich, den Wert des Hausrats von Zeit zu Zeit und bei grösseren Neuanschaffungen zu überprüfen und die Versicherung allenfalls anzupassen. Die meisten Versicherungen haben dafür detaillierte Erfassungsblätter.

Oft unterschätzt oder vergessen werden Kleider, Schuhe, Software, CDs, DVDs, Bücher- und Weinsammlungen, geleaste und gemietete Gegenstände.

Besondere Vorsicht ist geboten, wenn man wertvollen Schmuck zu Hause aufbewahrt. Meist ist die Deckung für Schmuck auf einen gewissen Betrag begrenzt – unabhängig von der gesamten Versicherungssumme. Übersteigt der Schmuck diesen Betrag, kann eine spezielle Wertsachenversicherung helfen. Auch gestohlenes Bargeld ist nur bis zu einer gewissen Summe versichert.

Die zusätzlichen Prämien für eine höhere beziehungsweise korrekte Deckung sind bescheiden, es lohnt sich also nicht, hier sparen zu wollen. Andererseits lohnt es sich aber auch nicht, eine zu hohe Versicherungssumme festzulegen: Mehr als den Neuwert der Gegenstände bezahlt die Versicherung nicht.

Zusatzversicherung für Diebstahl auswärts

Weil zum Hausrat grundsätzlich nur jene beweglichen Sachen gehören, die sich am Wohnort befinden, deckt die Hausratversicherung beispielsweise Velos, Sportgeräte, Laptops oder Handys, die unterwegs gestohlen werden, nicht ab. Für solche Fälle kann gegen eine Zusatzprämie der «einfache Diebstahl auswärts» versichert werden. Wie bei der Basisversicherung können Sie auch hier festlegen, welche Summe Sie versichert haben möchten.

TIPP

Kaufbelege aufbewahren!

Im Schadenfall will die Versicherung Kaufbelege sehen. Bewahren Sie also Quittungen (und eventuell Fotos) von teuren Gegenständen an einem sicheren Ort auf, wo sie auch vor Feuer geschützt sind. Das gilt beispielsweise für Foto- und Filmausrüstung, Schmuck, Bilder, Teppiche oder antike Möbel. Denken Sie daran: Die Versicherungssumme allein ist noch kein Beweis, sondern legt nur den maximalen Rahmen der Entschädigung fest.

Am besten ist es, bei wertvollen Gegenständen dem Versicherungsantrag einen Schätzungsbeleg beizulegen oder sie explizit in der Police aufführen zu lassen, wie das bei separaten Wertsachenversicherungen üblich ist.

Autoversicherung: So zahlen Sie nicht zu viel

Jeder Fahrzeughalter muss sein Auto versichern. Die Autoversicherer bieten vier Deckungen an, gesetzlich vorgeschrieben ist aber nur die Motorfahrzeug-Haftpflichtversicherung.

■ Autohaftpflicht-Versicherung

Sie ist obligatorisch und gesetzlich geregelt. Die Haftpflichtversicherung zahlt Personen- und Sachschäden, die Dritten mit dem Fahrzeug zugefügt wurden. In der Regel zahlen nur junge Fahrer und Neulenker einen Selbstbehalt.

■ Teilkasko-Versicherung

Sie ist freiwillig und deckt Schäden am eigenen Fahrzeug. Die Leistungen der Teilkasko sind im Vertrag detailliert aufgeführt. Typische Risiken sind etwa: Diebstahl, Elementarereignisse wie Hagel, Steinschlag und Feuer, Vandalismus, Marderbiss, Kollision mit Tieren und Glasbruch. Bei einigen Versicherern lassen sich bestimmte Risiken auch einzeln nach dem «Baukastensystem» versichern.

Vorsicht: Nicht alle Vandalenschäden sind in der Teilkasko-Deckung versichert. Ausgerechnet das häufige Zerkratzen von Autos ist meist nur in der Vollkaskoversicherung inbegriffen (oder in der zusätzlich abschliessbaren Parkschadenversicherung).

■ Kollisionskasko-Versicherung

Sie ist ebenfalls freiwillig und deckt zusätzlich auch Kollisionsschäden am eigenen Auto, die aus eigenem Verschulden entstanden sind. Sie ist ein Zusatz zur Teilkasko-Versicherung und kann normalerweise nicht einzeln abgeschlossen werden. Einige Versicherungsgesellschaften bezeichnen die Kombination von Teilkasko- und Kollisionskasko als Vollkaskoversicherung.

Eine Vollkasko-Deckung lohnt sich vor allem für Neuwagen (in der Regel zwei bis drei Jahre lang), allenfalls kann sie auch für ungeübte Fahrer sinnvoll sein.

■ Insassen-Unfallversicherung

Sie deckt Personenschäden des Fahrers und der Insassen (Heilungskosten, Krankentaggeld bei Spitalaufenthalt oder Arbeitsunfähigkeit). Sie kann separat für den Fahrer, Beifahrer oder für alle Passagiere abgeschlossen werden.

In der Regel ist diese Deckung überflüssig, da Fahrer und Passagiere entweder über die Krankenkasse oder über den Arbeitgeber gegen Unfall versichert sind (siehe Seite 142 f.).

Die Höhe der Prämie hängt von vielen Faktoren ab

Bei den Autoversicherungen ist die Prämie vom individuellen Risiko-Profil des häufigsten Lenkers (meist der Halter) abhängig. Massgebend sind hier unter anderem Alter, Geschlecht, Fahrpraxis, Nationalität und Jahreskilometer.

Wer lange unfallfrei bleibt, erhält einen Bonus in Form einer Prämienminderung. Umgekehrt erhöht sich die Prämie nach einem

Schaden – ausser man schliesst eine Autoversicherung mit Bonusschutz ab.

Wichtig: Die Autoversicherung wird fürs Fahrzeug und nicht für dessen Besitzer abgeschlossen. Schäden sind somit gedeckt, egal wer das Fahrzeug im Schadenfall gelenkt hat.

So kommen Sie zu einer günstigen Autoversicherung

Der Deckungsumfang bei der Haftpflichtversicherung ist bei allen Versicherern mehr oder weniger gleich (weil gesetzlich vorgeschrieben). Grosse Unterschiede gibts hingegen bei den Prämien und bei der Ausgestaltung des Bonus-Malus-Systems. Achten Sie beim Abschluss einer Autohaftpflicht-Versicherung auf die folgenden Punkte:

- **Offerten:** Holen Sie bei mehreren Gesellschaften Offerten ein. Prämienunterschiede bis zu 80 Prozent sind keine Seltenheit, wie Vergleiche immer wieder zeigen.
- **Rabatte:** Verhandeln Sie mit der Versicherung über Ihre Bonusstufe. Die Gesellschaften können Ihnen beim Bonusrabatt entgegenkommen – besonders, wenn Sie etliche schadenfreie Jahre vorweisen können und wenn Sie bei dieser Gesellschaft noch andere Policen haben.
- **Antrag:** Halten Sie sich beim Ausfüllen des Antrags exakt an die Wahrheit. Verschweigen Sie keine früheren Schäden. Schieben Sie als Mann zum Prämiensparen nicht einen anderen Lenker vor – beispielsweise Ehefrau oder Partnerin –, wenn Sie selber den Wagen am meisten benutzen. Wenn die Versicherungsgesellschaft im Schadenfall solche falschen Angaben entdeckt, müssen Schwindler mit einer massiven Kürzung oder gar mit einer Verweigerung der Leistung rechnen.
- **Vertragsdauer:** Schliessen Sie nur Einjahresverträge ab, die sich automatisch um je ein weiteres Jahr verlängern. Schliessen Sie keinen Vertrag ab mit Gesellschaften, die auf eine längere Vertragsdauer pochen und deshalb für Einjahresverträge einen Zuschlag verlangen.
- **Versicherungsabschluss:** Es ist nicht notwendig, die Haftpflicht- und die Kaskoversicherung bei der gleichen Versicherungsgesellschaft abzuschliessen. Wählen Sie für jede der beiden Versicherungen die Gesellschaft mit dem besten Angebot aus.
- **Spezielle Angebote:** Junglenker sollten sich nach speziellen Produkten erkundigen. Sie profitieren zum Beispiel von Prämienreduktionen, reduziertem Selbstbehalt oder geringerem Bonusverlust im Schadenfall, wenn sie einen Verkehrssicherheits-Kurs absolvieren.
- **Kollektivverträge:** Einige grössere Firmen und Vereine haben Kollektivverträge mit Gesellschaften. Mitarbeiter oder Vereinsmitglieder profitieren so von besseren Konditionen. Erkundigen Sie sich.
- **Exklusivnutzung:** Sie können mit der Gesellschaft vereinbaren, dass nur eingetragene Personen das Auto lenken – und sonst niemand. Das kann eine Prämienreduktion bringen.

Gebäudeversicherung: Fast überall obligatorisch

Mieter haben es gut: Für den Schutz von Hab und Gut und bei Schäden an Dritten genügen üblicherweise eine Privathaftpflicht- und eine Hausratversicherung (siehe Seite 115 ff.). Hausbesitzer hingegen brauchen einige Versicherungen mehr.

Die Gebäudeversicherung – oftmals auch Feuer- und Elementarschaden-Versicherung genannt – ist praktisch in allen Kantonen obligatorisch. Sie deckt Schäden durch Feuer, Hagel, Hochwasser, Sturm, Überschwemmungen, Erdrutsch, Lawinen, Schneedruck, Felssturz und Steinschlag.

Grundlage für die Gebäudeversicherung ist die Versicherungssumme, die dem ortsüblichen Wiederherstellungswert des Gebäudes entspricht.

Die Gebäudeversicherung sollte man bereits bei der Grundsteinlegung abschliessen. Sie heisst dann während der Bauphase Bauzeitversicherung. Die Police ist jedem Bauherrn dringend zu empfehlen. Denn auf einer Baustelle kann vieles passieren: Es wird geschweisst, Funken könnten Chemikalien zur Explosion bringen. Heizgebläse in einem Raum könnten zum Trocknen aufgehängte Kleider der Handwerker entflammen. In all diesen Fällen springt die Bauzeitversicherung ein.

Die Gebäudewasser-Versicherung

Wenn in einem Haus Wasser aus einer Leitung ausläuft, kann Mobiliar Schaden nehmen – ein Fall für die Hausratversicherung (siehe Seite 116 ff.). Was aber, wenn auslaufendes Wasser Parkettböden und Tapeten zerstört oder einen anderen Schaden anrichtet, der nicht den Hausrat betrifft, sondern das Gebäude selbst?

Ist ein Sturm oder eine Überschwemmung schuld, zahlt diesen Schaden am Gebäude die Gebäudeversicherung. Ist hingegen ein

Versicherungsschutz für das Haus im Bau

Nebst der meist obligatorischen Bauzeitversicherung (siehe Text oben) sorgen zwei freiwillige Versicherungen für zusätzlichen Schutz während der Bauzeit.

■ **Bauherren-Haftpflichtversicherung:** Wer baut, haftet für Schäden, die Dritte auf der Baustelle oder durch die Bauarbeiten erleiden – das können Passanten, Nachbarn und deren Gebäude sein. Für solche Personen- und Sachschäden kann der Bauherr auch ohne Verschulden haftbar gemacht werden (Kausalhaftung). Schäden dieser Art übernimmt die Bauherren-Haftpflicht. Gleichzeitig wehrt sie unberechtigte Ansprüche ab.

■ **Bauwesenversicherung:** Bevor das Gebäude vollendet oder umgebaut ist, kann eine Bauwesenversicherung sehr nützlich sein. Sie deckt Schäden, die durch keine andere Versicherung abgedeckt sind, zum Beispiel: Beschädigungen oder Zerstörungen, verursacht durch Unfälle wie Baugrubeneinstürze, Schäden an der Fassade durch ein einstürzendes Gerüst und mutwillige Sachbeschädigungen und Diebstähle auf der Baustelle.

6
Sozialwerke, Private Versicherungen

Rohrleitungsbruch im Haus die Ursache für das auslaufende Wasser, sind die Folgeschäden am Gebäude nicht versichert – ausser man hat die freiwillige Gebäudewasser-Versicherung. Fachleute nennen sie deshalb auch Leitungswasser-Versicherung.

Der konkrete Deckungsumfang ergibt sich aus den allgemeinen Versicherungsbedingungen (AVB). Versichert sind unter anderem Schäden durch gebäudeeigene Wasserleitungen, durch Zuleitungen zum Haus, Gebäudeschäden durch Regen- und Schmelzwasser, das durch ein undichtes Hausdach eindringt, sowie Schäden durch lecke Heizöltanks.

Die Gebäudehaftpflicht-Versicherung für Eigentümer

Fällt jemandem ein Ziegel oder eine Dachlawine auf den Kopf, stolpert ein Gast auf der schadhaften Treppe, rutscht ein Kind auf dem vereisten Vorplatz aus, kann ein Kleinkind durch ein Balkongitter schlüpfen und stürzt dann ab, haftet grundsätzlich der Hauseigentümer.

Für Besitzer eines Einfamilienhauses genügt dafür die «normale» Privathaftpflicht-Versicherung (siehe Seite 115 f.). Genauer: Sie genügt für Eigentümer von selbst bewohnten Einfamilien- sowie von selbst bewohnten Mehrfamilienhäusern mit maximal drei Wohnungen (ohne Gewerbeteil). Das gilt auch für das Ferienhaus, sofern es nicht vermietet wird.

Die Privathaftpflicht-Versicherung eines Hausbesitzers deckt einen Schaden auch dann, wenn jemand in einen offenen Schacht, in eine Grube, in den Gartenteich oder in ein ungesichertes Schwimmbassin stürzt.

Besitzer von Einfamilienhäusern müssen also – nach Abschluss der Bauarbeiten – keine zusätzliche Gebäudehaftpflicht-Versicherung abschliessen, sofern sie bereits eine Privathaftpflicht-Versicherung haben.

Die Haftpflicht-Police für Stockwerkeigentümer

Anders sieht es bei der Eigentümergemeinschaft aus, zum Beispiel bei Besitzern einer Eigentumswohnung, oder wenn in einer Reihenhaus-Siedlung auch gemeinsames Eigentum besteht, zum Beispiel die Tiefgarage oder Wege zwischen den Häusern.

Auch hier haften grundsätzlich die Eigentümer – wenn zum Beispiel jemand auf einem vereisten Weg ausrutscht oder in die Tiefe stürzt, weil ein Treppengeländer defekt war.

Um solche Risiken abzudecken, sollte die Eigentümergemeinschaft eine separate Gebäudehaftpflicht-Versicherung haben. Sie kommt für berechtigte Schadenersatzforderungen auf, die auch hier in die Hunderttausende von Franken gehen können.

Abgedeckt sind beim gemeinsamen Grund- und Hauseigentum insbesondere:
- Personen- und Warenaufzüge
- Kinderspielplätze

- Abstellplätze und Einstellhallen für Motorfahrzeuge
- gemeinsame Schwimmbassins
- Nebengebäude (Geräteschuppen, Treibhäuser und so weiter)

Wenn Stockwerkeigentümer ihre Wohnung umbauen, genügt die gemeinsame Haftpflicht-Police nicht, um sich gegen Schäden an benachbartem Stockwerkeigentum abzusichern. Hier ist eine Bauwesenversicherung notwendig, um beispielsweise Wasserschäden oder grobe Risse im Mauerwerk des Nachbarn abzusichern.

Besitzer von Eigentumswohnungen sollten auch bei der Gebäudeversicherung und bei der Gebäudewasser-Versicherung eine gemeinsame Police abschliessen.

Auch eine gemeinsame Gebäudeglasversicherung kann sinnvoll sein, besonders in Mehrfamilienhäusern mit verglasten Eingangstüren sowie Lichtkuppeln und Oberlichtern im Treppenhaus und in gemeinsam genutzten Räumen.

Sachversicherungen für Stockwerkeigentümer

Wohnungs- und Hausbesitzer können nebst ihrem Mobiliar auch Brüche von Fensterscheiben, Glastüren, Glaskeramikherden, Klosetts, Lavabos und Küchenabdeckungen aus Stein in ihrer Hausratpolice versichern. Das ist viel günstiger als eine separate Glasbruchversicherung.

Allerdings stellt sich hier für Stockwerkeigentümer ein spezielles Problem: Die Hausratversicherung kommt nur für Schäden in der Wohnung des Versicherten auf. Für die Haustüre des Wohnblocks und für gemeinsam genutzte Räume braucht es eine separate Versicherung, die bei Bedarf auch für das Austauschen von Türschlössern aufkommt.

7 Kranken- und Unfallversicherung
Die wichtigsten Details zur Krankenkasse

Jede Person mit Wohnsitz in der Schweiz muss sich bei einer Schweizer Krankenkasse versichern. Die obligatorische Grundversicherung kommt für alle notwendigen medizinischen Behandlungen auf. Allerdings: Die Kassenbeiträge sind hoch. Da ist es nützlich, wenn man die Tricks zum Prämiensparen kennt.

Ob Schweizer oder Ausländer: In der Schweiz sind im Krankheitsfall alle bestens aufgehoben. Die Schweiz verfügt über ein qualitativ hervorragendes Gesundheitssystem. Im internationalen Vergleich klassiert sich das Schweizer Gesundheitswesen in den vorderen Rängen.

Die Gesundheit ist den Schweizern nicht nur lieb, sondern auch teuer: Die Gesundheitskosten in der Schweiz wachsen seit Jahren unaufhörlich. Im Jahr 2007 beliefen sich die Gesamtkosten für das Gesundheitswesen auf 55,3 Milliarden Franken. Das entspricht 10,8 Prozent des Bruttoinlandproduktes (BIP). Damit leistet sich die Schweiz im internationalen OECD-Vergleich das drittteuerste Gesundheitssystem. Nur die USA (16 Prozent) und Frankreich (11 Prozent) kommen auf noch höhere BIP-Anteile.

Ein Ende der Kostenspirale ist nicht abzusehen. Im Gegenteil: Berechnungen gehen davon aus, dass die Gesundheitskosten im Jahr 2010 auf über 60 Milliarden ansteigen könnten.

Das hat Folgen für die Krankenversicherten: Im Zuge der ungebremsten Kostenentwicklung steigen auch die Krankenkassenbeiträge Jahr für Jahr.

Krankenversicherung: Auch für Ausländer obligatorisch

Das Schweizer Krankenkassensystem ist in zwei Versicherungsbereiche aufgeteilt: die obligatorische Grundversicherung (Krankenpflege-Versicherung nach KVG) und die freiwilligen Zusatzversicherungen (siehe Seite 140 ff).

Nach dem Schweizer Krankenversicherungsgesetz (KVG) ist jede Person mit Wohnsitz in der Schweiz verpflichtet, bei einer Schweizer Krankenkasse eine Krankenpflege-Versicherung (obligatorische Grundversicherung) abzuschliessen. Die gesetzlich vorgeschriebene Krankenversicherung deckt die Kosten für medizinische Behandlungen infolge von Krankheit, Unfall und Mutterschaft (siehe Seite 126 ff.).

TIPP

Die Krankenversicherung im Internet

Auf diesen Internetseiten finden Sie viele nützliche Infos zur Krankenversicherung:

- www.bag.admin.ch Auf der Homepage des Aufsichtsamtes stehen alle Infos zu den Kassenbeiträgen (Prämien), alle offiziellen Verlautbarungen und sämtliche Ausführungsbestimmungen und Verordnungen für die obligatorische Grundversicherung.
- www.kvg.org Hier gibts Infos für Ausländer in der Schweiz und zur Versicherungspflicht von Grenzgängern (siehe Seite 60).
- www.santesuisse.ch Auch die Homepage des Verbandes der Schweizer Krankenversicherer bietet viele nützliche Infos.

Wer seinen Wohnsitz in die Schweiz verlegt, hat drei Monate Zeit, um sich bei einer Schweizer Krankenkasse anzumelden (siehe Musterbrief Seite 139).

Um die Krankenversicherung muss sich jede Person selber kümmern. Es ist in der Schweiz nicht üblich, dass der Arbeitgeber den Beitritt zur Krankenversicherung arrangiert oder die Versicherungsbeiträge zahlt. Und: Die Schweizer Krankenversicherung deckt nur Einzelpersonen ab. Jedes Familienmitglied braucht deshalb eine eigene Police.

Eltern müssen ihre Kinder spätestens drei Monate nach der Geburt bei einer Krankenkasse versichern. Erfolgt die Anmeldung erst nach Ablauf der Drei-Monats-Frist, müssen Betroffene (oder Eltern) einen Prämienzuschlag zahlen.

Befreiung von der Versicherungspflicht

In einigen speziellen Fällen ist es möglich, sich von der Versicherungspflicht befreien zu lassen – vorausgesetzt, man verfügt über einen mindestens gleichwertigen ausländischen Versicherungsschutz. Dies gilt zum Beispiel für
- Personen, die aufgrund eines Austauschs, eines internationalen Programms oder einer Lehrtätigkeit in der Schweiz leben (etwa Studenten, Stagiaires, Praktikanten, Forscher und Dozenten);
- Angestellte, die für eine begrenzte Zeit von einer ausländischen Firma in die Schweiz geschickt werden;
- Diplomatisches Personal und Personen, die für eine internationale Organisation arbeiten;
- Grenzgänger: Wer sich von der Versicherungspflicht befreien lassen will, muss bei der zuständigen kantonalen Stelle ein Gesuch einreichen. Am besten verlangen Sie beim Einwohnermeldeamt Ihrer Wohngemeinde ein entsprechendes Antragsformular.

IN DIESEM KAPITEL

- 124 Die obligatorische Grundversicherung
- 126 Der Leistungskatalog: Das zahlt die obligatorische Grundversicherung
- 128 Behandlung nur im Inland – ausser im Notfall
- 130 Brillengläser und Kontaktlinsen
- 131 Den Zahnarzt muss man meist selber zahlen
- 132 Die Kostenbeteiligung der Versicherten: Franchise und Selbstbehalt
- 132 Arztrechnungen: So läuft es mit der Rückerstattung
- 133 Krankenkassenprämien: So viel kostet die obligatorische Grundversicherung
- 135 Sparmöglichkeiten bei der Krankenkasse
- 135 Die Prämienverbilligung
- 136 Sparen mit der Wahlfranchise
- 137 Sparen mit dem Hausarzt- und HMO-Modell
- 138 Das Sparmodell Telemedizin
- 138 So wechseln Sie zu einer günstigeren Kasse
- 140 Freiwillige Zusatzversicherungen
- 142 Unfallversicherung: Sache des Arbeitgebers
- 142 Unfallversicherung sistieren: So gehts
- 143 Unfall und Notfall: Sanitäts-Notruf 144

Ratgeber zum Thema

Zu den in diesem Kapitel behandelten Themen finden Sie weitere Infos in folgenden Ratgebern:
- K-Tipp-Ratgeber: «So sind Sie richtig versichert»
- Saldo-Ratgeber: «Die Rechte der Patienten»
- Saldo-Ratgeber: «Unfall-Opfer und ihre Ansprüche»

> **TIPP**
>
> ### Einen Arzt finden schon vor dem ersten Notfall
>
> Wer den Wohnort wechselt, sollte sich möglichst bald nach einem neuen Hausarzt umschauen. Auch den Kinder- und den Zahnarzt sollte man aussuchen, bevor man ihn braucht.
>
> Wer einen neuen Arzt sucht, fragt am besten Freunde und Bekannte, ob sie einen empfehlen können. Auch eine Anfrage bei Spitälern kann sich lohnen: Sie wissen, welche Ärzte sich kürzlich mit einer neuen Praxis selbständig gemacht haben. Diese Ärzte sind fachlich auf dem aktuellsten Stand und haben noch keine vollen Wartezimmer.
>
> Wer bei der obligatorischen Grundversicherung ein Hausarzt-Modell wählt, erhält von seiner Krankenkasse eine Liste mit Hausärzten zur Auswahl (siehe Seite 137). Auch beim HMO-Versicherungsmodell erübrigt sich die Suche nach einem Hausarzt. Erste Anlaufstelle für Patienten ist dann die HMO-Gemeinschaftspraxis (siehe Seite 137).
>
> Unter www.doktor.ch sind praktisch alle zugelassenenen Ärzte in der Schweiz nach Fachbereich und Region aufgelistet.

Freie Wahl der Kasse – auch für Kranke, Betagte

In der Schweiz gibt es rund 80 Krankenkassen (Stand 2010), rund die Hälfte davon ist gesamtschweizerisch tätig. Die Krankenversicherungen sind privatwirtschaftliche Unternehmen, es gibt keine staatliche Krankenkasse.

Die obligatorische Grundversicherung ist im Krankenversicherungsgesetz KVG geregelt – bis ins kleinste Detail. Die wichtigsten Punkte:

- **Freie Kassenwahl:** Jedermann darf seine Krankenkasse unter Einhaltung der Kündigungsfrist verlassen und sich einer beliebigen neuen Kasse anschliessen – selbst im hohen Alter. Wie das geht, lesen Sie ab Seite 138.
- **Aufnahmepflicht:** Egal ob jung oder alt, gesund oder krank, Mann oder Frau – die Krankenkassen müssen jede Person ohne Vorbehalte und ohne Gesundheitsprüfung in die Grundversicherung aufnehmen.
- **Keine Wartefrist:** In der obligatorischen Grundversicherung gibt es keine Karenzfristen. Wer neu in eine Kasse eintritt, ist sofort für alle Leistungen und auch für schon bestehende Krankheiten versichert.
- **Leistungsumfang:** Der Leistungskatalog der Grundversicherung ist im Krankenversicherungsgesetz verbindlich festgelegt (siehe unten). Alle Grundversicherten haben demnach Anspruch auf die gleichen Leistungen – egal, ob man bei einer teuren oder günstigen Kasse versichert ist. Die Krankenkassen dürfen weder weniger noch mehr bezahlen.

Der Leistungskatalog: Was die obligatorische Grundversicherung zahlt

Die obligatorische Grundversicherung bietet einen umfassenden Versicherungsschutz für alle notwendigen medizinischen Behandlungen. Wer bei einer Krankenkasse versichert ist, hat Anspruch darauf, dass die Kasse seine vollen Heilungskosten (Arzt, Spital, Medikamente usw.) zahlt.

Beachten Sie aber: Die Versicherten müssen stets eine Kostenbeteiligung (Franchise und

Selbstbehalt) zahlen (siehe Seite 132 ff.).

Bei Unfällen zahlt prinzipiell ebenfalls die Krankenkasse. Die allermeisten Angestellten sind aber über ihren Betrieb obligatorisch unfallversichert – und dann springt die Unfallversicherung ein (siehe Seite 142 f.).

Nachfolgend steht in groben Zügen, was die obligatorische Grundversicherung zahlt. Der Leistungskatalog wird laufend angepasst. Details dazu finden Sie auf der Homepage des Bundesamts für Gesundheit www.bag.admin.ch → Themen → Krankenversicherung → Leistungen.

Die Kasse zahlt alle Ärzte – auch die teuren

Grundsätzlich deckt die obligatorische Krankenpflege-Versicherung alle anerkannten Behandlungen, die von einem zugelassenen Arzt oder einer zugelassenen Ärztin vorgenommen werden. Bezahlt sind auch vom Arzt angeordnete Untersuchungen wie Labor oder Röntgen.

Wer zum Arzt muss, kann in der Schweiz grundsätzlich jeden Arzt für ambulante Behandlungen aufsuchen. Die Kasse muss aber (ausser in Notfällen) nur den Tarif übernehmen, der am Wohn- oder Arbeitsort der betreffenden Person beziehungsweise «in deren Umgebung» gilt.

Wer in der ganzen Schweiz von Arzt zu Arzt reist, muss also damit rechnen, dass seine Krankenkasse nicht die ganzen Arztrechnungen vergütet.

Behandlung durch Angehörige von Pflegeberufen

Den Ärztinnen und Ärzten gleichgestellt sind Chiropraktoren und Hebammen. Für die Behandlung durch Chiropraktoren braucht es also keine ärztliche Verordnung.

Bezahlt sind auch die Verrichtungen durch Angehörige von Pflegeberufen, falls sie auf Anordnung eines Arztes oder einer Ärztin einen Patienten oder eine Patientin behandeln.

Die Liste dieser Berufe ist ebenfalls gesetzlich festgelegt: Sie umfasst die zugelassenen Apotheker, Ergotherapeuten, Physiotherapeuten, Krankenschwestern und -pfleger, Logopäden und Ernährungsberater (aber nur bei schweren Krankheiten).

Auch bei den anderen medizinischen Berufen sind der Umfang der kassenpflichtigen Leistungen und die entsprechenden Tarife präzise festgelegt.

Im Krankenhaus ist die allgemeine Abteilung bezahlt

Bei Spitalaufenthalten übernimmt die obligatorische Grundversicherung zeitlich unbeschränkt die Kosten der allgemeinen Abteilung eines öffentlichen Akutspitals im Wohnkanton. Das Krankenhaus muss auf der kantonalen Spitalliste aufgeführt sein.

Wer sich aus privaten Gründen (oder weil ein bevorzugter Arzt nur dort operiert) in einem ausserkantonalen Spital behandeln lässt, muss damit rechnen, dass die Kasse nicht alles zahlt, sondern nur die Tagespauschalen gemäss

Tarif im Wohnkanton. Das kann ins Auge gehen, wenn im anderen Kanton höhere Tagesansätze zur Anwendung kommen. Wer sich ausserkantonal behandeln lässt, sollte sich vorher unbedingt bei der Kasse nach den Kostenfolgen erkundigen.

Allerdings: Wenn eine bestimmte medizinische Behandlung im Wohnkanton nicht möglich ist, ist die Behandlung in einem anderen Kanton voll bezahlt; dazu ist eine Kostengutsprache des Kantonsarztes nötig.

Auch in Notfällen ist die Behandlung in jedem Spital der Schweiz gemäss kantonaler Spitalliste gewährleistet. Aufpassen müssen Sie aber, wenn Sie notfallmässig in einem Spital landen, das keine allgemeine Abteilung hat. Die Krankenkasse muss in einem solchen Fall nur den Tarif der allgemeinen Abteilung zahlen.

Lassen Sie sich deshalb in solchen Fällen sofort in ein anderes Krankenhaus verlegen, sobald das medizinisch möglich ist. Falls Sie sich nicht gleich verlegen lassen, müssen Sie den Aufpreis für die private Abteilung selber zahlen.

Medizinische Rehabilitation und Badekuren

Vor allem nach schweren Operationen benötigen Patientinnen und Patienten oft eine gezielte Rehabilitation, um wieder ganz gesund zu werden. Zu den Behandlungen gehören Gymnastik, Arbeitstherapie, Physiotherapie usw.

Behandlung nur im Inland – ausser in Notfällen

Im Prinzip übernimmt die Grundversicherung nur Leistungen, die in der Schweiz erbracht werden. Das gilt etwa für Arztbesuche: Wer für eine spezielle Behandlung gezielt ins Ausland fährt, kann nicht mit einer Bezahlung rechnen – es sei denn, diese Behandlung ist in der Schweiz gar nicht möglich.

Aber: Falls jemand als Tourist im Ausland eine Notfallbehandlung benötigt, zahlt die Grundversicherung maximal das Doppelte dessen, was die Behandlung im Wohnkanton gemäss Kassentarif gekostet hätte.

Tipp: Nehmen Sie bei Reisen ins europäische Ausland immer Ihre Europäische Krankenversicherungskarte mit. Für gewisse Länder (z. B. USA, Australien, Japan) ist eine Reiseversicherung dringend zu empfehlen.

Auch Medikamente müssen in der Schweiz bezogen werden. Kauft jemand Medikamente im nahen Ausland, muss die Kasse aus der Grundversicherung im Prinzip nichts zahlen. Viele Kassen tun es aber trotzdem, weil solche Einkäufe im Ausland oft billiger sind.

Auch bei Brillen- und Kontaktlinsenkäufen oder bei Zahnarztbesuchen im nahen Ausland übernehmen etliche Kassen die entsprechenden Kosten. Es lohnt sich, bei der Krankenkasse nachzufragen.

Mehr noch: Einige Krankenkassen haben Verträge mit süddeutschen Rehabilitationskliniken geschlossen und ermuntern ihre Versicherten, sich dort in die Reha zu begeben – auch wenn die Behandlung aus der Grundversicherung gezahlt wird.

Die Kasse wird die vollen Kosten (inklusive Unterbringung und Verpflegung) aber nur dann begleichen, wenn der Aufenthalt medizinisch notwendig ist und wenn er von einem Arzt angeordnet wurde. Vor dem Eintritt in eine Reha-Klinik sollte man bei der Krankenkasse zur Sicherheit abklären, ob die Kasse die Kosten für die gewählte Klinik übernimmt.

Bei ärztlich angeordneten Badekuren zahlt die Grundversicherung die Kosten für Arzt, Therapien und Medikamente in vollem Umfang. Für Unterbringung und Verpflegung gibt es aber nur 10 Franken pro Tag. Und: Das Heilbad muss von den Krankenkassen anerkannt sein. Eine Liste der zugelassenen Heilbäder finden Sie im Internet unter **www.bag.admin.ch** → Themen → Krankenversicherung → Leistungserbringer.

Spitalexterne Pflege: Bezahlte Leistungen sind limitiert

Eine spitalexterne Pflege kann nötig sein nach der Entlassung aus dem Spital, bei Behinderung, bei chronischer Krankheit oder bei allgemeiner Altersschwäche. Von der Krankenkasse bezahlt sind aber nur die pflegerischen Massnahmen zu Hause. Für eine Haushaltshilfe (einkaufen, kochen, waschen, putzen) zahlt die Krankenkasse nichts.

Die Krankenkasse zahlt die Spitex-Pflegekosten auch nicht in unbegrenzter Höhe. Die Zahl der bezahlten Stunden ist limitiert. Zudem gelten kantonal unterschiedliche Höchst-Stundenansätze.

Besonders bei stark pflegebedürftigen Personen decken die bezahlten Tarife in der Regel nur einen Teil der anfallenden Kosten. Betroffene sollten deshalb prüfen, ob sie Anspruch auf Hilflosenentschädigung oder Ergänzungsleistungen haben. Sonst springt die Sozialhilfe ein (siehe Seite 108 f.).

Pflegeheim: Tarife decken die Kosten nicht

Auch im Pflegeheim zahlt die Kasse nur die medizinisch begründete Pflege. Für die Hotelkosten (Zimmer, Essen, Kleider waschen) müssen Patientinnen und Patienten selber aufkommen.

Dazu werden die Bewohner vom Arzt je nach Pflegebedürftigkeit in verschiedene Pflegebedarfsstufen eingeteilt. Diese Einstufung ist entscheidend dafür, wie viel die Grundversicherung der Krankenkasse zahlen muss. Die Leistungen der Krankenkassen unterscheiden sich von Kanton zu Kanton – abhängig von den ausgehandelten Tarifen – und decken die effektiven Kosten für die Pflege nicht.

Medikamente müssen auf der Spezialitätenliste sein

Medikamente sind im Prinzip dann bezahlt, wenn sie vom Arzt verschrieben wurden. Voraussetzung ist aber auch, dass sie in der sogenannten Spezialitätenliste aufgeführt sind; die Liste umfasst derzeit rund 2500 Medikamente und wird laufend dem medizinischen Fortschritt angepasst. In der Regel ist beim entsprechenden Präparat

Das gilt bei Brillengläsern und Kontaktlinsen

Die obligatorische Grundversicherung zahlt periodisch an Brillengläser und Kontaktlinsen – aber nichts an die Brillenfassung. Erwachsene erhalten aus der Grundversicherung alle fünf Jahre 180 Franken, Kinder jedes Jahr 180 Franken. Für Kinder braucht es dazu immer das Rezept eines Augenarztes; Erwachsene müssen nur einmal zum Augenarzt (danach genügt ein Sehtest beim Optiker).

Bei sehr starken Sehfehlern zahlt die Grundversicherung mehr und/ oder häufiger. Fragen Sie Ihre Krankenkasse oder den Augenarzt.

Beachten Sie, dass auch hier die Kostenbeteiligung erhoben wird. Das heisst: Falls die Jahresfranchise noch nicht abbezahlt wurde, erhalten Sie für die Brillengläser kein Geld von der Krankenkasse (siehe Seite 133).

Wer von seiner Krankenkasse höhere Beiträge an Brillengläser und Kontaktlinsen will, kann dies über die Zusatzversicherungen erreichen: Sie zahlen oft auch ohne ärztliches Rezept und auch bei Kauf im Ausland. Es lohnt sich aber nicht, nur wegen einer Mehrvergütung für Brillen eine Zusatzversicherung abzuschliessen.

---

auch festgehalten, für welchen Zweck es zugelassen ist.

Die Liste mit den kassenpflichtigen Medikamenten finden Sie unter **www.bag.admin.ch** → Themen → Krankenversicherung → Tarife und Preise.

Apotheken können auch ein Generikum abgeben

Es kommt oft vor, dass Ärzte oder Spitäler ein zugelassenes Medikament für eine Behandlungsart einsetzen, für die es in der Spezialitätenliste gar nicht vorgesehen ist. Eine solche Verwendung ausserhalb der zugelassenen Indikation müssen die Krankenkassen im Prinzip nicht zahlen – ausser wenn für den Patienten Lebensgefahr besteht und es keine Alternativen gibt.

Apotheken dürfen anstelle der verschriebenen Originalpräparate Nachahmermedikamente (Generika) abgeben, sofern der Arzt nicht ausdrücklich das Originalmedikament verschrieben hat. Besteht der Arzt auf dem Originalmedikament, schreibt er das Kürzel «sic!» auf das Rezept.

Auch für Patienten lohnt es sich, bei kassenpflichtigen Mitteln ein Generikum zu wählen. Denn seit 2006 bezahlt man quasi zur Strafe einen Selbstbehalt von 20 statt 10 Prozent, wenn man sich absichtlich vom Arzt ein Originalpräparat verschreiben lässt, von dem es in der Spezialitätenliste ein günstigeres Generikum gibt. Weiterhin 10 Prozent beträgt die Kostenbeteiligung des Versicherten, wenn der Arzt aus medizinischen Gründen auf der Verwendung des Originals beharrt.

Das gilt bei Schwangerschaft, Geburt und Abtreibung

Bei einer normal verlaufenden Schwangerschaft zahlt die Krankenversicherung acht Kontrollen (davon eine nach der Geburt); dazu gehören auch zwei Ultraschalluntersuchungen. Bei Risikoschwangerschaften übernimmt die Grundversicherung alle ärztlich angeordneten Untersuchungen und Behandlungen. Die Kasse zahlt auch die Kosten für die Geburt (zu Hause, im Spital oder in einem Geburtshaus).

Auf alle kassenpflichtigen Leistungen bei einer normal verlaufenden Mutterschaft müssen Frauen keine Franchise und keinen Selbstbehalt zahlen (siehe Seite 132).

■ Bei straflosem beziehungsweise legalem Schwangerschaftsabbruch übernimmt die Kasse die anfallenden Kosten.

Die Abtreibungspille Mifegyne wird von der Krankenkasse ebenfalls bezahlt, sofern die Schwangere die Voraussetzungen für einen straflosen Schwangerschaftsabbruch erfüllt.

■ Verhütungsmittel werden von der Krankenkasse nicht bezahlt.

■ Die Sterilisation beim Mann oder bei der Frau wird nur dann bezahlt, wenn der Frau durch eine Schwangerschaft ein erhebliches Gesundheitsrisiko droht und andere Verhütungsmethoden aus medizinischen Gründen nicht in Betracht kommen. Eine «normale» Unterbindung ist nicht bezahlt.

Vorsorgeuntersuchungen und Impfungen

■ Gynäkologische Vorsorgeuntersuchungen (inklusive Krebsabstrich) sind zuerst zwei Jahre hintereinander je einmal bezahlt. Ergeben sich bei diesen zwei Untersuchungen keine aussergewöhnlichen Befunde, ist eine Vorsorgeuntersuchung anschliessend alle drei Jahre bezahlt – sonst (bei Verdachtsmomenten) nach Anordnung des Arztes.

■ Bei Frauen sind auch Untersuchungen der Brust (Mammografie) bezahlt – entweder im Rahmen eines kantonalen Programms zur

Den Zahnarzt muss man fast immer selber zahlen

Löcher flicken, Plomben ersetzen und Zahnfleischbehandlungen wegen schlechter Mundhygiene zahlt die obligatorische Krankenversicherung nicht. Auch für die Korrektur von Zahnfehlstellungen (etwa Zahnspangen bei Kindern und Jugendlichen) gibts kein Geld aus der Grundversicherung.

Kurz: Die Grundversicherung kommt nur in sehr seltenen Fällen für Zahnarztkosten auf. Zum Beispiel dann, wenn eine schwere allgemeine Erkrankung die Zahnbehandlung nötig macht, oder wenn Zähne vorgängig behandelt werden müssen, um den erfolgreichen Verlauf einer weiteren ärztlichen Therapie sicherzustellen.

Anders bei Zahnunfällen: Hier sind die Zahnarztkosten immer gedeckt. Verliert zum Beispiel ein Kind beim Herumtollen einen Zahn, so zahlt die Krankenkasse den Zahnarzt. Das gilt auch bei Erwerbslosen. Bei Angestellten kommt in solchen Fällen die obligatorische Unfallversicherung des Arbeitgebers für die Zahnarztkosten auf (siehe Seite 142).

Früherkennung des Brustkrebses oder jederzeit, wenn der Arzt einen konkreten Verdacht hat oder falls ein familiär erbbedingtes erhöhtes Krebsrisiko besteht. Fragen Sie Ihren Frauenarzt oder Ihre Krankenkasse.

■ Die Grundversicherung zahlt auch eine Reihe von Impfungen, aber keine Reiseimpfungen.

Alle diese Massnahmen, die der Prävention dienen, werden auch dann bezahlt, wenn kein Verdacht auf eine Erkrankung besteht. Falls aber solche Anhaltspunkte existieren, kann der Arzt weitere Untersuchungen anordnen, die dann von der Grundversicherung übernommen werden müssen.

Die Kostenbeteiligung: Franchise und Selbstbehalt

Alle Versicherten müssen einen Teil der von ihnen verursachten Kosten mittragen. Der Umfang dieser obligatorischen Kostenbeteiligung steht im Gesetz. Da ist zunächst die ordentliche, gesetzlich vorgegebene Jahresfranchise von 300 Franken.

Die Franchise ist ein fester Jahresbetrag, den alle Erwachsenen ab 19 Jahren pro Jahr als Beitrag an die eigenen Heilungskosten selber zahlen müssen.

Die Jahresfranchise gilt für sämtliche Leistungen, die aus der Grundversicherung bezahlt sind

CHECKLISTE

Arztrechnungen: So läuft es mit der Rückerstattung

Für die einbezahlten Kassenbeiträge haben die Versicherten im Gegenzug Anspruch darauf, dass ihre Krankenkasse die anfallenden Arzt-, Medikamenten- und Spitalkosten übernimmt (abzüglich der Kostenbeteiligung des Versicherten, siehe Text oben).

■ Für Arztrechnungen gilt: In den meisten Kantonen erhält der Versicherte die Rechnung per Post vom Arzt; er muss sie dann bezahlen. So kann der Versicherte die Rechnung kontrollieren. Der Versicherte schickt dann das Original der Rechnung an seine Krankenkasse, die ihm den Betrag vergütet (abzüglich Kostenbeteiligung).

Tipp: Bezahlen Sie eine Arztrechnung erst dann, wenn Ihnen die Krankenkasse das Geld vergütet hat.

■ In einigen wenigen Kantonen schicken die Ärzte ihre Rechnung direkt der Krankenkasse, welche sie dann bezahlt. Der Arzt muss dem Patienten eine (kostenlose!) Kopie der Rechnung schicken, damit er sie kontrollieren kann.

■ Spitalrechnungen gehen in vielen Fällen direkt an die Krankenkassen. Das Spital muss dem Patienten aber gratis eine Kopie der Rechnung schicken, damit er sie kontrollieren kann. Es kann aber auch vorkommen, dass Spitalrechnungen direkt zum Patienten kommen (besonders bei Privat- und Halbprivatpatienten).

■ Apothekerrechnungen gehen meist direkt an die Krankenkasse, die sie bezahlt und beim Versicherten die Kostenbeteiligung oder den Anteil für die nicht versicherten Medikamente einfordert. Und auch hier: Die Apotheke muss dem Patienten gratis eine Kopie der Rechnung geben.

(siehe Seite 126 ff.), aber auch für Unfallbehandlungen, falls keine obligatorische Unfallversicherung zahlt (siehe Seite 142 f.).

Das bedeutet: Wer einmal im Jahr zum Arzt geht und dafür eine Rechnung von 290 Franken erhält, zahlt den ganzen Betrag selber. Erst wenn die Jahresfranchise abbezahlt ist, fliesst Geld von der Krankenkasse.

Neben der gesetzlich vorgeschriebenen Normalfranchise von 300 Franken bieten praktisch alle Kassen auch höhere Wahlfranchisen an. Das kann sich durchaus lohnen. Denn wer freiwillig einen höheren Teil der anfallenden Arzt- und Behandlungskosten selber trägt, zahlt tiefere Krankenkassenprämien (siehe Seite 135 ff.).

Der Selbstbehalt: Versicherte zahlen 10 Prozent selber

Zur Jahresfranchise hinzu kommt noch ein Selbstbehalt von 10 Prozent, der ebenfalls vom Gesetz obligatorisch vorgesehen ist – auch für Kinder. Das heisst: Wenn der Versicherte seine Franchise im betreffenden Jahr schon abbezahlt hat, muss er weiterhin von jeder Rechnung 10 Prozent selber übernehmen. Dieser Selbstbehalt ist aber bei Erwachsenen ab 19 Jahren auf maximal 700 Franken pro Jahr begrenzt (bei Kindern auf 350 Franken, Stand 2010).

Das heisst: Der Versicherte muss zusammen mit der ordentlichen Normalfranchise (300 Franken) pro Jahr höchstens 1000 Franken aus dem eigenen Sack berappen (Fr. 300.– plus Fr. 700.–) – egal wie teuer die Behandlung ist. Ist dieser Beitrag einmal erbracht, muss die Krankenkasse anschliessend alle Rechnungen zur Gänze übernehmen – immer vorausgesetzt, dass der Versicherte die ordentliche Jahresfranchise hat. Mit einer freiwilligen höheren Wahlfranchise ist die Kostenbeteiligung entsprechend höher.

Alleinstehende Personen (zum Beispiel Singles und Verwitwete) müssen zusätzlich noch einen Kostenbeitrag von 10 Franken pro Spitaltag bezahlen, ausser bei Mutterschaft.

Prämien: So viel kostet die obligatorische Grundversicherung

In der obligatorischen Grundversicherung gibt es bei den Kassenbeiträgen (Prämien) eine gewisse Solidarität: Die Gesunden zahlen für die Kranken, die Jungen für die Älteren, Männer zahlen gleich viel wie Frauen, Arbeiter gleich viel wie Millionäre. Wer häufig krank ist, muss also nicht höhere Beiträge zahlen. Anders ausgedrückt: Alle Erwachsenen zahlen beim gleichen Versicherer und in der gleichen Prämienregion die gleich hohen Beiträge.

Die wichtigsten Spielregeln bei der Prämiengestaltung

■ Die Krankenkassen dürfen die Prämien nicht beliebig festsetzen; vielmehr müssen die Tarife vom zuständigen Bundesamt für Gesundheit (BAG) jedes Jahr neu genehmigt werden.

- Die Prämien unterscheiden sich von Kanton zu Kanton – abhängig von den Krankheitskosten, die im betreffenden Kanton in Spitälern, Arztpraxen, Labors und Apotheken anfallen.
- Die meisten Kantone haben eine Einheitsprämie, die jeweils für den ganzen Kanton gilt. In einigen Kantonen variieren die Prämien je nach Bezirk. Die Prämien der Grundversicherung sind dann bei den einzelnen Kassen lediglich innerhalb dieser Regionen gleich. Teuer sind in der Regel die städtischen Gebiete, günstig die ländlichen Bezirke.

> **TIPP**
>
> **Teure oder günstige Kasse? So kommen Sie zu Prämieninfos**
>
> - Das Konsumentenmagazin K-Tipp publiziert in jedem Herbst – sobald die Prämien für das nächste Jahr offiziell genehmigt und bekannt sind – die wichtigsten Prämieninfos. Interessierte können dann auch einen kostenpflichtigen persönlichen Prämienvergleich bestellen, der unter anderem wertvolle Infos zu den Zusatzversicherungen enthält.
>   Unter **www.ktipp.ch/service/praemienrechner** können Sie Ihre Krankenkassenprämie online berechnen lassen und für 22 Franken den oben erwähnten schriftlichen Prämienvergleich bestellen.
> - Das Bundesamt für Gesundheit (BAG) veröffentlicht jedes Jahr eine kostenlose und vollständige Prämienübersicht. Sie enthält alle genehmigten Prämien für alle Franchisestufen sowie für alternative Versicherungsmodelle. Und zwar von sämtlichen Krankenkassen, die im jeweiligen Kanton tätig sind. Bestell-Hotline: Telefon 031 324 88 01, E-Mail: bag.praemienservice@bag.admin.ch.
>   Unter **www.praemien.admin.ch** läuft zudem ein elektronischer Prämienvergleich. Er zeigt Ihnen Ihre individuelle Prämie von allen an Ihrem Wohnort tätigen Krankenkassen.

In welche Prämienkategorie Ihr Wohnort eingeteilt ist, steht in den Prämieninfos, die Sie beim Bundesamt für Gesundheit erhalten (siehe Kasten unten).

Tipp: Teilen Sie Ihrer Kasse sofort mit, wenn Sie umziehen. Der Wechsel in einen anderen Kanton oder in eine andere Prämienregion innerhalb des Kantons kann zu einer tieferen Prämie führen.

- Kinder bis zum vollendeten 18. Altersjahr zahlen tiefere Krankenkassenbeiträge. Der Rabatt auf die Erwachsenenprämie beträgt im Schnitt um die 75 Prozent. Hat eine Familie bei der gleichen Krankenkasse mehr als zwei Kinder versichert, dürfen die Kassen ab dem dritten Kind einen zusätzlichen Rabatt gewähren.
- Den jungen Erwachsenen zwischen dem 19. und 25. Altersjahr können die Krankenkassen eine Prämienermässigung geben – sie müssen aber nicht. Der Rabatt ist also freiwillig und von Kasse zu Kasse verschieden hoch. In der Regel bewegt er sich zwischen 0 und 30 Prozent.
- Prämienrabatte sind in der Grundversicherung grundsätzlich nicht erlaubt, aber es gibt Sparvarianten (siehe Seite 135 ff.).
- Zwischen den einzelnen Krankenkassen gibt es teils markante Prämienunterschiede – für die genau gleiche, gesetzlich festgelegte Leistung (siehe Seite 126 ff.). Wer sich bei einer günstigen Kasse versichert oder die Kasse wechselt, kann ohne Nachteile viel Geld sparen. Ein Wechsel ist jedes Jahr möglich (siehe Seite 138 f.).

Sparen bei den Krankenkassenprämien

Die Krankenkassenbeiträge sind im Haushaltsbudet ein beachtlicher Ausgabenposten. Eine Familie mit zwei Kindern zahlt schnell einmal 1000 Franken im Monat, damit alle krankenversichert sind. Bei den Prämien der obligatorischen Grundversicherung lässt sich jedoch mit wenig Aufwand viel Geld sparen. Im besten Fall bis zu 50 Prozent.

■ Angestellte können auf die Unfalldeckung bei der Grundversicherung verzichten und so 5 bis 10 Prozent sparen. Voraussetzung: Sie arbeiten mehr als 8 Stunden pro Woche bei einem Arbeitgeber (siehe Seite 142).

Erhebliches Sparpotenzial ergibt sich auch mit einem Wechsel zu einer günstigeren Krankenkasse (siehe Seite 138 f.).

Darüber hinaus gibt es zwei weitere Arten, um in der obligatorischen Grundversicherung Prämien zu sparen:

■ Einerseits eine umfangreichere Kostenbeteiligung mit freiwillig erhöhter Franchise. Die versicherte Person zahlt einen höheren Teil der anfallenden Kosten selber und erhält dafür eine Prämienreduktion.

■ Die andere Variante ist die Einschränkung der Arztwahl. Die versicherte Person verpfichtet sich, nur bestimmte Ärzte oder Spitäler aufzusuchen, mit denen die Kasse günstige Tarife abgesprochen hat.

TIPP

Verlangen Sie Prämienverbilligung!

Wer «in bescheidenen wirtschaftlichen Verhältnissen» lebt, hat Anspruch darauf, dass der Wohnkanton einen Teil seiner Krankenkassenprämien für die Grundversicherung übernimmt.

In einigen Kantonen wird die individuelle Prämienverbilligung direkt an die Versicherten ausbezahlt. In anderen Kantonen geht sie an die Krankenkasse, die dann die Prämienrechnung des Versicherten entsprechend reduziert.

Jeder Kanton definiert anders, was «bescheidene wirtschaftliche Verhältnisse» sind. Deshalb sind die Anspruchsvoraussetzungen von Kanton zu Kanton verschieden – jeweils abhängig vom steuerbaren Einkommen, vom steuerbaren Vermögen und von den familiären Verhältnissen. Auch das Anmeldeprozedere ist unterschiedlich: Einige Kantone schreiben die Anspruchsberechtigten direkt an, in anderen Kantonen müssen sich die Betroffenen selber melden.

Die Liste mit den zuständigen kantonalen Anlaufstellen für die Prämienverbilligung ist beim Bundesamt für Gesundheit erhältlich (Telefon 031 324 88 01). Grössere Krankenkassen veröffentlichen die Liste regelmässig in ihrer Mitgliederzeitung. Im Internet finden Sie die Adressliste unter **www.praemien.admin.ch**.

Tipp: Fragen Sie bei der Gemeindeverwaltung, falls Sie die Anlaufstelle nicht finden.

Dieser Verzicht auf die sonst garantierte freie Arztwahl wird ebenfalls mit tieferen Prämien belohnt.

Wahlfranchisen: Sparen mit höherer Kostenbeteiligung

Fast alle Kassen bieten nebst der gesetzlich vorgeschriebenen Mindestfranchise von 300 Franken pro Jahr auch Wahlfranchisen an. Möglich sind bei Erwachsenen die Franchisenstufen 500, 1000, 1500, 2000 und 2500 Franken.

Ein Beispiel: Wählt man eine Franchise von 2500 Franken, reduzieren die Kassen die Prämie im Schnitt um 35 bis 45 Prozent. Wer dann zum Arzt muss, zahlt im betreffenden Kalenderjahr alles selber – und zwar bis zum Betrag von 3200 Franken. Diese Summe setzt sich zusammen aus der Jahresfranchise von 2500 Franken und dem zehnprozentigen Selbstbehalt, der aber auf 700 Franken pro Jahr begrenzt ist. Erst wenn die Arztkosten höher als 2500 Franken sind, erstattet die Kasse die Mehrkosten zurück.

Ob man mit einer höheren Franchise sparen kann, weiss man im Voraus nie genau. Als Faustregel für den Entscheid gilt: Wer gesundheitlich angeschlagen ist und häufig zum Arzt muss, bleibt mit Vorteil bei der gesetzlichen Jahresfranchise von 300 Franken. Auch bei Kindern lohnen sich freiwillige Wahlfranchisen nicht.

Junge und Gesunde hingegen, die voraussichtlich nie oder wenig zum Arzt gehen, können ohne Weiteres die höchste Wahlfranchise von 2500 Franken wählen.

Allerdings: Wer eine hohe Franchise hat, sollte diesen Betrag auf

---

CHECKLISTE

Das sind die wichtigsten Details zum Thema Wahlfranchise

- Versicherte können die Jahresfranchise jedes Jahr neu auf den Beginn des nächsten Kalenderjahres erhöhen oder senken – unabhängig davon, ob sich ihre Prämie ändert oder nicht. Es gibt derzeit (noch) keine Verpflichtung, über mehrere Jahre die gleiche Franchise beizubehalten.
- Wer eine hohe Wahlfranchise auf das nächste Jahr herabsetzen will, muss dies der Kasse bis spätestens am 30. November beziehungsweise bis am letzten Arbeitstag des Novembers mitgeteilt haben. Tun Sie es eingeschrieben, der Brief muss am letzten November-Arbeitstag bei der Krankenkasse eingetroffen sein.
- Wollen Sie die Franchise für das nächste Jahr erhöhen, können Sie dies der Kasse auch noch im Dezember mitteilen. Tun Sie es aber besser frühzeitig, damit die Kasse für die Umstellung genug Zeit hat.
- Einige Prämien sind bei den Franchisen 2000.– und 2500.– (fast) gleich hoch. Dann können Sie die 2000er-Franchise wählen.
- Die ebenfalls angebotenen Franchisen zu 500, 1000, 1500 und 2000 Franken lohnen sich finanziell bei «normaler» Versicherung mit freier Arztwahl nie.
- Falls Sie während des Kalenderjahres die Kasse wechseln oder an einen andern Wohnort umziehen, müssen Sie die Jahresfranchise dennoch nur einmal zahlen. Die neue Kasse muss den bereits bezahlten Betrag anrechnen. Auch die maximale Kostenbeteiligung pro Jahr wird deshalb nicht höher.

der hohen Kante haben. Fällt eine hohe Spitalrechnung an, müssen Betroffene die erwähnten 3200 Franken sofort zahlen können.

Prämien sparen mit dem Hausarzt-Modell

Wenn Sie sich verpflichten, bei jedem Gesundheitsproblem – ausser in Notfällen – zuerst zum gleichen Hausarzt zu gehen, können Sie bis zu 20 Prozent der Prämie sparen. Der Hausarzt ist dann immer erster Ansprechpartner und Koordinator für alle medizinischen Belange. Er entscheidet, ob der Beizug eines Spezialisten notwendig ist. Der direkte Gang zu gewissen Spezialisten – etwa Gynäkologe oder Augenarzt – ist aber immer noch erlaubt.

- Bei einigen Kassen kann jeder beliebige Arzt als erste Anlaufstelle gewählt werden. Andere geben eine Auswahl von Ärzten vor.
- Einige Hausarzt-Modelle verbinden die eingeschränkte Arztwahl mit der Verpflichtung, als Erstes ein medizinisches Callcenter anzurufen (siehe Seite 138).
- Bei Übertritt, Austritt und Kündigung gilt das Gleiche wie bei der HMO-Versicherung (siehe unten).

Prämien sparen mit dem HMO-Modell

Die Abkürzung HMO steht für Health Maintenance Organization, wörtlich: Gesundheitserhaltungs-Organisation. In HMO-Zentren arbeiten Ärztinnen und Ärzte verschiedener Fachrichtungen (darunter oft auch Gynäkologen, Kinderärzte und Therapeuten), die entweder von der Kasse angestellt sind oder pro Patient ein bestimmtes Budget zur Verfügung haben. HMO-Zentren (oft auch Gesundheitszentren genannt) gibt es vor allem in grösseren Städten und Agglomerationen.

HMO-Versicherte verpflichten sich, im Krankheitsfall zuerst immer dieselbe HMO-Gruppenpraxis aufzusuchen (ausser in Notfällen und allenfalls für Besuche beim Frauen- oder Augenarzt). Bei medizinischem Bedarf schicken die HMO-Mediziner ihre Patienten zu Spezialisten oder ins Spital.

Mit dem HMO-Modell können Versicherte zwischen 10 und 25

Prämien nicht bezahlt: Vorläufig kein Geld mehr von der Kasse

Wer die Prämien oder die Kostenbeteiligung der obligatorischen Grundversicherung nicht zahlt, muss mit gravierenden Konsequenzen rechnen. Die Kasse wird ihn mahnen und betreiben – und sobald sie in der Betreibung das Fortsetzungsbegehren gestellt hat, wird sie die Leistungen sistieren. Ab diesem Zeitpunkt erhalten Säumige also keine Vergütung mehr für ihre Arzt- oder Spitalrechnungen.

Das kann dazu führen, dass Apotheken keine Medikamente mehr abgeben. Oder dass Spitäler Patienten für eine terminlich planbare Operation (aber nicht bei Notfällen) abweisen. Sobald aber alle Ausstände beglichen sind (Prämien, Kostenbeteiligung, Mahngebühren, Verzugszinsen und Betreibungskosten), müssen die Kassen die sistierten Leistungen nachträglich übernehmen.

In der Regel springt in finanziellen Notlagen die Sozialhilfe ein (siehe Seite 108) und übernimmt die Ausstände. 2008 haben sich die Kantone und der Krankenkassenverband auf eine neue Lösung geeinigt: Die Kantone zahlen künftig 85 Prozent der unbezahlten Prämien der Grundversicherung, wenn ein Verlustschein vorliegt. Die Kassen verzichten im Gegenzug auf einen Leistungsstopp.

Prozent Prämien sparen. Die wichtigsten Details dazu:
- Falls Sie die höchste Franchise (2500 Franken) haben, ergibt sich mit dem HMO-Modell oft keine zusätzliche Einsparung. Dann können Sie darauf verzichten. Das gilt auch für das Hausarzt- und das Telemedizinmodell.
- Der Beitritt zum HMO-Modell ist auf Anfang jeden Monats möglich.
- Wer vom HMO-Modell in die «gewöhnliche» Grundversicherung zurückwechseln will (immer auf Anfang Jahr möglich), muss dies bis Ende November der Kasse mitgeteilt haben.

Das Sparmodell Telemedizin: Ärztlicher Rat per Telefon

Ebenfalls sparen kann man mit dem Modell «vorgängige telefonische Beratung», auch Telemedizin genannt. Wer sich so versichert, muss vor jedem Arztbesuch oder vor jedem Eintritt ins Spital eine Hotline anrufen, wo medizinische Fachpersonen Auskunft geben.

Die Versicherten erhalten hier eine Prämienreduktion bis 20 Prozent – je nach Kasse. Einige Kassen kombinieren das Telemedizinmodell mit einem HMO- oder Hausarztmodell. Dann ist die Prämienersparnis grösser.

Die Verpflichtung, vorher anzurufen, gilt nicht in Notfällen. Und auch nicht bei gynäkologischen Vorsorgeuntersuchungen und Besuchen beim Augenarzt. Je nach Reglement sind noch weitere Behandlungen nicht «meldepflichtig» – zum Beispiel Impfungen oder Besuche beim Kinderarzt.

So wechseln Sie zu einer günstigeren Kasse

Seit Jahren steigen die Gesundheitskosten in der Schweiz unaufhaltsam an. Das bekommen auch die Versicherten zu spüren. Auf das Jahr 2010 hin stiegen die Krankenkassenprämien in der obligatorischen Grundversicherung im Durchschnitt um 11 Prozent. Für einzelne Versicherte verteuerte sich die Krankenversicherung gar um 20 Prozent und mehr.

Die Erhöhungen einfach murrend akzeptieren ist die falsche Taktik. Jedem Versicherten ist freigestellt, sich nach einer günstigeren Krankenkasse umzuschauen. Wer von einer teuren zu einer günstigeren Kasse wechselt, kann pro Jahr locker 1000 Franken sparen.

Holen Sie Prämieninfos ein, damit Sie wissen, welche Kassen an Ihrem Wohnort günstig sind. Am einfachsten geht dies im Internet (siehe Kasten Seite 134).

Wechsel der Krankenkasse: Das Wichtigste in Kürze

Diese Punkte sollten Sie beachten, wenn Sie die obligatorische Grundversicherung zu einem günstigeren Anbieter transferieren möchten:
- Jede Person kann die Grundversicherung auf Ende Jahr wechseln. Das gilt auch für Kranke in Behandlung oder Schwangere sowie für ältere Personen. Die neue Kasse muss jeden Antragsteller aufnehmen – ohne Wenn und Aber. Der Leistungsumfang ist bei allen Kassen gleich.

Musterbrief für die Anmeldung der Grundversicherung bei einer neuen Krankenkasse

(Absender)
Vorname
Name
Strasse
PLZ/Ort
Geburtsdatum

Einschreiben
(Adresse der Krankenkasse)

Anmeldung für die obligatorische Grundversicherung

Sehr geehrte Damen und Herren
Hiermit melde ich mich bei Ihrer Krankenkasse für die obligatorische Krankenpflege-Versicherung nach KVG ab *(Datum einsetzen)* wie folgt an:

Gewünschte Franchise _____
(300, 500, 1000, 1500, 2000, 2500 Franken)
Unfalldeckung (ja/nein) _____
Prämienzahlung _____
(monatlich, zweimonatlich, viertel-, halbjährlich, jährlich)
Meine Bank- oder Postverbindung _____
(Konto und Adresse)

Bitte teilen Sie meiner bisherigen Krankenkasse (Police in Kopie beiliegend) mit, dass ich ab *(Datum einsetzen)* bei Ihnen versichert bin.

Ort/Datum   Mit freundlichen Grüssen

                                                (Unterschrift)

Beilagen:
– Kopie meines aktuellen Krankenkassen-Ausweises
– Kopie der Kündigung an den bisherigen Versicherer

■ Ihr Kündigungsbrief muss spätestens am 30. November bei der bisherigen Kasse eingetroffen sein. Sie haben also genug Zeit, sich die Sache in aller Ruhe zu überlegen. Die Anmeldung bei der neuen Kasse können Sie auch noch im Dezember abschicken.

■ Achten Sie darauf, dass Sie nur die Grundversicherung kündigen und nicht auch die Zusatzversicherung.

■ Lassen Sie sich nicht abwimmeln! Mit dem Musterbrief auf Seite 139 können Sie die Aufnahme erzwingen. Dies gilt auch für den Fall, dass Sie eine Offerte verlangen, aber keine erhalten. Es kommt vor, dass die Kassen Offertanfragen von älteren Personen «vergessen».

■ Lassen Sie generell keine Krankenkassenvermittler ins Haus, die sich von sich aus telefonisch bei Ihnen melden, um Ihnen beim Prämiensparen zu helfen.

■ Sie müssen Grund- und Zusatzversicherungen nicht bei derselben Kasse abschliessen. Wenn Sie für die Grundversicherung zu einem günstigeren Anbieter wechseln, müssen Sie nicht befürchten, dass Ihnen Ihre bisherige Kasse allfällig vorhandene Zusatzversicherungen kündigt. Es kann allerdings sein, dass Sie gewisse Rabatte verlieren.

Zusatzversicherungen: Ein freiwilliger Luxus

Neben der Grundversicherung bieten die Krankenkassen diverse Zusatzversicherungen an für Leistungen, die von der obligatorischen Krankenversicherung nicht bezahlt werden.

Aber: Mit der obligatorischen Krankenpflege-Versicherung ist die medizinische Grundversorgung gewährleistet. Freiwillige Zusatzversicherungen sind also aus unmittelbar medizinischen Gründen nicht nötig. In einigen Punkten bieten sie jedoch Ergänzungen, die im Einzelfall nützlich sein können.

Das Angebot an Zusatzversicherungen ist gross. Jede Kasse bietet eine Vielzahl von Produkten an, die sich grob in zwei Hauptgruppen einteilen lassen.

■ **Spital-Zusatzversicherungen:** Sie decken die Kosten für die private Abteilung (Einbettzimmer) oder halbprivate Abteilung (Zweibettzimmer) im Spital. Wer privat oder halbprivat versichert ist, kann zudem den behandelnden Arzt im Spital selber wählen. Zudem erlaubt die klassische Spital-Zusatzversicherung auch die freie Wahl des Spitals in der ganzen Schweiz.

Daneben gibt es auch Flex-Modelle, bei denen man erst bei Spitaleintritt die Abteilung wählt und sich die Versicherten an den Mehrkosten für die Halbprivat- oder Privatabteilung beteiligen.

■ **Krankenpflege-Zusatzversicherungen:** Sie werden auch als ambulante Zusatzversicherungen bezeichnet und kommen für gewisse Kosten auf, die in der Grundversicherung nicht oder nur teilweise gedeckt sind. Dazu zählen zum Beispiel komplementäre Behandlungsmethoden (Alternativmedizin), nicht kassenpflichtige Medikamente, Beiträge an Zahnarztkosten und ans Fitness-Abo, Behandlung in einem ausserkantonalen Spital oder besondere Leistungen im Ausland.

Allerdings: Krankenpflege-Zusatzversicherungen sind oft nur als Kombipaket mit den unterschiedlichsten Leistungselementen erhältlich. Jede Kasse bestimmt selber, was in den einzelnen Zusatzversicherungen enthalten ist. Die Angebote sind deshalb nicht direkt miteinander vergleichbar. Kunden müssen selber herausfinden, welche Kasse für ihre Bedürfnisse die beste Leistung bietet (siehe Kasten unten).

Krankenversicherer können Antragsteller ablehnen
Anders als bei der Grundversicherung sind die Krankenkassen völlig frei in der Ausgestaltung der Zusatzversicherungen. Zudem gibt es für die Versicherer keinen Vertragszwang. Das heisst: Die Krankenversicherungen können bei der Zusatzversicherung Antragsteller ablehnen (etwa aufgrund ihres Alters oder ihrer Krankheitsgeschichte) oder Antragsteller nur unter bestimmten Bedingungen aufnehmen. Das führt auch dazu, dass praktisch nur Gesunde und Jüngere bestehende Zusatzversicherungen wechseln können.

Mit dem Versicherungsantrag muss man einen Gesundheitsfragebogen ausfüllen. Wer hier etwas Wichtiges verschweigt oder falsche Angaben macht, muss mit der sofortigen Kündigung rechnen, wenn die Krankenkasse etwas davon erfährt. Mehr noch: Die Kasse kann Zahlungen verweigern, wenn ein klarer Zusammenhang besteht zwischen dem neu aufgetretenen Leiden und einer verschwiegenen Gesundheitsstörungt.

CHECKLISTE

Ambulante Zusatzversicherungen: Das ist zu bedenken

- Prüfen Sie, ob Sie diese Deckung wirklich brauchen. Häufig sind die Leistungen aus der Grundversicherung ausreichend. Sie gehen kein grosses finanzielles Risiko ein, wenn Sie auf Krankenpflege-Zusätze verzichten und die entsprechende Behandlung selber zahlen.
- Bei vielen Zusätzen zahlt man für kleine Annehmlichkeiten unverhältnismässig hohe Prämien.
- Definieren Sie vor dem Abschluss Ihr Bedürfnis. Erst dann entscheidet sich, welches Kombipaket für Sie geeignet ist.
- Die Krankenpflege-Zusätze sind meistens nur in ganzen Leistungspaketen – und teils erst noch in verschiedenen Leistungsstufen – erhältlich und enthalten die unterschiedlichsten Deckungen. Wer also ein Versicherungsprodukt wählt, weil es zum Beispiel einen Beitrag an die Kosten eines Fitnesscenters übernimmt, zahlt ungewollt auch für Deckungen, die gar nicht erwünscht sind. Es lohnt sich also nicht, nur wegen des Fitnesscenter-Beitrages eine Zusatzversicherung abzuschliessen.
- Bei vielen kleinen Zusatzversicherungen erhalten die Versicherten auch Gutscheine für allerlei Kurse, die im weitesten Sinne mit Gesundheitsförderung zu tun haben. Auch hier: Nur wegen solcher Gutscheine lohnt es sich nicht, eine entsprechende Zusatzversicherung abzuschliessen.
- Achten Sie darauf, ob das Reglement der Zusatzversicherung einen obligatorischen Selbstbehalt (allenfalls Franchise) vorsieht.
- Meiden Sie mehrjährige Verträge.
- Füllen Sie das Antragsformular gewissenhaft aus und verschweigen Sie keine früheren Leiden oder Unfälle.
- Falls Sie die Grundversicherung nicht bei der gleichen Kasse haben: Fragen Sie, was das für Konsequenzen für die Zusatzversicherungen hat.

Unfallversicherung: Dafür sorgt der Arbeitgeber

Bei der Grundversicherung der Krankenkassen ist die Unfalldeckung grundsätzlich immer dabei. Die Krankenkasse zahlt also auch bei einem Unfall die Arzt- und Spitalkosten – genau wie bei einer Krankheit. Das gilt insbesondere für Kinder, Hausfrauen, Selbständigerwerbende, Erwerbslose, die nicht stempeln, Ausgesteuerte sowie für alle Senioren, die nicht mehr im Erwerbsleben stehen.

Aber: Angestellte sind für Arbeitsunfälle über den Betrieb versichert. Wer mindestens acht Stunden pro Woche bei einem Arbeitgeber beschäftigt ist, ist im Betrieb obligatorisch auch für Freizeitunfälle versichert.

Üblicherweise entrichtet der Arbeitgeber die Versicherungsbeiträge für Berufsunfälle, die Prämien für Nichtbetriebsunfälle muss der Angestellte selber tragen. In der Regel wird ihm der Betrag direkt vom Lohn abgezogen.

Unfallschutz beim Arbeitgeber bietet klare Vorteile

Für Angestellte mit mindestens einem 8-Stunden-Job pro Woche bedeutet dies: Sie können die Unfalldeckung in der Grundversicherung der Krankenkasse aufheben und so Prämien sparen. Zudem ist die Unfallversicherung über den Betrieb ein klarer Vorteil, weil die Leistungen hier besser sind:

- Die Grundversicherung der Krankenkasse nach Krankenversicherungsgesetz (KVG) zahlt nur die Heilungskosten – und der Versicherte muss erst noch Franchise und Selbstbehalt übernehmen (siehe Seite 132 ff.).
- In der Unfallversicherung nach Unfallversicherungsgesetz (UVG) hingegen muss der Verunfallte bei den Arzt- und Spitalkosten keinerlei Selbstbehalte bezahlen.

Darüber hinaus erhalten Verunfallte noch Taggelder bei Arbeitsunfähigkeit, eine Rente im Invaliditätsfall und allenfalls noch eine Integritätsentschädigung sowie eine Hilflosenentschädigung. Auch Hinterlassene von Unfallopfern erhalten Geld in Form von Witwen- und Waisenrenten.

Aber: Der obligatorische Unfallschutz beim Arbeitgeber deckt in der Regel nur die Kosten der allgemeinen Spitalabteilung. Wer bei der Krankenkasse einen Spitalzusatz hat (halbprivat oder privat) und die Unfalldeckung auch dort kündigt, ist deshalb nach einem Unfall nur noch für den Aufenthalt in der allgemeinen Abteilung des Spitals versichert. Wer dies nicht will, sollte bei der Krankenkasse die Unfalldeckung in der Spital-Zusatzversicherung beibehalten.

Die Unfalldeckung sistieren: Das sind die Details

Das sind die genauen Modalitäten, wenn Sie die Unfalldeckung sistieren möchten:

- Falls Sie in einen Betrieb eintreten und die Unfalldeckung bei der Krankenkasse streichen können, müssen Sie dies schriftlich beantragen – und eine Bestätigung des Arbeitgebers beilegen, dass Sie im

Betrieb gegen Unfall versichert sind. Die Sistierung bei der Krankenkasse tritt dann ab dem ersten Tag des Folgemonats in Kraft; ab diesem Datum müssen Sie auch weniger Prämien zahlen.
■ Falls Sie diese Meldung an die Krankenkasse vergessen und sich beispielsweise erst Monate später melden, erhalten Sie die zu viel bezahlte Prämie nicht zurück.
■ Wenn Sie aus einem Betrieb austreten (etwa wegen Pensionierung oder Arbeitslosigkeit) und folglich dort die Unfallversicherung verlieren, müssen Sie sich ebenfalls so bald wie möglich bei der Krankenkasse melden. Die Kasse wird dann die Unfalldeckung wieder einschliessen und Ihnen ab dem Folgemonat eine entsprechend höhere Prämie in Rechnung stellen.
■ Sollten Sie die Meldung an die Krankenkasse vergessen, muss Ihre Krankenkasse bei einem Unfall trotzdem Arzt- und Spitalkosten zahlen. Versicherte müssen aber in einem solchen Fall die Mehrprämie rückwirkend (inklusive Verzugszinsen) nachzahlen.

Alles Wichtige zur Unfallversicherung steht im Saldo-Ratgeber «Unfall-Opfer: Das sind ihre Ansprüche». Sie können das Buch über Telefon 044 253 90 70 oder unter www.saldo.ch bestellen.

CHECKLISTE

Hilfe bei Notfall und Unfall: Sanitäts-Notruf 144

Wenn verletzte und kranke Menschen sofort Hilfe brauchen, rufen Sie den Sanitätsnotruf 144 an. Über diese Nummer können Sie überall und jederzeit Hilfe anfordern. Die Nummer 144 kann sowohl von öffentlichen Telefonen, Festnetz- und Mobilanschlüssen gratis und ohne Vorwahl angewählt werden.

Bewahren Sie Ruhe und halten Sie sich an das folgende Schema:
■ Wer ruft an (Name, Telefonnummer für allfälligen Rückruf)?
■ Was ist passiert (kurze Beschreibung)?
■ Wo ist es passiert (Ort, Strasse, Hausnummer, ist der Einsatzort gut zugänglich)?
■ Wann ist es passiert?
■ Wie viele Personen sind betroffen?
■ Wie ist der Zustand der Verletzten (Bewusstseinslage, Atmung, Puls)?
■ Gibt es weitere sichtbare Verletzungen?
■ Weitere Details (besondere Gefahren, eingeklemmte Personen, Rauchentwicklung, herunterhängende Elektroleitungen, Ein- und Absturzgefahr)?

Beenden Sie das Telefongespräch erst dann, wenn der Einsatzdisponent bestätigt hat, dass er entsprechende Massnahmen einleitet.

Medizinische Notfälle
Für medizinische Notfälle mitten in der Nacht oder am Wochenende steht auch die Notaufnahme eines Krankenhauses in der Nähe zur Verfügung. Allerdings gilt dies nur für akute Notfälle. Viele Spitäler verzeichnen eine zunehmende Zahl von Patienten, die wegen jeder Bagatelle die Notaufnahme aufsuchen, was die Notfallversorgung erschwert. Wenn keine akute Lebensgefahr besteht, sollten Sie als Erstes Ihren Hausarzt konsultieren. Allenfalls verweist er Sie an den Kollegen, der Notfalldienst hat.

An Wochenenden werden verschiedene Gemeinden von einem Notfalldienstarzt betreut. Sie erreichen ihn über eine in der Lokalpresse publizierte Notfallnummer. Auch der Notruf 144 gibt Auskunft über den Notfallzahnarzt, Notfallapotheke und Notfallaugenarzt.

8 Finanzen
Die wichtigsten Tipps rund ums Geld

Die Schweiz gilt allgemein als teures Land. Doch dank hohen Löhnen und vergleichsweise niedrigen Steuern lässt es sich gut leben in der Alpenrepublik. Allerdings: Das Geld liegt auch hier nicht auf der Strasse. Und man erwartet, dass Sie Ihre Rechnungen pünktlich zahlen.

Uhren, Schokolade, Käse und Banken: So sehen viele Ausländer die Schweiz. Tatsächlich zählt das Schweizer Bankenwesen zu den bedeutendsten der Welt. Sein guter Ruf basiert auf der politischen und wirtschaftlichen Stabilität des Landes. Kritiker werfen dem Finanzplatz Schweiz allerdings vor, er begünstige Geldwäscherei und Steuerflucht.

So kommen Sie zu einem Schweizer Bankkonto

Die Bankenlandschaft der Schweiz ist äusserst vielfältig. Weltweit tätig sind die beiden Grossbanken UBS und Credit Suisse. Daneben gibt es noch zahlreiche weitere Finanzinstitute: Privatbanken, Raiffeisenbanken, Regionalbanken und Sparkassen, Kantonalbanken, die Banken von Migros und Coop und die Postfinance.

Alle Banken können grundsätzlich alle Arten von Finanzdienstleistungen anbieten. Einzige Ausnahme ist jedoch die Postfinance. Sie besitzt keine Banklizenz und darf deshalb keine Hypothekar- und Betriebskredite vergeben.

Wenn Sie in der Schweiz wohnen und arbeiten, ist ein Schweizer Bankkonto von Vorteil. Es erleichtert viele Transaktionen wie zum Beispiel Ihre Mietzins- und Lohnzahlungen. Die Eröffnung eines Bankkontos ist einfach. Sie benötigen dazu lediglich einen gültigen Pass oder Personalausweis, damit die Bank Ihre Identität überprüfen kann.

Es ist sogar möglich, ein Konto per Post mit einer amtlich beglaubigten Ausweiskopie zu eröffnen. Besser ist es aber, Sie gehen selber bei der Bank vorbei. So erhalten Sie gleich einen ersten Eindruck von der Bank und können sich beraten lassen.

Manchmal bieten auch Vermittler an, für ausländische Kunden in der Schweiz ein Konto zu eröffnen. Darauf sollten Sie verzichten, denn die Vermittler verlangen für diese Dienstleistung häufig überrissene Honorare.

Ein Konto fürs Sparen, eines fürs Geldausgeben

Jede Bank bietet eine Vielzahl von Konten und Dienstleistungen an. Typische Kontoarten sind zum Beispiel:

- **Privatkonto:** Das Privatkonto oder Lohnkonto ist im Prinzip ein klassisches Girokonto. Es eignet sich für alle häufigen Bankgeschäfte, etwa Lohneingänge, Bargeldbezüge oder Zahlungsaufträge. Der Zins ist eher bescheiden, dafür sind die Rückzugsbedingungen grosszügig, und Sie können jeweils rasch über Ihr Guthaben verfügen.
- **Sparkonto:** Bei diesem Konto steht das Sparen im Vordergrund,

deshalb sind die Zinsen etwas höher als bei Konten für den Zahlungsverkehr. Für häufige Transaktionen ist das Sparkonto nicht geeignet. Der Rückzug ist beschränkt (z. B. 10 000 Franken pro Monat). Das Sparkonto ist eine gute Ergänzung zum Privatkonto.

Die meisten Schweizer Banken kennen für normale Spar-, Privat- und Lohnkonten keine Mindesteinlagen. Auf Wunsch können Sie auch ein Schweizer Konto in einer ausländischen Währung eröffnen.

Als Kontoinhaber erhalten Sie eine Bankkarte, die Sie für Geldbezüge an Automaten und für andere Transaktionen an elektronischen Terminals Ihrer Bank nutzen können.

Genau hinschauen bei den Bankgebühren

Bevor Sie ein Konto eröffnen, sollten Sie die Angebote von verschiedenen Banken vergleichen. Eher gering sind die Unterschiede bei den Zinsen, die derzeit generell niedrig sind. Umso stärker fallen hingegen die Gebühren für die Kontoführung ins Gewicht. Ob Geldbezug am Schalter, Dauerauftrag, monatlicher Kontoauszug – einige Banken verrechnen für jeden Handgriff hohe Tarife. Je nach Bank können diese Kosten schnell einmal um einige hundert Franken pro Jahr variieren.

So kann die Kontoführung bei der günstigsten Bank pro Jahr knapp 30 Franken kosten, während die teuerste Bank für die exakt gleichen Dienstleistungen über 300 Franken verlangt.

IN DIESEM KAPITEL

- 144 So kommen Sie zum Schweizer Bankkonto
- 146 Löhne und Kaufkraft: Die Schweiz ist top
- 147 Sichere Guthaben: Die Bankenaufsicht wacht
- 147 Hypotheken: Regeln für die Kreditvergabe
- 150 Konsumkredite: Leben auf Pump ist teuer
- 151 Zahlungsfristen sind einzuhalten
- 152 Betreibung: Das sind die Spielregeln
- 153 Tipps für den Umgang mit Inkassobüros

Viele Dienstleistungen kosten extra

Die effektiven Kosten pro Jahr sind von verschiedenen Faktoren abhängig:
- Gebühr für die Kontoführung
- Gebühren für einzelne Dienstleistungen wie Zahlungsaufträge, Daueraufträge, Kontoauszug, Überweisungen ins Ausland etc.
- Gesamtvermögen auf der Bank
- Art der Kreditkarten und wie häufig diese benutzt werden
- Anzahl der Geldbezüge am Schalter statt am Automaten
- Anzahl Geldbezüge an Automaten einer anderen Bank
- Häufigkeit der Geldbezüge im Ausland.

Die Kontogebühren hängen also stark davon ab, für welche Bankgeschäfte man ein Konto nutzt und auf welche Dienstleistungen man

Ratgeber zum Thema

Zu den in diesem Kapitel behandelten Themen finden Sie weitere Infos in den folgenden Ratgebern:
- Saldo-Ratgeber «Die wichtigsten Verträge»
- K-Tipp-Ratgeber «Geld anlegen – gut und sicher»
- Saldo-Ratgeber «Betreibung, Pfändung, Privatkonkurs»

8
Finanzen

verzichten kann. In der Regel spart man Gebühren, wenn man alltägliche Bankgeschäfte per E-Banking erledigt.

Für Studenten, Jugendliche und Senioren gibt es oftmals besondere Angebote mit keinen oder nur geringen Kontoführungsgebühren. Ebenfalls kostenlos ist die Kontoführung bei einer Bank in der Regel, wenn das Gesamtvermögen eines Kunden eine bestimmte Höhe erreicht.

Unabhängige Gebührenvergleiche zeigen immer wieder, dass die global tätigen Grossbanken generell höhere Gebühren verlangen als kleinere Finanzinstitute. Wer auf ein dichtes Filialnetz im Ausland verzichten kann, ist bei einer kleineren Schweizer Bank oft besser aufgehoben.

Löhne und Kaufkraft: Schweiz weltweit an der Spitze

Die Schweiz gilt allgemein als teures Land. Wer ungefähr wissen will, wie viel Geld ihm fürs Leben bleibt, muss vom Nettoeinkommen die Steuern, die Krankenkassenprämien und die Wohnungskosten abziehen.

Die UBS-Studie «Preise und Löhne – Ein Vergleich der Kaufkraft rund um die Welt» zeigt, dass die Schweizer trotz der hohen Lebenskosten bei der Kaufkraft eine Spitzenposition einnehmen. Zürich und Genf sind beispielsweise bei den Jahreslöhnen weltweit top. Das gilt auch, wenn der Jahresverdienst in Relation zu den Arbeitsstunden gesetzt wird. Fast nirgendwo verdient man pro Arbeitsstunde mehr als in der Schweiz.

Nicht nur beim Bruttoeinkommen geniesst die Schweiz (in der Studie Zürich und Genf) im weltweiten Vergleich einen Spitzenplatz – auch unter dem Strich bringen die Schweizer am meisten Geld nach Hause. Die Zürcher verfügen gemäss Studie über das höchste Nettoeinkommen weltweit. Davon müssen sie allerdings noch Steuern bezahlen – ein Faktor, der in einigen anderen Ländern tiefer ausfällt.

Besonders anschaulich wird der Kaufkraftvergleich, wenn man ausrechnet, wie lange eine Person arbeiten muss, um ein bestimmtes Produkt kaufen zu können.

Ein durchschnittlicher Lohnempfänger in Zürich und in New York kann sich nach neun geleisteteten Arbeitsstunden einen iPod leisten. In Rom hingegen müsste man dafür mehr als doppelt so lange arbeiten (siehe Tabelle unten).

So lange muss man für einen Big Mac arbeiten

Stadt	Big Mac	1 Kilo Brot	1 Kilo Reis	iPod Nano (8 GB)
Zürich	15 Minuten	12 Minuten	9 Minuten	9 Stunden
Berlin	19 Minuten	10 Minuten	17 Minuten	14 Stunden
Paris	20 Minuten	22 Minuten	20 Minuten	15 Stunden
Rom	27 Minuten	26 Minuten	25 Minuten	19,5 Stunden

QUELLE: WWW.UBS.COM/RESEARCH fi PRICES AND EARNINGS

Sichere Guthaben: Die Bankenaufsicht wacht

Die jüngste Finanzkrise mit zahlreichen Bankenpleiten hat Anleger und Kleinsparer aufgerüttelt. Viele fragten sich: Wie sicher ist das Ersparte auf der Bank? Was passiert mit meinem Geld, wenn die Bank Konkurs geht?

Die Bankenaufsicht ist in der Schweiz streng, die Risiken sind daher begrenzt. Die Schweiz kennt eine sogenannte Einlagensicherung für Guthaben auf den Banken. Das bedeutet: Sobald eine Bank in Zahlungsschwierigkeiten gerät, springen die anderen Banken ein und zahlen spätestens nach 90 Tagen die Guthaben aus.

Einlagensicherung und Staatsgarantie

Die Einlagensicherung garantiert jeder Person pro Bank einen Betrag von maximal 100 000 Franken, egal ob das Geld auf einem Sparkonto, einem Privat- oder einem Lohnkonto liegt. Darüber hinaus geniessen noch einmal bis zu 100 000 Franken auf Freizügigkeitskonten oder Altersguthaben in der Säule 3a (siehe Seite 104) ein Konkursprivileg.

Wichtig dabei: Diese Garantie gilt nicht pro Konto, sondern pro Person und Bank. Wer also bei einer Pleitebank auf einem oder mehreren Konten 150 000 Franken liegen hat, erhält im Konkursfall nur 100 000 Franken zu Vorzugskonditionen ausbezahlt.

Die meisten Kantonalbanken (alle ausser Genf, Waadt und demnächst wohl auch Bern) kennen die volle Staatsgarantie. Das heisst: Die Kantone haften beim Konkurs ihrer Staatsbank für die ganzen Guthaben. Es gibt also keine Beschränkung auf 100 000 Franken. Dasselbe gilt für die Postfinance, wo der Bund für die Guthaben haftet.

Hypotheken: Strenge Regeln für Kreditvergabe

Die Schweiz ist traditionell ein Land mit hoher Sparquote. Aber auch die Verschuldung ist hoch. Der Markt für inländische Bankkredite beläuft sich auf über eine Billion Franken. Mehr als die Hälfte davon entfallen auf private Haushalte, der Rest geht im Wesentlichen an Unternehmen sowie in kleinerem Umfang an andere Finanzdienstleister oder die öffentliche Hand.

Die weitaus wichtigste Kreditart ist die Hypothek. Ende 2008 be-

---

TIPP

Geldüberweisungen ins Ausland

Viele Ausländer, die in der Schweiz arbeiten, unterstützen mit ihrem Verdienst auch ihre Familien im Heimatland. Es gibt verschiedene Wege, das Geld ins Ausland zu überweisen: Banken, Post, Online-Zahlungssysteme oder spezialisierte Geldtransferunternehmen. Die Kosten und Überweisungsdauer können jedoch stark variieren.

Detaillierte Infos zu den wichtigsten Überweisungsmöglichkeiten finden Sie in einer Informationsbroschüre des Bundes. Download und Bestellmöglichkeit unter www.seco-cooperation.admin.ch
→ Dienstleistungen → Publikationen → Fachbroschüren.

> ### STICHWORT
>
> **Preisüberwacher**
>
> Wenn der Wettbewerb spielt, können Konsumenten für das Gewünschte den günstigsten Anbieter wählen. Dort, wo wenig oder gar kein Wettbewerb vorhanden ist, schützt in der Schweiz teilweise der Preisüberwacher vor überhöhten Preisen.
>
> Der Preisüberwacher wird vom Bund eingesetzt. Er prüft und überwacht laufend die Preise in monopol- oder kartellverdächtigen Bereichen, um Missbräuche zu verhindern und zu beseitigen. Einsatzgebiete sind insbesondere die Bereiche Strom-, Gas-, Wasser- und Fernsehgebühren, Post und Telekommunikation, SBB-Tarife sowie das Gesundheitswesen (z. B. Medikamentenpreise, Spitaltaxen, Arzttarife).
>
> Konsumenten, die einen Preismissbrauch vermuten, können dies dem Preisüberwacher melden. Stellt er einen Missstand fest, so strebt der Preisüberwacher eine einvernehmliche Lösung an.
>
> Der Preisüberwacher informiert auch im Internet regelmässig über die wichtigsten Dossiers in seinem Tätigkeitsbereich, ein Blog bietet die Möglichkeit, mit dem Preisüberwacher in einen Dialog zu treten.
> **www.preisueberwacher.admin.ch**.

trugen die Hypothekarforderungen im Inland bei allen Schweizer Banken zusammengerechnet 690 Milliarden Franken.

In der Schweiz vergeben vorwiegend Banken Hypotheken, in bescheidenerem Ausmass auch Versicherungen, öffentliche Institutionen und private Unternehmen.

20 Prozent Eigenkapital sind das Minimum

Wer für die Finanzierung seines Eigenheims eine Hypothek aufnehmen will, muss sich als Erstes überlegen, ob er sich Wohneigentum überhaupt leisten kann. Zwei Voraussetzungen müssen in jedem Fall erfüllt sein, damit eine Bank Ihnen einen Hypothekarkredit gewährt:

■ Mindestens 20 Prozent des Kaufpreises fürs Eigenheim müssen Sie mit eigenen Mitteln aufbringen. Ein Grossteil dieses Kapitals sollte flüssig vorhanden sein.

■ Die jährlichen Kosten für das Eigenheim wie Zins, Amortisations- und Nebenkosten (Strom, Heizung, Wasser, Reparaturen etc.) sollten 35 Prozent Ihres monatlichen Nettoeinkommens oder 30 Prozent Ihres monatlichen Bruttoeinkommens nicht überschreiten.

Die gesamte Kreditsumme wird in eine 1. und eine 2. Hypothek aufgeteilt, wobei die 1. Hypothek 0,5 bis 1 Prozent günstiger ist als die 2. Hypothek und auch nicht getilgt werden muss. Normalerweise beläuft sich die 1. Hypothek auf 60 bis 65 Prozent des Anlagewertes (Grundstück und Gebäude) oder des Kaufpreises.

Mit der 2. Hypothek wird dann die Finanzierungslücke bis zum eingebrachten Eigenkapital aufgefüllt. In der Regel kommen also rund 15 Prozent in Form einer 2. Hypothek dazu, die je nach Bank und Kunde innerhalb von 15 bis 20 Jahren, in der Regel aber spätestens bis zur Pensionierung amortisiert werden muss.

Hypothekenmodelle: Variabler oder fester Zinssatz

Die Kreditinstitute bieten verschiedene Hypothekenmodelle an. In der Schweiz sind vor allem drei Varianten verbreitet:

- **Die Festhypothek:** Laufzeit und Zinssatz werden bei Vertragsabschluss festgelegt. Üblich sind Laufzeiten von einem Jahr bis zu zehn Jahren, am häufigsten sind mittlere Laufzeiten von vier bis sechs Jahren. Festhypotheken eignen sich für Kreditnehmer, die auch langfristig mit fixen Beträgen budgetieren möchten. Nachteil: Sie profitieren nicht, wenn die Zinsen sinken, und zahlen bis zum Ablauf des Vertrages den festgelegten (hohen) Satz.
- **Die variable Hypothek:** Variable Hypotheken haben keine fixe Laufzeit, können aber in der Regel innert drei oder sechs Monaten gekündigt werden. Der Zinssatz orientiert sich am generellen Zinsniveau und wird von der Bank nach eigenem Ermessen angepasst.
- **Die Geldmarkthypothek (Libor-Hypothek):** Geldmarkthypotheken werden für eine feste Laufzeit von drei bis zwölf Monaten abgeschlossen. Der Zins orientiert sich am Euro-Geldmarktsatz Libor und wird periodisch angepasst.

Konditionen sind oftmals Verhandlungssache

Bei einem Hypothekarkredit geht es in der Regel um eine grosse Geldsumme. Deshalb lohnt es sich, Offerten von verschiedenen Finanzinstituten miteinander zu vergleichen. Wer sich dieser Aufgabe nicht gewachsen fühlt, kann einen unabhängigen Finanzberater beiziehen.

Alle Anbieter veröffentlichen aktuelle Zinskonditionen für ihre Hypothekarkredite. Diese Zahlen sind jedoch nicht in Stein gemeisselt, sondern lediglich Richtwerte. Der individuelle Zinssatz hängt nicht nur von der gewählten Hypothekarform und der Höhe des Kredites ab, massgebend ist auch die finanzielle Situation und Kreditwürdigkeit des einzelnen Kunden.

Die aktuellen Hypothekarzinsen und ein Berechnungstool für verschiedene Hypothekenmodelle finden Sie auf der Homepage des Vermögenszentrums unter **www.vermoegenszentrum.ch** → Privatkunden → Vergleiche und Rechner.

TIPP

Angebote vergleichen

Ob Konsumkredit, Hypothek, Kontogebühren, Sparzinsen oder Kosten für Kreditkarten: Vor einem Vertragsabschluss sollten Sie verschiedene Angebote miteinander vergleichen. Möglicherweise lässt sich so viel Geld sparen.

Einfache Vergleichsmöglichkeiten bietet das Internet, zum Beispiel auf **www.vermoegenszentrum.ch** und **vwww.comparis.ch**.

Konsumkredite: Leben auf Pump ist sehr teuer

Ob eine neue Wohnungseinrichtung, ein prunkvolles Hochzeitsfest oder eine Weltreise: Wenn das nötige Kleingeld für eine teure Anschaffung fehlt, ist die Versuchung gross, einen Konsumkredit aufzunehmen. Aber Vorsicht: Der rasche und diskrete Zugang zu Bargeld – wie von den Banken angepriesen – hat seinen Preis.

Von tiefen Monatsraten sollte man sich nicht täuschen lassen. Tatsache bleibt: Konsumkredite sind extrem teuer. Und oft sind sie ein erster Schritt in die Schuldenfalle. Denn wer drei Jahre lang einen Kredit von 20 000 Franken abstottern muss, zahlt dafür mit Zinsen schnell einmal 25 000 Franken und mehr. Mit der Wahl einer kurzen Laufzeit und entsprechend höheren monatlichen Rückzahlungsraten können die Kreditkosten tiefer gehalten werden.

Die günstigste Variante ist und bleibt aber immer: zuerst sparen, dann kaufen!

Das Konsumkreditgesetz schützt Konsumenten

Die Rahmenbedingungen für Konsumkredite sind im Eidgenössischen Konsumkreditgesetz (KKG) geregelt. Die Konsumentinnen und Konsumenten sollen damit besser vor Überschuldung und Missbräuchen geschützt werden. Ebenfalls im Konsumkreditgesetz geregelt sind Leasingverträge sowie Kreditkarten und Kundenkarten mit Kreditoptionen.

Der Höchstbetrag für Konsumkredite liegt bei 80 000 Franken, der Jahreszinssatz darf 15 Prozent nicht übersteigen. Beim Barkredit ist die Laufzeit auf höchstens drei Jahre beschränkt; Leasingverträge können auch länger laufen.

Wer einen Konsumkredit- oder Leasingvertrag unterschrieben hat, sich die Sache nachträglich aber anders überlegt, der hat sieben Tage Zeit, ohne Kostenfolge aus dem Vertrag auszusteigen. Die Kündigung muss schriftlich erfolgen. Es ist nicht notwendig, einen Grund für den Rücktritt anzugeben.

Das Gesetz verlangt eine Bonitätsprüfung

Der Kreditgeber ist gesetzlich verpflichtet, vor dem Vertragsabschluss die Kreditfähigkeit des Antragstellers zu prüfen. Damit soll eine Überschuldung vermieden werden.

Der Konsument gilt als kreditfähig, wenn er den Kredit innert 36 Monaten zurückzahlen kann (auch wenn eine längere Vertragszeit vereinbart wird), ohne unter das Existenzminimum zu sinken.

Für die Bonitätsprüfung werden folgende Angaben benötigt:
- Einkommen
- Mietzins/Hypothek
- Steuern
- feste Auslagen
- Alimente
- bereits bestehende Kredit- und Leasingverträge
- die finanziellen Verhältnisse des Partners bei solidarisch haftenden Ehepaaren.

Banken, Leasingfirmen und andere Kreditgeber müssen der Informationsstelle für Konsumkredit (IKO) alle gewährten Konsumkredite samt Angaben über die finanzielle Situation ihrer Kunden melden. Zudem sind die Kreditgeber gesetzlich verpflichtet, der IKO Mitteilung zu machen, wenn ein Kreditnehmer drei Monatsraten ausstehend hat.

Zahlungsfristen: Säumige Zahler riskieren Ärger

Niemand zahlt gerne Rechnungen. Deshalb wandern sie in der Regel erstmal auf einen Stapel und werden Ende Monat beglichen. Dagegen ist im Prinzip nichts einzuwenden – sofern der ausstehende Betrag fristgerecht auf dem Konto des Gläubigers eintrifft.

Wer jedoch Zahlungstermine nicht einhält oder «übersieht», riskiert Ärger. Auch das Gegenteil ist möglich: Man zahlt zu früh und verhilft damit dem Gläubiger ungewollt zu Mehreinnahmen in Form von Zinsen.

Deshalb sollte man jeden Rechnungsumschlag gleich nach der Zustellung öffnen und checken, wann die Zahlung fällig ist. So sieht man gleich, welche Rechnungen keinen Aufschub dulden und welche noch ein Weilchen liegen bleiben können. Bei knappem Budget lässt sich so das Geld besser einteilen.

Die Vertragspartner können die Zahlungsfrist im Vertrag oder in den allgemeinen Geschäftsbedingungen (AGB) frei vereinbaren. Allgemein üblich ist in der Schweiz eine Zahlungsfrist von 30 Tagen. Die Zahlungsfrist einer Rechnung läuft übrigens nicht ab dem aufgedruckten Datum, sondern ab Erhalt der Rechnung.

Das Geld muss vor Ablauf der Frist auf dem Konto sein

Steht auf der Rechnung ein Fälligkeitstermin, muss das Geld an diesem Tag auf dem Konto des Gläubigers angekommen sein. «Zahlbar bis 9. August» oder «Fälligkeit 9. August» heisst dann: Der Betrag muss am 9. August auf dem Konto des Empfängers gutgeschrieben sein. Wer erst am Fälligkeitsdatum das Geld überweist, ist zu spät dran. Denn die Überweisung auf ein anderes Konto dauert in der Regel einige Tage.

Nach Ablauf der Zahlungsfrist muss der Gläubiger dem Schuldner zuerst eine Mahnung schicken. Mahnkosten sind im Gesetz nicht vorgesehen. Ein Unternehmen darf jedoch eine Mahngebühr verlangen, wenn dies im Vertrag so abgemacht ist.

> **STICHWORT**
>
> **Verjährungsfrist für Schulden**
>
> Wie lange es dauert, bis eine Forderung verjährt, hängt von der Art der Schuld ab. Ist ein Anspruch verjährt, muss er nicht mehr bezahlt werden.
>
> Innert fünf Jahren verjähren Schulden gegenüber Lebensmittellieferanten, Wirten, Handwerkern, Ärzten, Anwälten und Notaren. Dasselbe gilt für den Lohn sowie für periodische Leistungen wie Alimente, Mietzinsen und Nebenkostenabrechnungen. Für alle andern privatrechtlichen Forderungen beträgt die Verjährungsfrist zehn Jahre.

Betreibung: Das sind die Spielregeln

Die Betreibung ist die schweizerische Form der Zwangsvollstreckung, um Geldforderungen einzutreiben. Der Gläubiger muss beim zuständigen Betreibungsamt – in der Regel am Wohnsitz des Schuldners – formell ein Betreibungsbegehren stellen, damit dieses dem Schuldner mit einem Zahlungsbefehl Beine macht.

Jeder kann eine Person grundlos betreiben

Allerdings: In der Schweiz ist es möglich, dass jedermann gegen jede andere Person eine Betreibung einleiten kann – auch absolut grundlos und in beliebiger Höhe. Es ist nicht einmal nötig, vorher eine Mahnung oder Rechnung für die angebliche Schuld zu schicken.

Um ein Betreibungsbegehren stellen zu können, muss der Gläubiger eine fällige Forderung nur behaupten und nicht belegen – und den Kostenvorschuss zahlen. Ob eine behauptete Schuld auch tatsächlich zu Recht besteht, wird erst in späteren Verfahrensschritten geprüft.

Es kommt deshalb immer wieder vor, dass angebliche Schuldner Zahlungsbefehle erhalten, obwohl sie niemandem auch nur einen Rappen schulden. Dies ist unangenehm und unbefriedigend, weil eine Betreibungseröffnung im Betreibungsregister eingetragen wird, was bei einer Stellen- oder Wohnungssuche von Nachteil sein kann (siehe Kasten oben).

Der Rechtsvorschlag hilft im ersten Moment

Trotzdem muss man nicht die Nerven verlieren, wenn ein Zahlungsbefehl ins Haus flattert: Mit dem Rechtsvorschlag ist er fürs Erste wieder vom Tisch.

Das geht einfach: Im Betreibungsbefehl muss stehen, dass man sich dagegen wehren, eben Rechtsvorschlag erheben kann. Sie müssen nur Ihre Unterschrift in das betreffende Feld des Zahlungsbefehls setzen. Dann ist die Sache (vorläufig) erledigt.

Hat der angebliche Schuldner den Rechtsvorschlag nicht schon beim Überbringen des Zahlungsbefehls erhoben, kann er dies innerhalb von zehn Tagen nach Erhalt beim zuständigen Betreibungsamt nachholen.

Danach liegt der Ball wieder beim Gläubiger: Er muss jetzt rechtskräftig beweisen, dass seine Forderung tatsächlich besteht. Entweder kann er dazu ein rechtsgültiges Urteil, einen rechtsgültigen

---

TIPP

Betreibung per Computer

Jemand schuldet Ihnen Geld und will partout nicht zahlen. Dann können Sie gegen den Schuldner eine Betreibung einleiten. Das Betreibungsbegehren können Sie bequem am Computer ausfüllen unter **www.betreibungsschalter.ch**.

Die vom Bundesamt für Justiz eingerichtete Plattform führt Gläubiger Schritt für Schritt durch das Formular. Auf der Website finden Sie ausserdem auch gleich das zuständige Betreibungsamt. Das ausgefüllte Formular müssen Sie nur noch ausdrucken, unterzeichnen und ans Betreibungsamt schicken.

STICHWORT

Betreibungsregisterauszug

Alle laufenden und abgeschlossenen Betreibungsbegehren gegen eine bestimmte Person werden im Betreibungsregister eingetragen. Aber: Weil in der Schweiz jedermann eine Person oder Firma grundlos betreiben kann, sollten Sie einem Eintrag im Betreibungsregister keine allzu grosse Bedeutung zumessen.

Einen Eintrag im Betreibungsregister kann man nicht selber löschen lassen. Wer grundlos betrieben wird, kann aber den angeblichen Gläubiger auffordern, die Betreibung zurückzuziehen und beim Betreibungsamt die Löschung des Eintrags zu veranlassen.

Es ist einfach, Einsicht ins Betreibungsregister zu bekommen: Wer ein Interesse glaubhaft machen kann, bekommt problemlos einen Auszug. Das gilt etwa für Kreditinstitute oder für Vermieter, die die Zahlungsfähigkeit eines Mieters überprüfen wollen. Auskünfte über sich selbst erhält man in der Regel gegen Vorlage eines amtlichen Ausweises beim Betreibungsamt des Wohnortes.

Eine schriftliche Auskunft, welche Anzahl und Totalbetrag der Betreibungen im laufenden sowie in den beiden vergangenen Jahren auflistet, kostet 17 Franken (ohne Porto); im Preis inbegriffen ist auch die Information, wie diese Betreibungen erledigt wurden (etwa durch Zahlung, Rückzug oder Rechtsvorschlag).

Vertrag/Schuldanerkennung vorlegen, dann wird die Sache in einem kurzen, summarischen Gerichtsverfahren erledigt. Oder aber er muss ein solches Papier erst im ordentlichen Zivilprozess erstreiten.

Erst wenn ein Richter festgestellt hat, dass die Forderung zu Recht besteht, geht es weiter: Liegt diese richterliche Bestätigung vor, muss der Gläubiger beim Betreibungsamt ein Fortsetzungsbegehren stellen. Wird dies gutgeheissen und zahlt der Schuldner immer noch nicht – weil er nicht kann oder will –, kommt als nächster Schritt die Pfändungsankündigung mit der anschliessenden Pfändung, Verwertung und Verteilung des Erlöses.

Dies alles übernimmt die Behörde: Der Gläubiger selber darf nicht aktiv werden, sondern hat jeden einzelnen Akt dem Betreibungsbeamten zu überlassen.

Der Umgang mit Inkassobüros

Manche Geschäfte geben die von den Kunden nicht bezahlten Rechnungen an ein Inkassobüro weiter. Solche Firmen versuchen dann auf eigene Faust, die Forderung beim Schuldner einzutreiben.

Inkassobüros fordern aber nicht nur den fälligen Rechnungsbetrag, sondern oft auch noch Mahn-, Bearbeitungs- und Umtriebsgebühren, Adressprüfungskosten oder Verzugsschaden.

Im Grundsatz gilt aber: Ohne anders lautende Abmachung schulden Sie nur den ursprünglichen

TIPP

Hilfe bei der Budgetkontrolle

Was gehört in ein Haushaltsbudget? Lohnt es sich, ein Auto zu leasen? Auf diese und viele weitere Fragen findet man im Internet auf www.schulden.ch Antworten. Die von der Basler Budget- und Schuldenberatung sowie vom Dachverband Schuldenberatung Schweiz unterhaltene Website wartet mit einer Fülle praxisnaher Ratschläge auf.

Im Download-Bereich ist ein Excel-Formular mit mehreren Tabellen verfügbar. Damit lässt sich rasch ein Budget erstellen, das hilft zu erkennen, wohin das Geld geht. Für Personen mit Schulden sind ein Formular Sanierungsbudget sowie diverse Musterbriefe aufgeschaltet.

Umfangreich sind die Spartipps. Sie reichen von Links zu Preisvergleichen über Ratschläge zum Stromsparen bis hin zum idealen Zeitpunkt, um einen Städtetrip zu buchen. Ausführungen zu Privatkonkurs und Betreibung sowie Adressen von Schuldenberatungsstellen runden das Angebot ab.

Budgetvorlagen und -berechnungen für verschiedene Lebenssituationen (Einzelperson, Alleinerziehende, Paare, Familie usw.) finden Sie auch unter www.budgetberatung.ch.

Rechnungsbetrag plus in der Regel fünf Prozent Verzugszins auf diesem Betrag sowie Mahngebühren, sofern diese vertraglich vereinbart sind.

Das gilt für den Umgang mit Inkassobüros:

■ Weil Inkassobüros für jede beglichene Rechnung eine Provision erhalten, drohen sie gern mit Rechtsschritten, falls Sie nicht bezahlen. Lassen Sie sich nicht einschüchtern, wenn die Forderung nicht berechtigt ist.

■ Zahlen Sie immer nur für Sachen oder Dienstleistungen, die Sie auch wirklich bestellt haben. Im Zweifelsfall lohnt es sich, eine Kopie der Bestellung zu verlangen. Das Inkassobüro muss Ihnen beweisen können, dass Sie etwas bestellt haben.

■ Falls unzulässige Gebühren bereits auf dem vorgedruckten Einzahlungsschein eingerechnet wurden, können Sie auch einen neutralen Einzahlungsschein verwenden. Zahlen Sie nur den ursprünglichen Rechnungsbetrag sowie (falls Sie mit dem Lieferanten nichts anderes abgemacht haben) fünf Prozent Verzugszins und allenfalls Mahngebühren.

■ Stellen Sie sich quer, wenn Ihnen das Inkassobüro eine Schuldanerkennung zum Unterschreiben schickt. Mit Ihrer Unterschrift anerkennen Sie dann die ganze darin aufgeführte Schuld. Falls Sie das unterschreiben, kann die Inkassofirma alle diese – an sich unzulässigen – Posten gerichtlich beziehungsweise mittels Betreibungsverfahren schnell durchsetzen. Zahlen Sie deshalb nur das, was Sie schulden.

■ Können Sie nicht den ganzen Betrag auf einmal zahlen, nehmen Sie Kontakt mit dem Inkassobüro auf und bieten Sie Ratenzahlungen an. Dann müssen Sie aber mit einem Zuschlag für Ratenzahlung rechnen. Und bei solchen Abmachungen droht auch die Gefahr, dass man Ihnen noch weitere unzulässige Gebühren unterjubelt. Wenn Sie solche Teilzahlungsvorschläge unterzeichnen, müssen Sie dann alles zahlen – auch wenn ursprünglich nicht die ganze Forderung berechtigt war.

8
Finanzen

9 Steuern
So funktioniert das Schweizer Steuersystem

Die Schweiz erhebt eine Vielzahl von verschiedenen Steuern und Abgaben. Für Private fallen die Einkommens- und Vermögenssteuern am meisten ins Gewicht. Bei Unternehmen sind es die Kapital- und die Gewinnsteuern.

Die Schweiz gilt mancherorts als Steuerparadies. Das ist übertrieben. Aber im internationalen – und vor allem im europäischen – Vergleich steht sie nicht schlecht da, auch wenn die Steuerbelastung bis zur Jahrtausendwende kontinuierlich gestiegen ist. Seither sinkt die Steuerlast angesichts von Globalisierung und internationalem Steuerwettbewerb eher wieder etwas.

Abgesehen von den eigentlichen Steueroasen Monaco und Gibraltar zahlt man innerhalb Europas nur in Irland weniger Steuern als in der Schweiz. Aber viele mittel- und osteuropäische Länder haben ihre Steuerbelastung drastisch gesenkt und bieten sich vor allem für Unternehmen als Konkurrenz zur Schweiz an. Unter den grossen Industrienationen sind Japan und die USA insgesamt auf ähnlichem Steuerniveau wie die Schweiz.

Schweizer Steuersystem: Selbst für Profis kompliziert

Die Schweiz zählt 26 Kantone und ebenso viele Steuergesetze. Und natürlich hat auch die Eidgenossenschaft – in der Schweiz meist «der Bund» genannt – ihre eigenen Fiskalgesetze.

Wie in den meisten vergleichbaren Ländern erhebt auch in der Schweiz nicht nur der Zentralstaat

---

STICHWORT

Progression und Grenzsteuersatz

Der Bund und fast alle Kantone besteuern hohe Einkommen überproportional stärker als geringere Einkommen. In der Fachsprache heisst das Steuerprogression. Das ist sozial und entspricht dem Grundsatz, dass jeder nach seiner Leistungsfähigkeit besteuert werden soll. Für die ersten paar tausend Franken des Einkommens muss man also viel weniger Steuern abführen als beispielsweise für einen Zusatzverdienst, der zum normalen Lohn hinzukommt.

Der Grenzsteuersatz bezeichnet die höchste Progressionsstufe, die ein steuerbares Einkommen oder Vermögen gerade noch erreicht. Der Grenzsteuersatz ist somit jene Rate, mit der der Fiskus jeden zusätzlich verdienten Franken besteuert. Je höher der Grenzsteuersatz, desto grösser ist auch der Steuerspareffekt, wenn man sein steuerbares Einkommen mit gezielten Massnahmen reduzieren kann.

Dazu ein Beispiel: Wenn jemand sein steuerbares Einkommen von 100 000 Franken auf 90 000 Franken reduzieren kann, spart er in Franken viel mehr Steuern, als wenn jemand sein steuerbares Einkommen von 40 000 Franken auf 30 000 Franken reduziert. Entscheidend ist, wo man sich in der Steuerprogression befindet. Dies drückt der Grenzsteuersatz aus.

Ein Grenzsteuersatz von 30 Prozent bedeutet, dass bei einer Reduktion des steuerbaren Einkommens um 1000 Franken die Steuern um 300 Franken abnehmen.

Steuern, sondern auch die Kantone, die Gemeinden und in fast allen Kantonen sogar die anerkannten Landeskirchen. Zusätzlich sehen sich Liegenschaftsbesitzer mit Grundstückgewinn-, Handänderungs- und Liegenschaftssteuern konfrontiert. Fast überall gibt es ausserdem Erbschafts- und Schenkungssteuern.

Kein Wunder, kennt sich in diesem Dschungel kaum jemand aus, der sich nicht professionell damit beschäftigt.

Uneinheitliche Tarife in Kantonen und Gemeinden

Das komplizierte Steuersystem ist die Folge des manchmal überbordenden Schweizer Föderalismus. Anders als international üblich, kennt nur gerade der Bund einheitliche Steuertarife, die für alle Einwohner gelten. Die Kantone und sogar die Gemeinden können ihre Steuertarife und die Höhe der Abzüge frei wählen.

Das führt dazu, dass die durchschnittliche Steuerbelastung in einigen Schweizer Kantonen (z. B. Jura, Neuenburg), im Berner Oberland oder im Luzerner Hinterland rund drei Mal so hoch ist wie in den helvetischen Steuerparadiesen der Kantone Schwyz, Zug oder Obwalden.

Direkte Bundessteuer: Grossverdiener zahlen mehr

Der Bund beschränkt sich bei Privaten, den sogenannten «natürlichen Personen» (siehe Kasten Seite 158), auf die Erhebung der Einkommenssteuer. Insbesondere

IN DIESEM KAPITEL	
156	Das Schweizer Steuersystem
158	Quellensteuer für Ausländer
160	Steuern auf Einkommen
161	Steuerabzüge für Angestellte
164	Steuern für Selbständigerwerbende
165	Vermögenssteuern
166	Erbschafts- und Schenkungssteuern
166	Steuern auf Wohneigentum
168	Abzüge für Gebäudeunterhalt und Hypothek
169	Besteuerung von Unternehmen
170	Die Mehrwertsteuer

verzichtet er auf die Vermögens- und die Erbschaftssteuer. Er finanziert sich vor allem über die Mehrwertsteuer und Zölle sowie die Gewinnsteuer von Unternehmen.

Die direkte Bundessteuer auf Einkommen ist stark progressiv. Das bedeutet: Eher tiefe Einkommen bis etwa 50 000 Franken zahlen nichts; hohe Einkommen über 300 000 Franken pro Jahr werden dagegen mit einem Grenzsteuersatz von über 10 Prozent belastet, wobei der Bund auch bei ihnen insgesamt nicht mehr als 11 Prozent abschöpfen darf (siehe Kasten links).

Kantone und Gemeinden besteuern jeden Franken

Deutlich hemmungsloser langen die Kantone zu. Die Steuerpflicht beginnt häufig schon mit dem ersten Einkommensfranken. Und

Ratgeber zum Thema
Zu den in diesem Kapitel behandelten Themen finden Sie weitere Infos im folgenden Ratgeber:
■ K-Tipp-Ratgeber «So sparen Sie Steuern»

> **STICHWORT**
>
> **Natürliche und juristische Personen**
>
> Die Steuergesetze unterscheiden zwischen natürlichen und juristischen Personen. Natürliche Personen sind Menschen aus Fleisch und Blut. Juristische Personen sind Unternehmen mit eigener Rechtspersönlichkeit wie etwa die Aktiengesellschaft oder die GmbH.

selbst Personen ohne steuerpflichtiges Einkommen zahlen in vielen Kantonen eine minimale Kopfsteuer. Kantone mit tiefen Steuern belasten die Einkommen kaum höher als der Bund. Vor allem in den Westschweizer Kantonen – aber auch in den beiden Halbkantonen Basel sowie St. Gallen – liegt die sogenannte «Staatssteuer» für Grossverdiener 2,5- bis 3-mal so hoch wie beim Bund.

Auch Unternehmen müssen Kirchensteuern zahlen

Mindestens noch einmal so viel verlangen in den meisten Kantonen die Gemeinden. Und selbst die anerkannten Landeskirchen – in den meisten Kantonen die protestantische sowie die römisch-katholische Kirche – haben das Recht, Steuern einzutreiben, wobei der Einzug meist zusammen mit den ordentlichen Steuern erfolgt.

Selbst viele Schweizer staunen, wenn sie erfahren, dass sogar Unternehmen Kirchensteuern abführen müssen. Im Gegensatz zu Privatpersonen können sie nicht einmal aus der Kirche austreten, um der Kirchensteuerpflicht zu entgehen. Die Kirchensteuer macht in der Regel rund 10 Prozent der Staatssteuer aus.

Über alle Stufen betrachtet, kann die Grenzsteuerbelastung (siehe Kasten Seite 156) für mittlere bis höhere Einkommen gegen 40 Prozent ausmachen. Die durchschnittliche Steuerbelastung dürfte ungefähr bei 20 Prozent liegen, wobei in der Schweiz die Sozialversicherungsbeiträge an die Altersvorsorge und die Krankenkasse nicht über die Steuern, sondern zusätzlich erhoben werden (siehe Seite 94 und 124 ff.).

Quellensteuer für neu zugezogene Ausländer

Wer sich über längere Zeit in der Schweiz aufhält, hier seinen festen Wohnsitz und letztlich auch seinen Lebensmittelpunkt hat, ist auch in der Schweiz steuerpflichtig. Dies gilt grundsätzlich für die gesamten Einkünfte. Eine Ausnahme macht, wer von einer Pauschalbesteuerung profitiert (siehe Kasten Seite 165). Ausgenommen ist in den meisten Fällen auch Immobilienbesitz im Ausland (siehe Kasten Seite 167).

Schweizerinnen und Schweizer müssen jedes Jahr eine Steuererklärung einreichen und zahlen ihre Steuern jeweils am Jahresende. Neu zugezogene Ausländer hingegen werden in aller Regel direkt an der Quelle besteuert. Das heisst: Der Arbeitgeber zieht den mutmasslichen Steuerbetrag vom monatlichen Bruttolohn ab und überweist ihn direkt dem zuständigen kantonalen Steueramt.

Mit der Quellensteuer sind alle Steueransprüche von Bund, Kanton und Gemeinden inklusive der Kirchensteuer in der Schweiz abgegolten.

Selbstdeklaration bei hohen Einkommen oder C-Ausweis

Wer die Niederlassungsbewilligung C erhält, unterliegt nicht mehr der Quellenbesteuerung. Analog zu den Schweizern müssen diese Ausländer erst im Folgejahr eine Steuererklärung über die Einkünfte des Vorjahres sowie über das Vermögen zu Jahresende einreichen. Dies gilt auch für Ehepartner, die rechtlich und tatsächlich in ungetrennter Ehe leben, wenn einer der Ehegatten das Schweizer Bürgerrecht oder die Niederlassungsbewilligung besitzt. Sie profitieren faktisch also von einem Steueraufschub.

Wer der Quellenbesteuerung unterliegt und über ein Bruttoeinkommen von mindestens 120 000 Franken verfügt, muss zusätzlich eine Steuererklärung einreichen, welche die gesamten Einkünfte und Vermögenswerte berücksichtigt. Dieser Grenzbetrag gilt in den meisten Kantonen, kann aber variieren.

Spezielle Regelung für Grenzgänger und Wochenaufenthalter

Grenzgänger (siehe Seite 60) und Wochenaufenthalter, die für einen Arbeitgeber mit Firmensitz oder Betriebsstätten in der Schweiz arbeiten, unterliegen ebenfalls der Quellensteuer. Dies gilt auch für international tätige Arbeitnehmer eines Schweizer Transportunternehmens, egal wo sie ihren Wohn- und Steuersitz haben.

Zum Leidwesen vieler Beschäftigter aus dem internationalen Transportwesen gilt dabei auch das Umgekehrte. So müssen zum Beispiel selbst Schweizer Angestellte der Lufthansa mit Wohnsitz

> **TIPP**
>
> **Quellensteuer selber berechnen**
>
> Wie hoch ist der Steuerbetrag, der Ihnen vom Lohn abgezogen wird? Ein einfaches Berechnungs-Tool finden Sie unter **www.comparis.ch** → Umzug in die Schweiz. Hier sehen Sie auf einen Blick, wie viele Steuerfranken vom monatlichen Einkommen weggehen, in welchen Kantonen die Steuerbelastung am höchsten ist und wie viel Steuern Sie allenfalls durch einen Ortswechsel sparen könnten.

> **Ergänzende Veranlagung für Zusatzeinkommen**
>
> Auch wer an der Quelle besteuert wird, muss für seine zusätzlichen Einkünfte eine Steuererklärung ausfüllen beziehungsweise Steuern abliefern. Dies gilt beispielsweise für:
> - Einkünfte aus selbständiger Erwerbstätigkeit
> - Renten aus AHV/IV, Pensionskasse und Säule 3a
> - Wertschriftenerträge und Guthaben
> - Liegenschaftserträge
>
> Eine solche Zusatzveranlagung ist aber nur erforderlich, wenn das ergänzende Einkommen mindestens 2500 Franken oder das Gesamtvermögen mindestens 250 000 Franken beträgt.

in der Schweiz ihre Steuern nach Deutschland abliefern. Und das kann bei gleichem Einkommen spürbar mehr sein, als wenn sie nach Schweizer Recht besteuert würden.

Weitere Spezialfälle: Angestellte, die in der Schweiz tätig sind, aber von einem ausländischen Arbeitgeber ohne Betriebsstätte in der Schweiz bezahlt werden, müssen eine Steuererklärung einreichen.

Ausländische Führungskräfte und Spezialisten, die nur vorübergehend in die Schweiz entsandt werden, sogenannte Expatriats, profitieren wegen ihrer Zusatzkosten, beispielsweise für Reisen oder Privatschulen für ihre Kinder, von zusätzlichen Steuerabzügen.

Börsengewinne sind steuerfrei

Für Privatanleger sind Kapitalgewinne aus Börsengeschäften steuerfrei. Steuerpflichtig sind jedoch die Kapitalerträge, also Zinsen und Dividenden. Unter steuerlichen Gesichtspunkten gilt es also, möglichst hohe Kursgewinne und nur geringe Dividenden-Erträge zu erzielen.

Wer jedoch gewerbsmässig mit Wertschriften handelt, muss seine Kapitalgewinne als Einkommen versteuern und darauf auch die Sozialabgaben abführen. Dafür dürfen professionelle Wertschriftenhändler ihre Börsenverluste auch von ihrem steuerbaren Einkommen in Abzug bringen.

Dabei gelten nicht nur Vollprofis als Wertschriftenhändler. Zumindest in Verdacht gerät, wer
- seine Wertschriften nur kurz hält und dann wieder verkauft,
- wer hohe Umsätze tätigt,
- wer berufliche Kenntnisse zur Anwendung bringt,
- wer seine Anlagen fremdfinanziert,
- wer Derivate nicht nur zur Absicherung, sondern auch zu Spekulationszwecken einsetzt.

Steuern auf das Einkommen

Wer in der Schweiz lebt und über ein Einkommen verfügt, muss dieses auch versteuern. Für Unselbständigerwerbende – also Arbeiter und Angestellte – dient der Lohnausweis als Basis für die Ermittlung des steuerbaren Einkommens. Er wird vom Arbeitgeber ausgestellt. Steuerpflichtig ist der Nettolohn nach Abzug der Sozialversicherungsbeiträge (siehe Kasten Seite 94).

Steuerpflichtig ist aber nicht nur der Lohn, sondern auch alle Arten von Nebeneinkünften, wie Kinderzulagen, Provisionen, Sitzungsgelder, Lotteriegewinne und Kapitalerträge (Zinsen und Dividenden) sowie der Eigenmietwert auf Liegenschaften (siehe Seite 167).

Kann das Personal im Gastgewerbe beim Arbeitgeber gratis oder verbilligt wohnen und essen, muss es sich auch diese «Naturaleinkünfte» als Einkommen anrechnen lassen.

Steuern auf Renten und Kapitalleistungen

Auch Invaliditäts- oder Altersrenten gelten als Einkommen und müssen versteuert werden. AHV- und Pensionskassenrenten sind zu 100 Prozent steuerpflichtig. Wer sich statt der PK-Rente aber das Kapital auszahlen lässt, entrichtet darauf bloss eine reduzierte Steuer getrennt vom übrigen Einkommen. Doch der Kapitalbezug ist nicht risikolos. Wer sein Geld nicht sicher und Ertrag bringend anzulegen weiss, riskiert, im hohen Alter ohne Einkommen und Vermögen dazustehen.

Auszahlungen von Lebensversicherungen, die über regelmässige Prämien finanziert wurden, sind steuerfrei. Die Kapitalleistungen aus Einmaleinlagen-Policen sind dagegen nur steuerbefreit, wenn sie vor dem 66. Altersjahr abgeschlossen wurden, eine Laufzeit von mindestens fünf Jahren aufweisen und frühestens mit Alter 60 zur Auszahlung gelangen.

Alimente für Kinder und Ehepartner

Alimente für minderjährige Kinder darf derjenige Elternteil von seinem Einkommen in Abzug bringen, der für sie aufkommt. Der andere Elternteil muss sie dafür vollumfänglich als Einkommen versteuern. Dasselbe gilt für Alimente an den ehemaligen Ehepartner.

Pech haben Alimentenzahler mit Wohnsitz in Deutschland: Sie dürfen die Alimente nicht vom Einkommen abziehen; in der Schweiz bleibt der Empfänger aber steuerpflichtig. In solchen Fällen bietet sich eine Kapitalabfindung an.

Jugendliche über 18 Jahren müssen ihre Ausbildungs-Alimente dagegen nicht versteuern. Kehrseite der Medaille: Auch der Elternteil, der diese Alimente bezahlen muss, darf sie nicht von seinem Einkommen in Abzug bringen.

Kapitalabfindungen aus Scheidung sind beim Empfänger nicht steuerpflichtig. Der Leistende kann sie dafür aber auch steuerlich nicht geltend machen.

CHECKLISTE

Diese Einkünfte sind steuerfrei

Steuerfrei sind in der Schweiz nur wenige Einkünfte. Insbesondere werden auf folgende Einkommen keine Steuern erhoben:
- Ergänzungsleistungen zur Alters- und Invalidenrente (siehe Seite 108 f.),
- Kapitalgewinne auf Wertschriften (siehe Kasten Seite 160),
- Lohn-Nebenleistungen und bewilligte Pauschalspesen,
- Stipendien,
- Abfindungs- und Genugtuungsleistungen,
- Unterstützungs- und Unterhaltsleistungen von Familienangehörigen.

Die Steuerabzüge für Angestellte

Wer eine Steuererklärung einreichen muss, erhält die Formulare per Post zugestellt. Beigelegt ist auch eine sogenannte Wegleitung mit Erläuterungen zu den einzelnen Punkten. Es lohnt sich, die Wegleitung sehr genau zu studieren. Denn darin werden alle zulässigen Steuerabzüge aufgelistet. Und diese Abzüge sind für Erwerbstätige mit Lohnausweis die besten und oft die einzigen Möglichkeiten, um Steuern zu sparen. Vom oft etwas büro- und technokratischen Stil sollte man sich nicht abschrecken lassen.

Auslagen für den Beruf sind abzugsberechtigt

Jeder Lohnempfänger kann Auslagen, die ihm durch seinen Beruf entstehen, von seinem steuerbaren Einkommen in Abzug bringen. Dazu zählen zum Beispiel Arbeitskleidung, Werkzeug und Fachliteratur mit direktem Bezug zum Beruf. Auch Arzt- und Weiterbildungskosten oder Ausgaben für die Kinderkrippe berechtigen unter gewissen Voraussetzungen zu Abzügen. Wer alle Möglichkeiten ausschöpft, die ihm zustehen, kann einiges an Geld sparen.

Als sogenannte Gewinnungskosten sind aber nur berufsbedingte Mehrkosten abzugsfähig. Die eigentlichen Lebenshaltungskosten sind dagegen steuerpflichtig. Dazu gehören insbesondere die Ausgaben für Essen, Wohnen, Aufwendungen für Ausbildung, Sport und Freizeit sowie für Gesundheit und Versicherungen.

In den meisten Fällen lohnt es sich weder für den Steuerpflichtigen noch für die Steuerbehörden, sämtliche Kleinpositionen zu erfassen. Bund und Kantone erlauben darum einen Pauschalabzug ohne Nachweis. Auch wer dieses Geld gar nicht ausgegeben hat, ist abzugsberechtigt. Wer höhere Ausgaben geltend machen will, beispielsweise ein Arbeitszimmer zu Hause oder hohe Rechnungen fürs Mobiltelefon, muss seinen berufsbedingten Aufwand aber vom ersten Franken an belegen.

Steuerabzug für die Fahrt zum Arbeitsplatz

Liegt der Arbeitsort nicht unmittelbar in der Nähe des Wohnorts, können die Wegkosten zusätzlich zur Pauschale als Berufsauslagen ab-

---

TIPP

Freiwillig in die Pensionskasse und in die Säule 3a einzahlen

Viele Pensionskassen erlauben unter gewissen Voraussetzungen freiwillige Nachzahlungen in die Altersvorsorge. Solche Einlagen dürfen direkt vom steuerbaren Einkommen in Abzug gebracht werden und sind deswegen ein hervorragendes Steuersparinstrument. Bei der späteren Auszahlung in Form einer Kapitalleistung fallen nur vergleichsweise bescheidene Steuern an.

Doch Vorsicht: Das Kapital bleibt grundsätzlich bis zur Pensionierung gebunden. Vorzeitige Auszahlungen sind nur beim definitiven Verlassen der Schweiz, für die Finanzierung von Wohneigentum, bei Aufnahme einer selbständigen Erwerbstätigkeit oder bei Tod und Invalidität möglich.

Heimkehrer in EU- und EFTA-Staaten dürfen nur den überobligatorischen Teil ihrer Pensionskasse vorzeitig als Kapital beziehen. Der obligatorische Teil bleibt bis zum ordentlichen Pensionierungsalter in der Kasse. Zudem sollten freiwillige Nachzahlungen nur in gesunde Pensionskassen geleistet werden. Besteht eine Unterdeckung, so wird das Kapital möglicherweise nicht oder nur sehr geringfügig verzinst.

Ähnlich funktioniert die sogenannte Säule 3a: Es handelt sich um eine freiwillige Altersvorsorge, die aber ebenfalls durch den Steuerabzug der Einlagen gefördert wird. Die maximal zulässigen Einzahlungen sind beschränkt (siehe Seite 105). Bei der Auszahlung kommt dieselbe beschränkte Besteuerung zur Anwendung wie bei den Kapitalleistungen aus der Pensionskasse. Für den vorzeitigen Bezug gelten bei der Säule 3a dieselben Einschränkungen wie für PK-Gelder. EU- und Efta-Bürger dürfen ihr 3a-Konto oder ihre 3a-Police vollständig auflösen, wenn sie definitiv in ihr Heimatland zurückkehren.

gezogen werden. In der Regel sind die effektiven Kosten für das öffentliche Verkehrsmittel (Bahn- oder Busabonnement) abzugsfähig. Wer mit dem Velo oder einem Kleinmotorrad zur Arbeit fährt, hat Anspruch auf einen kleinen Pauschalabzug. Wer auf sein Auto angewiesen ist oder mit dem öffentlichen Verkehrsmittel einen sehr viel längeren Arbeitsweg hätte, kann Kilometergeld in Abzug bringen.

Weitere Abzüge sind für auswärtige Verpflegung am Arbeitsort zulässig.

Abzug für Weiterbildung – kein Abzug für Ausbildung

Weiterbildungs- und Umschulungskosten, die nicht der Arbeitgeber trägt, berechtigen ebenfalls zu einem Abzug. Als Weiterbildung gilt grundsätzlich aber nur, was dazu dient, auf der Höhe seines Fachwissens zu bleiben. Abzugsberechtigt sind in der Regel das Abendtechnikum, Fremdsprachenkurse für eine Sekretärin, Diplomkurse für gelernte Angestellte usw. Die Erstausbildung oder die Umschulung auf einen anderen Beruf sind nicht abzugsfähig.

Umstritten sind Steuerabzüge, wenn die Weiterbildung dem beruflichen Aufstieg und damit auch höherem Einkommen dienen. Viele Kantone zeigen sich in dieser Beziehung grosszügig. Denn das höhere Einkommen bringt künftig ja auch mehr Steuereinnahmen. Der Bund und einzelne Kantone lehnen solche Abzüge häufig aber ab.

> **TIPP**
>
> ### Steuererklärung per Computer
>
> Das Informatik- und Internet-Zeitalter ist auch an den Steuerverwaltungen nicht spurlos vorbeigegangen. In allen Kantonen gibt es heute CDs mit Steuerformularen und Anleitungen und/oder Software, die direkt aus dem Internet auf den PC heruntergeladen werden kann.
>
> Einzig Mac-User müssen in etwa der Hälfte der Kantone noch immer auf Papier ausweichen oder sich ein Emulationsprogramm beschaffen, mit dem sie auch die PC-Applikationen verwenden können. In einigen Kantonen funktioniert die Steuer-Software auch auf Linux.

Weitere Abzüge: Vom Zahnarzt bis zur Kinderbetreuung

Vom Reineinkommen dürfen Sie noch verschiedene Abzüge vornehmen. Der Umfang richtet sich nach den persönlichen Verhältnissen: verheiratet, Kinder, Unterstützungspflichtige etc. Damit will der Staat dem Grundsatz entsprechen, dass jeder nach seiner Leistungsfähigkeit zu besteuern ist.

■ **Doppelverdiener,** also Ehepartner, die beide erwerbstätig sind, dürfen beim Bund und in allen Kantonen ausser im Thurgau einen Abzug auf das tiefere Einkommen vornehmen. Denn in der Schweiz werden Ehepartner gemeinsam besteuert, was sich negativ auf die Progression auswirkt. Der Milderung dieses unerwünschten Steuereffekts dient in den meisten Kantonen auch ein günstigerer

Steuertarif für Ehepaare als für Ledige. Viele Kantone kennen zusätzlich noch einen speziellen Abzug für Verheiratete.

■ **Krankheits- und Zahnarztkosten,** die fünf Prozent des Bruttoeinkommens übersteigen, dürfen vom steuerbaren Einkommen in Abzug gebracht werden. Einzelne Kantone gewährend höhere Abzüge. Abzugsberechtigt sind aber nur Kosten, die man selbst tragen muss, die also nicht von der Krankenkasse oder von einer Versicherung vergütet werden.

■ **Kinderabzug.** Der Bund und alle Kantone ausser Waadt kennen einen Kinderabzug von mehreren tausend Franken. Auch die Betreuungskosten für Kinder (Krippe, Tagesmutter, Aupair usw.) sind in den meisten Kantonen in beschränktem Ausmass abzugsfähig.

■ **Alleinerziehende** dürfen in vielen Kantonen einen speziellen Sozialabzug vornehmen.

■ **Unterstützungsbeiträge** an Personen im eigenen Haushalt, die wegen einer Behinderung keiner Erwerbstätigkeit nachgehen können, sind beim Bund und in den meisten Kantonen ebenfalls ein Grund für einen Steuerabzug.

■ **Spenden** an gemeinnützige Organisationen berechtigen in allen Kantonen zu einem Abzug, meist in der Grössenordnung von 10 bis 20 Prozent des Bruttoeinkommens. Sie müssen aber – wie die meisten Abzüge – belegt werden.

Weitere Abzüge kennen einzelne Kantone für Rentner, Invalide, Pflegebedürftige, Steuerpflichtige mit sehr tiefem Einkommen usw.

Steuern für selbständige Tätigkeit

Alle Bürgerinnen und Bürger der EU-/Efta-Staaten haben grundsätzlich das Recht, frei in der Schweiz zu leben und zu arbeiten. Das heisst, sie dürfen auch eine selbständige Tätigkeit aufnehmen. Davon ausgenommen sind derzeit noch Staatsangehörige von Rumänien und Bulgarien. Unternehmer aus Drittstaaten müssen dagegen strengen Anforderungen genügen, um sich in der Schweiz selbständig zu machen (siehe Seite 79 f.).

Das Schweizer Steuerrecht sieht für Selbständige einige Besonderheiten vor. Selbständige Unternehmer – nicht unbedingt aber Freiberufler wie Ärzte oder Künstler – sind verpflichtet, eine ordnungsgemässe Buchhaltung zu führen. Sie ist Grundlage für die Besteuerung und die Abrechnung mit den Sozialversicherungen. Ab 100 000 Franken Jahresumsatz (Roheinkommen) muss zudem der Eintrag ins Handelsregister erfolgen.)

Besteuerung der Selbständigerwerbenden

Für Selbständigerwerbende gelten folgende Rahmenbedingungen:

■ Sie dürfen grundsätzlich alles von ihrem Erlös in Abzug bringen, was «geschäftlich begründet», also alle Geschäftskosten.

■ Sie dürfen Abschreibungen, also Wertminderungen auf Einrichtungen, Maschinen, Liegenschaften etc. vornehmen.

■ Sie dürfen erlösmindernde Rückstellungen für allfällige Risi-

ken vornehmen. So etwa im Hinblick auf zahlungsunfähige Schuldner oder Prozessrisiken.
- Sie dürfen Verluste der vergangenen drei bis sieben Jahre (je nach Kanton) vom aktuellen Gewinn in Abzug bringen.
- Sie müssen während zehn Jahren alle wichtigen Belege (Einnahmen, Ausgaben, Vermögen, Schulden) geordnet aufbewahren.

Vermögenssteuer trifft vor allem Reiche

Im Gegensatz zu den meisten andern Ländern kennt die Schweiz eine Vermögenssteuer, die von den Kantonen und Gemeinden in Promillen auf das Gesamtvermögen erhoben wird. Bei grossen Vermögen kann die Steuer je nach Kanton bis zu einem Prozent ausmachen.

Dabei zählen nicht nur Sparguthaben und Wertschriften als Vermögen, sondern auch Autos, Schiffe, Flugzeuge und Immobilien. Einzig der Hausrat ist in den meisten Kantonen von der Vermögenssteuer ausgenommen.

Immerhin gestatten viele Kantone einen Pauschalabzug auf das Vermögen, sodass Vermögen bis etwa 100 000 Franken in der Praxis kaum davon betroffen sind.

Verrechnungssteuer rechtzeitig zurückfordern

Auf den meisten Vermögenserträgen müssen die Banken eine Quellensteuer erheben, welche direkt an den Fiskus geht. Diese sogenannte Verrechnungssteuer ist mit 35 Prozent ausserordentlich hoch. Immerhin: Die Verrechnungssteuer kann man mit der Steuererklärung zurückfordern.

Doch aufgepasst: Bereits nach drei Jahren erlischt der Anspruch auf Rückerstattung. Zudem ist eine Rückforderung nur möglich, wenn sich der Steuersitz am 31. Dezember in der Schweiz befand.

Ein heisses Eisen: Pauschalsteuer für Superreiche

Wer in der Schweiz lebt, hier aber keinerlei Erwerbstätigkeit ausübt, sondern seinen Lebensunterhalt aus seinem Vermögen oder ausserschweizerischen Tätigkeiten bestreitet, kann in den meisten Kantonen ein Pauschalsteuerabkommen treffen. Die Steuern werden dann nicht aufgrund des effektiven Einkommens berechnet, sondern fallen lediglich in einer Höhe an, die dem Lebensstil entspricht.

Bemessungsgrundlage ist oft der Eigenmietwert der Wohnliegenschaft, der mit einem Faktor drei bis fünf multipliziert wird. So werden ausländische Einwohner mit Millionen-Einkommen und -Vermögen oft mit wenigen hunderttausend Franken belastet.

Es versteht sich von selbst, dass diese Pauschalbesteuerung vielen ausländischen Staaten ein Dorn im Auge ist. Auch in der Schweiz ist sie nicht unumstritten. So haben die Stimmbürger des Kantons Zürich 2009 beschlossen, die Pauschalbesteuerung abzuschaffen.

Erbschafts- und Schenkungssteuern

Die Erbschafts- und Schenkungssteuern, die in der Schweiz weitgehend identisch funktionieren, sind in den letzten Jahren massiv abgebaut worden. Der Bund verzichtet völlig auf diese Steuerform, ebenso der Kanton Schwyz. Der Kanton Luzern kennt nur die Erbschaftssteuer, nicht aber die Schenkungssteuer. Ehepartner, eingetragene Partner und direkte Nachkommen (Kinder, Enkel) sind in den meisten Kantonen von der Erbschafts- und Schenkungssteuer befreit. Wenige verbleibende Kantone besteuern sie sehr moderat.

Weiter entfernte Verwandte oder Nichtverwandte – und dazu zählen in manchen Kantonen auch Konkubinatspartner – unterliegen dagegen der Erbschaftssteuer, die in einzelnen Kantonen im Extremfall fast die Hälfte des Erbes wegfressen kann.

Erbschaften sind am letzten Wohnsitz des Erblassers zu versteuern. Ausnahmen machen Liegenschaften, die dort zu versteuern sind, wo sie sich befinden.

In der Schweiz sind der überlebende Ehegatte sowie eigene oder adoptierte Kinder pflichtteilsberechtigt. Das heisst: Sie haben Anspruch auf einen bestimmten Teil der Erbschaft. Sind keine Kinder vorhanden, so sind auch die Eltern pflichtteilsberechtigt. Mit einem handgeschriebenen, unterzeichneten und mit Ort und Datum versehenen Testament können auch andere Personen als Erben eingesetzt werden.

Auch die ausländische Wohnbevölkerung untersteht in der Schweiz grundsätzlich dem schweizerischen Erbrecht. Einzelne Doppelbesteuerungsabkommen sehen aber Abweichungen vor.

Steuern auf Wohneigentum

Bereits beim Kauf einer Liegenschaft ist erstmals eine Steuer fällig: die Handänderungssteuer. Die meisten Kantone sowie einzelne Gemeinden erheben sie. Die Kosten trägt normalerweise der Käufer. In einzelnen Kantonen teilen sich Käufer und Verkäufer die Kosten je zur Hälfte. Hinzu kommen überall Gebühren bzw. Abgaben für die notarielle Beglaubigung

---

TIPP

Konkubinatspartner begünstigen

Paare ohne Trauschein, die sich als Erben einsetzen, unterliegen in vielen Kantonen einer hohen Besteuerung. Diese Steuerlast lässt sich allerdings mit einer geeigneten Planung drücken. Sie könnten zum Beispiel:

- In den Kanton Nidwalden, Obwalden, Schwyz oder Zug ziehen oder dort eine Liegenschaft kaufen. In diesen Kantonen sind Konkubinatspaare von der Erbschaftssteuer befreit. Relativ günstig für nicht verheiratete Paare sind auch die Kantone Aargau, Glarus, Luzern, Neuenburg und Zürich.
- Dem Partner die Wohnliegenschaft gegen Nutzniessung oder Wohnrecht schenken. So fallen zwar Schenkungssteuern an (ausser in Luzern und Schwyz). Die Nutzniessung bzw. das Wohnrecht belastet den Wert der Liegenschaft so stark, dass sich der Schenkungswert und damit die Schenkungssteuer stark reduziert.

und den Grundbucheintrag. Für das Hypothekardarlehen müssen Sie einen gebührenpflichtigen Schuldbrief errichten.

All diese Gebühren und Steuern berechnen sich mit einem bestimmten Prozentsatz auf den Preis beziehungsweise den Wert der Liegenschaft und schwanken sehr stark von Kanton zu Kanton. Die Spanne liegt bei 1,5 bis 5 Prozent des Kaufpreises.

Grundstückgewinnsteuer: Von der Besitzdauer abhängig

Die Grundstückgewinnsteuer ist mit Abstand die bedeutendste Steuer auf Liegenschaften und fällt beim Verkäufer an. Alle Kantone erheben diese Steuer, nicht aber der Bund. Er beschränkt sich beim Liegenschaftshandel auf die Besteuerung der Unternehmen (Gewinnsteuer).

Die Grundstückgewinnsteuer ist in fast allen Kantonen nicht nur von der Gewinnhöhe, sondern auch von der Besitzdauer der Liegenschaft abhängig: Je länger sie im Besitz des Verkäufers war, desto tiefer fällt die Steuer aus. Bei kurzer Haltedauer und hohem Gewinn kann diese Steuer leicht einen Viertel oder mehr des Gewinns wegfressen.

Mieteinnahmen und Eigenmietwert

Liegenschaften, ob Land, Haus, Eigentums- oder Ferienwohnung, gehören zum Vermögen. Die Einnahmen, die daraus entstehen, sind als Einkommen zu versteuern. So weit der Grundsatz. Recht einfach ist die Situation bei vermieteten Liegenschaften. Da zählen die Mieteinnahmen abzüglich des Aufwands für Nebenkosten und Verwaltung der Liegenschaft zum steuerbaren Einkommen.

Etwas komplizierter ist es bei selbst genutztem Wohneigentum. Hier setzen Bund und Kantone einen sogenannten Eigenmietwert fest, der vom Eigentümer als fiktives Einkommen zu versteuern ist. Es handelt sich um eine schweizerische Eigenart, die sonst nur wenige Länder kennen. Der Gesetzgeber geht dabei davon aus, dass die Liegenschaft ja auch vermietet werden könnte und folglich steuerbare Einkünfte entstehen würden. Zum Ausgleich der Eigenmiete dürfen Hauseigentümer die Unterhaltskosten und die Schuldzinsen von ihrem steuerbaren Einkommen abziehen.

Rund die Hälfte aller Kantone belastet das private Grundeigentum nicht nur mit der Vermögenssteuer, sondern zusätzlich mit einer Liegenschaftssteuer. Sie liegt

Immobilienbesitz im Ausland

Der Wert einer Liegenschaft und der Ertrag daraus sind aufgrund der allermeisten Doppelbesteuerungsabkommen, welche die Schweiz mit über 100 Staaten geschlossen hat, in jenem Land zu versteuern, wo sich die Liegenschaft befindet.

Der ausländische Immobilienbesitz muss aber auch in der Schweiz deklariert werden. Er wird zwar in der Schweiz nicht besteuert, aber zur Festlegung des Steuersatzes beigezogen. Das Einkommen und Vermögen in der Schweiz unterliegt damit dem Progressionssatz, der dem Gesamteinkommen bzw. -vermögen entspricht.

je nach Kanton zwischen 0,5 und 3 Promille des Verkehrswerts der Liegenschaft. Geschuldet ist sie jährlich, und zwar ohne Abzug der auf der Liegenschaft lastenden Schulden.

Steuerabzüge für Baukredit und Hypothek

Für den Bau oder Kauf eines Eigenheims reicht oft das eigene Kapital nicht. Für die Bauphase müssen daher die meisten Bauwilligen einen Baukredit aufnehmen. Nach Abschluss des Baus oder beim Erwerb eines Hauses oder einer Eigentumswohnung brauchen Sie einen Hypothekarkredit (siehe Seite 147 ff.).

Der Bund und die meisten Kantone behandeln Baukredite als Anlagekosten. Diese Schuldzinsen dürfen Sie darum nicht vom Einkommen abziehen. Hypothekarkredite dürfen Sie dagegen in der ganzen Schweiz als Schuld vom Vermögen, beziehungsweise als Schuldzins vom Einkommen in Abzug bringen. Die Rückzahlung der Schulden, z. B. die obligatorische Amortisation der 2. Hypothek, dürfen Sie dagegen nicht abziehen.

Steuerabzüge für den Unterhalt von Gebäuden

Unterhalts- und Verwaltungskosten auf Liegenschaften sind vollumfänglich abzugsfähig. Mehr noch: Hausbesitzer dürfen in allen Kantonen zwischen einem Pauschalabzug und dem Abzug der effektiven Unterhaltskosten wählen. Ein wichtiger Entscheid, denn hier kann es um sehr viel Geld gehen.

In der Regel lohnt sich die Pauschale eher bei neueren Liegenschaften, wogegen bei älteren

---

TIPP

Steueroptimierung mit der Hypothek

Die Zinslast der Hypothek ist oft drückend, das Bedürfnis, die Hypothek so rasch als möglich abzuzahlen, darum völlig normal und in vielen Fällen auch sinnvoll.

Bei höheren Einkommen sieht das steuerlich allerdings etwas anders aus: Weniger Hypothekarzinsen bedeutet nämlich auch weniger Steuerabzug und damit höhere Einkommenssteuern. Ein sinnvoller Kompromiss liegt bei einer Belastung von etwa 50 Prozent des Verkehrswerts.

Es ist jedoch möglich, die Amortisation indirekt über ein Konto der gebundenen (Säule 3a) bzw. der freien Vorsorge (3b) vorzunehmen (siehe Seite 104 ff.). Diese Sparbeiträge können Sie der Bank als Sicherheit für die Hypothek verpfänden. Nach einer vereinbarten Zeit, zum Beispiel nach 20 Jahren, tilgen Sie dann die ganze Hypothek auf einmal. So reduziert sich faktisch Ihre Zinslast, ohne dass der Steuervorteil verloren geht.

Die indirekte Amortisation der Hypothek über die 3. Säule ist daher erst sinnvoll ab einem Grenzsteuersatz von etwa 25 Prozent. Zudem sollte man sein Geld auch wirklich sicher und Gewinn bringend anlegen können

Es ist dagegen wenig sinnvoll, sein Erspartes der Bank für einen bescheidenen Zinssatz zur Verfügung zu stellen, gleichzeitig aber das Doppelte oder noch mehr für den Hypothekarkredit zu bezahlen. In diesen häufigen Fällen lohnt sich die Rückzahlung unbedingt.

Häusern die tatsächlichen Reparatur- und Unterhaltskosten oft höher ausfallen.

Der Bund und die meisten Kantone kennen zwei Kategorien von Pauschalabzügen:
- Für Liegenschaften, die weniger als zehn Jahre alt sind, dürfen Sie jährlich 10 Prozent der Mietzinseinnahmen bzw. des Eigenmietwertes abziehen.
- Für Liegenschaften, die älter als zehn Jahre sind, dürfen Sie jährlich 20 Prozent abziehen.

Aber: Nicht alles, was man gemeinhin zum Unterhalt einer Liegenschaft zählt, gilt auch vor den Steuerbehörden als abzugsfähig. Grundsätzlich dürfen Sie nur abziehen, was dem Werterhalt dient.

Wertvermehrende Renovationen sind dagegen nicht abzugsfähig. Eine Ausnahme bilden Investitionen mit Energiespareffekt, die in den ersten fünf Jahren nach Erwerb der Liegenschaft zur Hälfte, danach vollständig zum Abzug zugelassen sind.

Die Besteuerung von Unternehmen

Um die Geschäftstätigkeit auszubauen und Geschäftsrisiken einzudämmen, gründen viele Unternehmer eine Gesellschaft mit eigener juristischer Persönlichkeit. In den meisten Fällen handelt es sich um eine Aktiengesellschaft (AG) bzw. eine Gesellschaft mit beschränkter Haftung (GmbH). Es kann aber auch eine Genossenschaft, ein Verein oder eine Kommanditgesellschaft sein.

> **TIPP**
>
> **Steuern sparen mit der richtigen Wahl des Geschäfts- und Wohnorts**
>
> Die von Kanton zu Kanton und von Gemeinde zu Gemeinde unterschiedlichen Steuersätze machen es möglich: Wie Privatpersonen können auch Unternehmen durch geschickte Standortwahl Steuern sparen.
>
> Einzelfirmen versteuern den gesamten Geschäftsgewinn inklusive Lohn des Inhabers am Geschäftssitz des Inhabers. Nur das übrige Einkommen und das Privatvermögen des Inhabers fallen an dessen Wohnort an.
>
> Analog verhält es sich bei einer Kollektiv- und Kommanditgesellschaft. Die Gesellschafter versteuern ihren Lohn aber am Wohnort.
>
> AGs und GmbHs versteuern ihren Unternehmensgewinn und ihr Kapital am Ort des Geschäftssitzes. Aktionäre bzw. Gesellschafter versteuern ihr Einkommen, ihre Dividenden und Privatvermögen an ihrem Wohnort.

Wie ein Unternehmen besteuert wird, ist abhängig von der Rechtsform der Firma. Je nach Gesellschaftsform werden Geschäftseinkünfte und -vermögen des Unternehmens und des Eigentümers getrennt oder zusammen besteuert.

Juristische Personen wie etwa AG oder GmbH unterliegen als Unternehmen einer eigenen Besteuerung. So wird etwa das Gründungskapital ab einer Höhe von 250 000 Franken mit einer Stempelsteuer belegt.

Gewichtiger sind dagegen die Kapital- und die Gewinnsteuern. Alle Kantone, nicht aber der Bund, erheben Steuern auf das Gesellschaftskapital. Üblich ist eine proportionale Abgabe in der Höhe von

3 bis 9 Promille. In den meisten Kantonen erfasst die Kapitalsteuer das Aktien- bzw. das Stammkapital sowie die ausgewiesenen Reserven.

Was beim Privaten die Einkommenssteuer, ist bei der AG und der GmbH die Gewinn- oder Ertragssteuer. Sie fällt beim Bund, bei den Kantonen und bei der Gemeinde an. Der Bund und die Hälfte der Kantone wenden einen proportionalen Steuertarif an. Das ist eine einfache Steuer in Prozenten des Gewinns – ein fester Satz also, der beim Bund 8,5 Prozent und in den Kantonen zwischen 2 und 24 Prozent beträgt.

Die übrigen Kantone wenden ein komplizierteres Berechnungssystem an, das auch die Höhe des Kapitals und der Reserven berücksichtigt. Am günstigsten ist der Kanton Zug, die höchsten Gewinnsteuern verlangen Basel, Genf, Glarus, Solothurn und Zürich.

Die Mehrwertsteuer: Im Normalfall 8 Prozent

Wie die meisten Länder kennt auch die Schweiz eine Verbrauchssteuer in Form der Mehrwertsteuer (MwSt). Sie wird ausschliesslich vom Bund erhoben, und zwar
- auf allen Phasen der Produktion und Verteilung;
- beim inländischen Dienstleistungsgewerbe;
- bei der Einfuhr von Gegenständen (Import);
- bei den Bezügern von Dienstleistungen, die von Unternehmen mit Sitz im Ausland erbracht werden.

Es kommen folgende Mehrwertsteuersätze zur Anwendung (Stand 2011):
- Im Normalfall 8 % des Umsatzes;
- Lebensmittel und alkoholfreie

TIPP

Von Steuererleichterungen profitieren

Eine sorgfältige Steuerplanung kann substanzielle Steuerersparnisse bringen. Die Steuerbehörden sind in allen Kantonen und Gemeinden befugt, neu gegründeten oder neu angesiedelten Unternehmen Steuererleichterungen zu gewähren. Die Höhe der Begünstigung hängt vom Standort, vom Ausmass der Investitionen, von der Wertschöpfung und von der Anzahl neu geschaffener Arbeitsplätze ab.

Unternehmen, die in der Schweiz ausschliesslich die Verwaltung von Investitionen in Beteiligungsgesellschaften organisieren, können sich als Holding niederlassen. Sie sind dann nur noch auf Bundesebene steuerpflichtig. Im Kanton und in der Gemeinde müssen sie lediglich die Kapitalsteuer entrichten.

Unternehmen, welche ihre Verwaltung in die Schweiz verlegen, können sich als «Gemischte Gesellschaft» registrieren lassen. Sie bezahlen dann bloss noch 8 bis 12 Prozent auf im Ausland erwirtschaftete Einkünfte. Einkommen aus der Schweiz müssen sie dagegen nach den normalen Ansätzen versteuern.

Dieses Steuerprivileg ist vielen Herkunftsländern ein Dorn im Auge. Die Abschaffung solcher Steuerbegünstigungen ist darum nicht ausgeschlossen.

Getränke, Bücher, Zeitungen und Zeitschriften, Medikamente sowie Sport und Kultur werden mit einem reduzierten Satz von 2,5 % besteuer;
- das Beherbergungsgewerbe (inkl. Frühstück) ist mit 3,8 % belastet.

Bei Gütern und Dienstleistungen, die direkt an die Konsumenten gehen, muss die Mehrwertsteuer zwar ausgewiesen, im angeschriebenen Endpreis aber bereits inbegriffen sein. Anders im Geschäftsverkehr: Hier sind Nettopreise zuzüglich Mehrwertsteuer üblich.

Die Mehrwertsteuer funktioniert in der Schweiz in der gleichen Weise wie in anderen Ländern: Durchläuft eine Ware auf dem Wertschöpfungsweg vom Rohmaterial bis zum Fertigprodukt mehrere Stationen, kann die jeweils betroffene Station denjenigen Mehrwertsteuerbetrag abziehen, den die früher damit befasste Station bereits bezahlt hat.

Kriterien zur Mehrwertsteuerpflicht

Grundsätzlich sind alle Unternehmen unabhängig von ihrer Rechtsform mehrwertsteuerpflichtig. Weil aber der damit verbundene administrative Aufwand für die Unternehmen und den Staat hoch ist, gibt es eine Umsatzlimite von 100 000 Franken pro Jahr. Umsätze, die darunter liegen, fallen nicht unter die Mehrwertsteuerpflicht. Wer keine Mehrwertsteuern abführt, kann allerdings auch keine Vorsteuern geltend machen.

Wer bei Geschäftsaufnahme unsicher ist, ob er die Schwelle von 100 000 Franken erreicht, hat drei Monate Zeit, um erste Erfahrungen zu sammeln und sich dann gegebenenfalls bei der Eidgenössischen Steuerverwaltung anzumelden (**www.estv.admin.ch**).

Wo der Fall klar ist, muss die Anmeldung innerhalb von einem Monat nach Aufnahme der Geschäftstätigkeit erfolgen. Daraufhin erhält man seine Mehrwertsteuernummer, die künftig auf allen Rechnungen stehen muss, damit diese mehrwertsteuerkonform sind.

Von der Mehrwertsteuer befreit sind in der Schweiz Landwirtschaftsbetriebe, das Gesundheits- und Sozialwesen, Unterricht, Kultur, Geld- und Kapitalverkehr (nicht aber Vermögensberatung und Inkasso), Versicherung, Vermietung von Wohnungen, der Liegenschaftshandel und der gesamte Waren- und Dienstleistungsexport ins Ausland, sofern der geforderte Nachweis erbracht wird.

10 Beratungs- und Anlaufstellen
Die wichtigsten Adressen

Kantonale Migrations- und Arbeitsmarktbehörden

Diese Amtsstellen können weiterhelfen bei Fragen bezüglich Aufenthalts- und Arbeitsbewilligungen:

Aargau – AG
Migrationsamt Kanton Aargau
Bahnhofstrasse 86/88
5001 Aarau
Tel. 062 835 18 60
www.ag.ch/migrationsamt

Amt für Wirtschaft und Arbeit
Rain 53
5001 Aarau
Tel. 062 835 16 80
www.ag.ch/awa

Appenzell Innerrhoden – AI
Amt für Ausländerfragen
Marktgasse 2
9050 Appenzell
Tel. 071 788 95 21
www.ai.ch/de/verwaltung/
aemter

Kantonales Arbeitsamt
Appenzell Innerrhoden
Marktgasse 2
9050 Appenzell
Tel. 071 788 96 61
www.ai.ch/de/verwaltung/
aemter

Appenzell Ausserrhoden – AR
Migrationsamt
Appenzell Ausserrhoden
Landsgemeindeplatz 5
9043 Trogen
Tel. 071 343 63 33
www.ar.ch → Adressen

Kantonales Arbeitsamt
Regierungsgebäude
9102 Herisau
Tel. 071 353 61 11
www.ar.ch → Adressen

Bern – BE
Migrationsdienst
des Kantons Bern
Eigerstrasse 73
3011 Bern
Tel. 031 633 53 15
www.pom.be.ch/site/mip

Einwohnerdienste, Migration
und Fremdenpolizei
Predigergasse 5
3000 Bern 7
Tel. 031 321 51 51
www.bern.ch/leben_in_bern/
auslaenderinnen

Einwohnerdienste der Stadt Thun
Hofstettenstrasse 14
3602 Thun
Tel. 033 225 82 49
www.thun.ch/stadtverwaltung/
aemterfachstellen/einwohner
dienste.html

beco Berner Wirtschaft
Laupenstrasse 22
3011 Bern
Tel. 031 633 57 50
www.vol.be.ch/beco/d/
default.asp

Abteilung Bevölkerung
der Stadt Biel
Neuengasse 28
2501 Biel
Tel. 032 326 12 25
www.biel-bienne.ch → Wohnen →
Ausländerausweise/Formulare

Basel-Landschaft – BL
Amt für Migration
Parkstrasse 3
4402 Frenkendorf
Tel. 061 925 51 61
www.bl.ch/main_migra-
htm.273484.0.html

Amt für Industrie, Gewerbe
und Arbeit
Bahnhofstrasse 32
4133 Pratteln
Tel. 061 552 77 77
www.bl.ch/KIGA.273479.0.html

Basel-Stadt – BS
Bevölkerungsdienste
und Migration
Spiegelgasse 6–12
4001 Basel
Tel. 061 267 71 71
www.bdm.bs.ch

Amt für Wirtschaft und Arbeit
Utengasse 36
4005 Basel
Tel. 061 267 87 87
www.awa.bs.ch

Freiburg – FR
Amt für Bevölkerung
und Migration
Rte d'Englisberg 11
1763 Granges-Paccot
Tel. 026 305 14 92
www.admin.fr.ch/
spomi/de/pub/index.cfm

Amt für den Arbeitsmarkt
Bd de Pérolles 24
1705 Freiburg
Tel. 026 305 96 00
www.admin.fr.ch/
spe/de/pub/index.cfm

Genf – GE
Office cantonal de la population
Police des étrangers
Rte de Chancy 88
Case postale 2652
1213 Onex
Tel. 022 546 48 88
www.geneve.ch/ocp

Office cantonal de l'inspection
et des relations du travail
Rue des Noirettes 35
1227 Carouge
Tel. 022 388 29 29
www.geneve.ch/ocirt

Glarus – GL
Fachstelle für Migration
Postgasse 29
8750 Glarus
Tel. 055 646 68 90
www.gl.ch → Sicherheit und Justiz
→ Justiz → Verwaltungspolizei →
Migration

Kantonales Arbeitsamt Glarus
Zwinglistrasse 6
8750 Glarus
Tel. 055 646 66 26
www.gl.ch → Volkswirtschaft und
Inneres → Wirtschaft und Arbeit
→ Arbeit → Arbeitsamt

Graubünden – GR
Amt für Polizeiwesen
Fremdenpolizei GR
Karlihof 4
7000 Chur
Tel. 081 257 21 21
www.apz.gr.ch

Amt für Industrie, Gewerbe
und Arbeit
Grabenstrasse 9
7000 Chur
Tel. 081 257 23 46
www.kiga.gr.ch

Jura – JU
Service de la population
Rue du 24-Septembre 1
2800 Delémont
Tel. 032 420 56 80
www.jura.ch/DECC/SPOP.html

Service des arts et métiers
et du travail
Main-d'œuvre étrangère
Rue du 24-Septembre 1
2800 Delémont
Tel. 032 420 52 30
www.jura.ch/DECC/AMT.html

Luzern – LU
Amt für Migration
Fruttstrasse 15
6002 Luzern
Tel. 041 228 77 80
www.migration.lu.ch

Dienststelle Wirtschaft und Arbeit
Bürgenstrasse 12
6002 Luzern
Tel. 041 228 68 88
www.wira.lu.ch/index/
arbeitsmarkt.htm

Neuenburg – NE
Service des migrations
Section séjour et établissement
Rue de Tivoli 28
2003 Neuchâtel
Tel. 032 889 63 10
www.ne.ch → Migration et intégration → Séjour et établissement

Service des étrangers
Section main-d'œuvre
Rue de Tivoli 28
2003 Neuchâtel
Tel. 032 889 68 11
www.ne.ch → Migration et intégration → Main-d'œuvre étrangère

Nidwalden – NW
Amt für Justiz
Abteilung Migration
Kreuzstrasse 2
6371 Stans
Tel. 041 618 44 90/91
www.nw.ch/de/verwaltung/
aemter/?amt_id=500

Amt für Industrie, Gewerbe
und Arbeit
Dorfplatz 7a
6371 Stans
Tel. 041 618 76 54
www.nw.ch/de/verwaltung/
aemter/?amt_id=314

Obwalden – OW
Amt für Arbeit Obwalden
St. Antonistrasse 4
6061 Sarnen
Tel. 041 666 63 33
www.ow.ch/de/verwaltung/
aemter/?amt_id=161

Amt für Arbeit Obwalden
Abteilung Migration
St. Antonistrasse 4
6061 Sarnen
Tel. 041 666 66 70
www.ow.ch/de/verwaltung/
aemter/?amt_id=162

St. Gallen – SG
Ausländeramt
des Kantons St. Gallen
St. Leonhard-Strasse 40
9001 St. Gallen
Tel. 071 229 31 11
www.auslaenderamt.sg.ch

Kantonales Amt für Arbeit
Unterstrasse 22
9001 St. Gallen
Tel. 058 229 35 47
www.afa.sg.ch

Schaffhausen – SH
Kantonales Migrationsamt
Mühlentalstrasse 105
8201 Schaffhausen
Tel. 052 632 74 76
www.sh.ch → Verwaltung
→ Departement des Innern
→ Migrationsamt

Kantonales Arbeitsamt
Schaffhausen
Mühlentalstrasse 105
8201 Schaffhausen
Tel. 052 632 72 62
www.sh.ch → Verwaltung
→ Volkswirtschaftsdepartement
→ Arbeitsamt

Solothurn – SO
Amt für öffentliche Sicherheit
Abteilung Ausländerfragen
Ambassadorenhof
4509 Solothurn
Tel. 032 627 28 37
www.so.ch/departemente.html
→ Inneres → Öffentliche Sicherheit → Migration

Amt für Wirtschaft und Arbeit
Untere Sternengasse 2
4509 Solothurn
Tel. 032 627 94 11
www.awaso.ch

Schwyz – SZ
Amt für Migration
Steistegstrasse 13
6431 Schwyz
Tel. 041 819 22 68
www.sz.ch → Behörden
→ Staatskanzlei, Departemente
→ Volkswirtschaftsdepartement
→ Amt für Migration

Amt für Arbeit
Lückenstrasse 8
6431 Schwyz
Tel. 041 819 11 24
www.sz.ch → Behörden
→ Staatskanzlei, Departemente
→ Volkswirtschaftsdepartement
→ Amt für Arbeit

Thurgau – TG
Migrationsamt
Schlossmühlestrasse 7
8510 Frauenfeld
Tel. 052 724 15 55
www.auslaenderamt.tg.ch

Amt für Wirtschaft und Arbeit
Promenadenstrasse
8510 Frauenfeld
Tel. 052 724 23 82
www.awa.tg.ch

Tessin – TI
Ufficio della migrazione
Via Lugano 4
6501 Bellinzona
Tel. 091 814 72 11
www.ti.ch/stranieri

Sezione del lavoro
Residenza governativa
6501 Bellinzona
Tel. 091 814 33 03
www.ti.ch/lavoro

Uri – UR
Amt für Arbeit und Migration
Abteilung Migration
Klausenstrasse 4
6460 Altdorf
Tel. 041 875 27 05
www.ur.ch → Lebensbereiche
Einwohnerwesen
→ Aufenthaltsbewilligungen

Amt für Arbeit und Migration
Abteilung Arbeit
Klausenstrasse 4
6460 Altdorf
Tel. 041 875 24 18
www.ur.ch → Lebensbereiche
→ Arbeit

Waadt – VD
Service de population
Division Etrangers
Avenue de Beaulieu 19
1014 Lausanne
Tel. 021 316 46 46
www.population.vd.ch

Service d'emploi
Rue Caroline 11
1014 Lausanne
Tel. 021 316 61 04
www.emploi.vd.ch

Wallis – VS
Dienststelle für
Bevölkerung und Migration
Avenue de la Gare 39
1950 Sion
Tel. 027 606 55 52/53
www.vs.ch → Private
→ Persönliches

Dienststelle für Industrie,
Handel und Arbeit
Avenue du Midi 7
1951 Sion
Tel. 027 606 73 02
www.vs.ch → Private → Arbeit

Zug – ZG
Amt für Migration
Aabachstrasse 1
6301 Zug
Tel. 041 728 50 50
www.zug.ch/kafa

Kantonales Amt
für Wirtschaft und Arbeit
Aabachstrasse 5
Postfach
6301 Zug
Tel. 041 728 55 20
www.zug.ch/kwa

Zürich – ZH
Migrationsamt des Kantons Zürich
Berninastrasse 45
8090 Zürich
Tel. 043 259 88 00
www.ma.zh.ch

Amt für Wirtschaft und Arbeit
Walchestrasse 19
8090 Zürich
Tel. 043 259 26 26
www.awa.zh.ch

Staatliche Dienststellen und Behörden

Bei komplexen Fragen können die zuständigen Dienststellen des Bundes Auskunft geben. Auf den jeweiligen Homepages finden Sie Links zu zahlreichen Themengebieten sowie Merkblätter und Broschüren zum Bestellen oder Downloaden.

Bundesamt für Migration
Quellenweg 6
3003 Bern-Wabern
Tel. 031 325 11 11
www.swissemigration.ch

Eidgenössisches Departement für auswärtige Angelegenheiten EDA
Bundeshaus West
3003 Bern
Tel. 031 322 21 11
www.eda.admin.ch

Bundesamt für Justiz
Bundesrain 20
3003 Bern
Tel. 031 322 77 88,
www.bj.admin.ch

Bundesamt für Sozialversicherungen
Effingerstrasse 20
3003 Bern
Tel. 031 322 90 11
www.bsv.admin.ch

Bundesamt für Gesundheit BAG
3003 Bern
Tel. 031 322 21 11
www.bag.admin.ch

Eidgenössische Steuerverwaltung
Eigerstrasse 65
3003 Bern
Tel. 031 322 71 06
www.estv.admin.ch

Staatssekretariat für Wirtschaft SECO
Effingerstrasse 31
3003 Bern
Tel. 031 322 56 56
www.seco.admin.ch

Staatssekretariat für Bildung und Forschung SBF
Hallwylstrasse 4
3003 Bern
Tel. 031 322 96 91
www.sbf.admin.ch

Bundesamt für Berufsbildung und Technologie BBT
Effingerstrasse 27
3003 Bern
Tel. 031 322 21 29
www.bbt.admin.ch

Zollbehörden und Einreisebestimmungen

Hier gibts detaillierte Infos zur Einreise und zu den Einfuhrbestimmungen für Waren.

Eidgenössische Zollverwaltung EZV
Monbijoustrasse 40
3003 Bern
Tel. 031 322 65 11
www.ezv.admin.ch

Rechtsauskunft

**Gratis-Rechtsberatung
von «K-Tipp» und «Saldo»**
Juristinnen und Juristen stehen den Abonnenten täglich von 9 bis 13 Uhr für telefonische Anfragen zur Verfügung.
Tel. 044 253 83 83
Für schriftliche Anfragen (bitte die Abo-Nummer angeben):
K-Tipp, «Beratung»
Postfach 431, 8024 Zürich
E-Mail: beratung@ktipp.ch

Ratgeber aus dem K-Tipp-Verlag

Beim Herausgeber dieses Buches sind zahlreiche weitere nützliche Ratgeber erhältlich. Einige davon enthalten auch vertiefte Informationen zu Themen, die in diesem Buch behandelt werden.

Bestellen können Sie die Ratgeber über Telefon 044 253 90 70, im Internet unter www.ktipp.ch oder per Mail ratgeber@ktipp.ch.
Postadresse:
K-Tipp-Ratgeber
Postfach 431
8024 Zürich

Arbeitsrecht: Was Angestellte wissen müssen
Von der Bewerbung bis zum Arbeitszeugnis. Mit Tipps, Fallbeispielen und Musterbriefen.

Das Mietrecht im Überblick
Vom Mietantritt bis zur Kündigung. Mit vielen Tipps, Checklisten und Musterbriefen.

So sparen Sie Steuern
Die wichtigsten Tipps zum Steuernsparen.

Schnäppchen: So erhalten Sie mehr fürs Geld
Die besten Spartipps für Haushalt, Ferien, Freizeit und Mode. Mit vielen Adressen für günstige Einkäufe direkt ab Fabrik.

Gut vorsorgen: Pensionskasse, AHV und 3. Säule
Was Sie über die drei Säulen wissen müssen. Was die Vorsorge kostet und was Sie später erhalten.

So sind Sie richtig versichert
Die privaten Versicherungen im Überblick. Mit Prämien- und Leistungsvergleichen. Und vielen Tipps und Checklisten.

Unfall-Opfer: Das sind ihre Ansprüche
Was die Versicherungen zahlen. Und was Unfallopfer erhalten, wenn ein Dritter haftpflichtig ist.

Die Rechte der Patienten
Tipps für den richtigen Umgang mit Ärzten und Spitälern.

Die wichtigsten Verträge auf einen Blick
Eine Übersicht über die häufigsten Verträge des Alltags. Mit Checklisten und Mustervorlagen.

Die eigenen vier Wände
Bauen, kaufen, renovieren: Die wichtigsten Tipps für Bauherren und Wohneigentümer.

Erben und Vererben
Vom Testament bis zur Erbteilung: Alles über Erbvorbezüge, Ehe- und Erbverträge, Willensvollstrecker und Pflichtteile.

Trennung und Scheidung
Alles Wichtige zum Scheidungsrecht: Unterhaltsbeiträge, Kinderbetreuung, Scheidungsverträge.

Die Rechte von Eltern und Kind
Von der Schwangerschaft oder Adoption bis zur Mündigkeit, von der Kinderzuglage bis zum Lehrlingslohn.

Geldratgeber für Eltern und Kinder
Kostenfaktor Kind: Taschengeld, Lehrlingslohn, Schuldenfallen, Versicherungen und Steuerabzüge.

Erfolgreich als Kleinunternehmer
Firmengründung, Finanzen, Rechtsform, Personalführung, Versicherungen, Marketing und Verkauf, Steuern.

Betreibung, Pfändung, Privatkonkurs
Vom Zahlungsbefehl bis zum Verlustschein: Wie Gläubiger zu ihrem Geld kommen. Und wie sich Schuldner gegen unberechtigte Forderungen wehren können.

Stichwortregister

1. Säule	95 ff.
2. Säule	95, 101 ff.
3. Säule	95, 104 ff.

A

Abfallentsorgung	57 f.
Abitur	87
AHV-Beiträge	96 ff.
AHV-Rente	98 f.
Alkohol-Grenzwert	20
Alters- und Hinterlassenenversicherung AHV	95 ff.
Alterssparen	104 ff.
Altersvorsorge	94 ff.
Anmeldung	31
Arbeitsamt	63, 111
Arbeitsbewilligung	60 ff.
Arbeitslosenversicherung	111 f.
Arbeitslosigkeit	79, 97, 111 f.,
Arbeitsmarkt	60 ff.
Arbeitsvermittlungszentrum RAV	64, 111
Arbeitsvertrag	73 ff.
Arbeitszeit	74 f.
Arbeitszeugnis	66 f.
Arztbehandlungen	127 f.
Arztrechnungen	132
Aufenthaltsbewilligung (Ausweis B)	33
Aufenthaltsbewilligung	31 ff., 62 f., 79 ff., 90
Ausländerkontingente	62
Ausländerstimmrecht	15
Autobahnvignette	19 f.
Autoversicherung	119 ff.

B

Bahn-Abonnemente	16 f.
Bahnreisen	16 f.
Bankenaufsicht	147
Bankenwesen	144
Bankgebühren	145 f.
Bankkonto	144 f.
Bauherren-Haftpflichtversicherung	121
Berufliche Vorsorge	80, 101 ff., 162
Berufsausbildung	87
Berufspraktikum	80 f.
Berufszertifikate	67, 69 f.

Betreibung	152 f.
Betreibungsregister	41, 153
Bewerbungsunterlagen	64 ff.
Bonitätsprüfung	152
Börsengewinne	160
Brillengläser	130
Bundesgericht	14
Bundespräsident	12
Bundesrat	12
Bundesstaat	11 f.
Bundesversammlung	14
Bürgerrechte	15 f.

C

Car-Sharing	21
Confoederatio Helvetica	12

D

Deutschschweiz	9
Dialekte	10 f.
Diebstahlversicherung	118
Diplome	67, 70
Direkte Bundessteuer	157
Discounter	24
Doppelbürger	35
Drittstaaten	31 f., 33, 62, 80

E

Ehe	88 ff.
Ehevertrag	90
Eigenmietwert	167
Eigentumswohnung	50 f.
Einbürgerung	34 ff.
Einfuhr von Alkohol	25, 28
Einfuhr von Devisen	28
Einfuhr von Fahrzeugen	30
Einfuhr von Haustieren	28
Einfuhr von Lebensmitteln	24 f., 28
Einfuhr von Pflanzen	29
Eingetragene Partnerschaft	91 f.
Einkaufen	22 ff.
Einkommenssteuer	157 f., 160 ff.
Einreise	26 ff.
Eltern	82 ff.

181

10 Adressen Stichwortregister

Erbschaftssteuer	166
Ergänzungsleistungen	108 ff.
Errungenschaftsbeteiligung	90
Ersatzmieter	45 f.
Erziehungsgutschriften	99
EU- und Efta-Staaten	31 f., 60 f.
EU-Osterweiterung	31 f., 61 f.

F

Familiennachzug	34
Familienname	89
Familienpolitik	82 ff.
Feiertage	14
Ferienanspruch	75 f.
Föderalismus	13
Franchise	132 ff.
Freizeitunfall	77, 142
Frühpensionierung	100
Führerschein	20 f.

G

Gebäudehaftpflicht-Versicherung	122
Gebäudeversicherung	121
Gebäudewasser-Versicherung	121 f.
Gebühren	51
Geldüberweisung	147
Gesamtarbeitsvertrag	74
Gewinnsteuer	169
Gleichgeschlechtliche Partnerschaft	91 f.
Gratifikation	72
Grenzgänger	60, 159
Grenzgängerbewilligung (Ausweis G)	33
Grenzsteuersatz	156
Grundstückgewinnsteuer	157
Gütergemeinschaft	90
Güterstände	90
Gütertrennung	90
Gymnasium	87

H

Halbtax-Abonnement	17
Hausarzt-Modell	137
Hauseigentümer	121 ff.
Hausordnung	42

Hausrat	28 ff., 115 f.
Hausratversicherung	116 f.
Haustiere	29, 42, 58
Heirat	88 f.
Hilflosenentschädigung	101
Hinterlassenenrenten	100 f.
HMO-Modell	137
Hochdeutsch	10 f.
Hochschulen	81
Höchstgeschwindigkeit	19
Hunde	29
Hypothek	147 ff., 168

I

Immatrikulation	81
Inkassobüros	153
Inländervorrang	62
Insassen-Unfallversicherung	113, 119
Integrationsklassen	85
Internetzugang	55
Invalidenrente	106 f.
Invalidenversicherung IV	106 f.
Inventarliste 27	

K

Kapitalsteuer	169
Katzen	29
Kaufkraft	146
Kehrichtgebühr	57
Kinderbetreuung	83 f.
Kindergarten	84 f.
Kindergeld	82
Kollisionskasko-Versicherung	119
Konsumkredit	150 f.
Krankenkasse	124 ff.
— Anmeldung	125 f., 139
— Freiwillige Zusatzversicherungen	140 f.
— Grundversicherung	124 ff.
— Kasse wechseln	138 f.
— Kostenbeteiligung	132 ff.
— Prämienverbilligung	135
— Sparmodelle	135 ff.
Krankenkassenleistungen	126 ff.
Krankenkassenobligatorium	124 f.

Krankenkassenprämien	133 ff.
Krankenpflege-Zusatzversicherung	140
Krankentaggeld-Versicherung	76, 80
Krankenversicherung	124 ff.
Kündigung	78 f.
Kündigungsschutz	78 f.
Kurzaufenthaltsbewilligung (Ausweis L)	32 f.

L

Landesregierung	12
Landessprachen	9 f.
Lebenslauf	65 f.
Lohn	71 f., 146
Lohn bei Krankheit	76
Lohn bei Unfall	76 f.

M

Mahnung	152
Maturität	87
Medikamente	129 f.
Mehrwertsteuer	25, 170 f.
Migrationsbehörden	172
Mieteinnahmen	167
Mieterschäden	48 f.
Mieterschutz	45
Mietkaution	49
Mietnebenkosten	42 f.
Mietvertrag	41 ff.
Mietzins	42 f.
Mietzinsdepot	49
Mitbestimmungsrechte	15 f.
Mobilfunk-Anbieter	53 ff.
Motorfahrzeug-Haftpflichtversicherung	22, 119 ff.
Motorfahrzeug-Zulassung	20 f.
Mutterschaftsentschädigung	82, 110
Mutterschaftsschutz	77
Mutterschaftsurlaub	82, 110
Mutterschaftsversicherung	82, 110

N

Nationalfeiertag	14
Nationalrat	13
Niederlassungsbewilligung (Ausweis C)	33
Normalarbeitsvertrag	74

Notfall-Nummern	143
Nummernschild	20 f.

O
Öffentlicher Verkehr	16
Online-Bewerbung	68 f.
Ordnungsbussen	18 f.

P/Q
Parlament	13 f.
Pauschalsteuer	165
Pensionskasse	80, 101 ff., 162
Pensionskassenbeiträge	101 ff.
Pensionskassenrente	102 ff.
Personenfreizügigkeit	31, 49, 60 f.
Petition	15
Pflegeheim	110, 129
Politik	12 ff.
Preisniveau	22, 40
Preisüberwacher	148
Primarschule	86
Privathaftpflicht-Versicherung	115 f., 122
Privatkonkurs	155
Privatschulen	86
Probezeit	78
Quellensteuer	158

R
Radioempfang	55 f.
Rechtsinstanzen	14 f.
Rechtsvorschlag	152
Referendum	15 f.
Renovieren	44
Rente	95 ff.
Rentner	33 f.
Röstigraben	10

S
Sachversicherungen	123
Saldobesteuerung	169
Säule 3a	104 ff., 162
Säule 3b	104
Scheidung	91
Schenkungssteuer	166

185

Schuldensanierung	155
Schulferien	84
Schulnoten	87
Schulsystem	85 ff.
Schwangerschaft	77 f., 130 f.
Schweizerdeutsch	10 f.
Schweizerische Bundesbahnen SBB	16 f.
Sekundarschule	86 f.
Selbständigerwerbende	79 f., 102, 105, 164 ff.
Selbstbehalt	132 ff.
Selbstdeklaration	159
Sozialabgaben	94
Sozialhilfe	108
Sozialversicherungen	94 ff.
Spital-Zusatzversicherung	140
Spitalaufenthalt	127 f.
Sprachkurse	11
Sprachregionen	9 f.
Staatsform	12 ff.
Stagiaires	80 f.
Ständerat	14
Stellensuche	62 ff.
Stellenvermittler	63 f.
Steuerabzüge	161 ff.
Steuerfreie Einkünfte	161
Steuerprogression	156
Steuersystem	156 f.
Steuertarife	156
Stimmrecht	15
Strassenverkehr	18 ff.
Strombezug	51
Studium	81

T

Teilkasko-Versicherung	119
Telefonanschluss	51 f.
Telefonnummern	54
Telefonrechnung	52
Telefontarife	55
Telemedizin	138
Tempolimiten	19
Tollwutimpfung	29
Trauung	88 f.
TV-Empfang	55 f.

U

Umzugsgut	28 ff.
Umzugsvorbereitung	26 ff.
Unfallversicherung	76 f., 80, 127, 142 f.
Unternehmen	169
Überstunden	75

V

Vaterschaftsurlaub	82
Velovignette	116
Verbraucher-Infos	22
Verkehrsdelikte	18 f.
Verkehrsregeln	19 f.
Vermögenssteuer	165
Verrechnungssteuer	165
Versicherungen	112 ff.
Versicherungsvertrag	112 ff.
Visumsantrag	26
Volksabstimmung	15 f.
Volksinitiative	15
Vorschulerziehung	84
Vorsorgeuntersuchungen	131 f.
Vorstellungsgespräch	67 f.

W

Wahlrecht	15
Waisenrente	101
Wareneinfuhr	24 f.
Witwen- und Witwerrente	100
Wohneigentum	49 ff., 121, 166 f.
Wohnungsabgabe	47 f.
Wohnungsbesichtigung	40 f.
Wohnungskündigung	45 f.
Wohnungsmängel	44 ff.
Wohnungsmarkt	38 f.
Wohnungssuche	38 ff.

Z

Zahlungsfristen	151 f.
Zahnbehandlungen	131
Zeitzuschlag	75
Zollabfertigung	26, 30
Zollbestimmungen	24 f., 27 ff.
Zuwanderung	8 f.